carolyn jourdan

Das *Herz* am rechten Fleck

carolyn jourdan

Das *Herz* am rechten Fleck

eine lebenswende

Aus dem amerikanischen Englisch von Brigitte Elbe

verlag freies geistesleben

Die Originalausgabe mit dem Titel *Heart in the Right Place*
ist 2007 bei Algonquin Books of Chapel Hill,
Workman Publishing, New York erschienen.

1. Auflage 2008

Verlag Freies Geistesleben
Landhausstraße 82, 70190 Stuttgart
Internet: www.geistesleben.com

ISBN 978-3-7725-1955-0

Layout & Herstellung: Bianca Bonfert
Umschlagfoto: Erika Shires/zefa/Corbis
Druck: CPI – Clausen & Bosse, Leck

Vorwort

So etwas wirst du nie wieder zu sehen kriegen», sagte Daddy, während er sich herabbeugte, um eine Röntgenaufnahme zwischen mein Gesicht und das durch sein Bürofenster einfallende Sonnenlicht zu halten. Er zeigte auf einen schattenhaften grauen Fleck fast in der Mitte eines kleinen Brustkorbs.

«Siehst du das?», sagte er. «Das Herz von diesem kleinen Mädchen ist auf der falschen Seite. Es ist auf der rechten.»

Ich starrte auf die Aufnahme und bemühte mich, das, was ich da sah, zu würdigen. Der Umriss des kleinen Skeletts mit den silbrig schimmernden Dunst- und Nebelwirbeln darum herum sah für mich ganz in Ordnung aus, aber ich war erst zehn Jahre alt und vertraute darauf, dass Daddy, der Familiendoktor, wusste, was für Bild und Herz die richtige Seite war.

Als ich nichts erwiderte, sagte Daddy: «Dein ganzes Leben lang mag dir so etwas kein einziges Mal vor Augen kommen, so selten ist das.»

Ich war nicht sicher, hatte aber den Verdacht, dass es ganz gut wäre, so etwas nie wieder zu sehen zu kriegen, denn auch wenn Daddy das nicht eigens so gesagt hatte, hatte ich doch deutlich gespürt, dass es für das kleine Mädchen etwas ganz Schlimmes war. Ich legte die Hand auf meine eigene Brust, während ich mich damit plagte zu begreifen, was diese Verkehrung zur Folge hatte. Aber das

Einzige, was mir dazu einfiel, war der Satz: «Und wie macht sie dann das Zeichen zum Treueschwur?»

Tagelang rang ich mit dieser Schwierigkeit des kleinen Mädchens, indem ich Daddy die immer gleiche Frage in tausend Varianten stellte: «Was macht sie, wenn unsere Nationalhymne gespielt wird? … Wo legt sie ihre Hand hin, wenn sie den Reim sagt und schwört, wirklich ihr Versprechen zu halten?» Ich konnte es einfach nicht fassen. Links war rechts und rechts war nicht richtig. Was mochte das nur bedeuten?

Und dreißig Jahre später verfolgte mich dieses Bild noch immer.

Was wollte Gott uns durch das Leben des kleinen Mädchens sagen?

Mit mir war er barmherziger verfahren. Trotz anfänglicher Befürchtungen, dass es mein Schicksal sein sollte, mein Leben als ohnmächtiger Zeuge einer endlosen Reihe medizinischer Katastrophenfälle zuzubringen, war ich schließlich erwachsen geworden, hatte in einer Stadt weitab von den Bergen Ost-Tennessees eine gute Stelle ergattert und war damit meiner Rolle als Zuschauer weiterer Desaster glücklich entronnen. Zumindest glaubte ich das.

Herbst

erstes kapitel

Während ich die Eingangstür zur Praxis aufschloss, hörte ich das Telefon klingeln. Eilig lief ich hinein und beugte mich quer über den Tisch, um den Hörer abzunehmen.

«Praxis Dr. Jourdan», sagte ich außer Atem.

«Spült ihr Füße aus?», schrie eine Frau.

Ich überdachte die Frage. Obwohl ich mit dem ortsüblichen Dialekt und medizinischem Kauderwelsch vertraut war, hatte ich keine Ahnung, was sie meinte. «Wie bitte?», sagte ich und brachte den Hörer blitzschnell in sichere Entfernung zu meinem Ohr, bevor sie antworten konnte.

«Füße ausspülen! Spült ihr überhaupt Füße aus?», brüllte sie.

«Das … das weiß ich nicht.» Ich schickte ein Stoßgebet zum Himmel, dass dem nicht so sei.

«Ihr Fuß muss aber ausgespült werden! Wie viel verlangt ihr dafür?»

Wenn ich nicht einmal wusste, ob wir so etwas machten – wie sollte ich wissen, was das kosten würde? «Ich weiß es nicht», sagte ich.

«Ich würde den Doktor fragen», konnte ich in der eingetretenen Stille noch hinzufügen, «aber er ist noch nicht da. Ich werde mich erkundigen, wenn er kommt, und Sie zurückrufen und es Ihnen sagen, ist das in Ordnung?»

Ich wühlte zwischen den Papierhaufen auf Mommas Schreibtisch herum, bis ich einen noch unbeschriebenen Zettel und einen Bleistift ausfindig gemacht hatte, notierte den Namen und die Telefonnummer der Frau und legte auf. Argwöhnisch betrachtete ich den Telefonapparat. Diese Aushilfstätigkeit für Daddy könnte etwas schwieriger werden, als ich mir das vorgestellt hatte.

Ich beeilte mich, auf die andere Seite des Empfangstisches zu gelangen, um mich hinter der Resopalplatte zu verschanzen. Doch bevor ich mich noch auf dem Holzschemel niederlassen konnte, der den Dreh- und Angelpunkt meiner neuen Tätigkeit darstellte, hörte ich, wie die Eingangstür aufging, gefolgt vom unverkennbar brüchigen Klang der durch ein langes Leben überstrapazierten Stimmen alter Damen. Die eine quietschte wie eine rostige Türangel, und die andere knackte und brummte in wildem Wechsel zwischen ganz leise und unerwartet laut wie ein Radio bei schlechtem Empfang. Die Damen berieten und ermutigten einander bei ihren Anstrengungen, eine kleine Stufe an der Eingangstür zu überwinden. Ich drehte mich um und sah, dass es die Hankins-Schwestern Herma und Helma mit ihrer Freundin und Mitbewohnerin Miss Viola Burkhart waren.

Ich kannte sie seit meiner Kindheit. Sie waren in den Neunzigern. Die Hankins-Schwestern hatten nie geheiratet. Miss Viola war Witwe und nach dem Tod ihres Mannes zu ihnen gezogen. Sie war achtundneunzig, wog ungefähr siebzig Pfund und stellte einen fortgeschrittenen Fall von «Veteranen-Leiden» dar, wie die Schwestern es nannten. Irgendwo auf ihrem Lebensweg war ihr die Lust oder das Vermögen zu sprechen abhanden gekommen, und nun lag ein immerwährendes leeres Lächeln auf ihrem Gesicht.

Helma war fünfundneunzig und wog ebenfalls keine hundert Pfund. Aufgrund ihrer Osteoporose ging sie stark gebeugt, fast verkrümmt, und sie konnte kaum noch sehen. Herma war mit einundneunzig das Baby und wog wahrscheinlich mehr als die beiden anderen Damen zusammen. Sie war noch gut bei Kräften, aber stocktaub. Somit konnte eine von ihnen hören und sehen, aber weder denken noch sprechen; eine konnte denken, hören und sprechen, aber nicht sehen, und eine konnte denken, sehen und sprechen, aber nicht hören.

Die drei Damen waren unzertrennlich. Helma war fürs Kochen und fürs Telefon zuständig und Herma für die schweren Arbeiten und das Autofahren. Beide kümmerten sich um Viola.

Helma trug einen ausgeblichenen grünen Freizeitanzug aus Polyester, an dessen einer Aufschlagkante eine seltsam faszinierende Auswahl von Sicherheitsnadeln aufgereiht war, während Herma eine ausgebeulte Trainingshose und einen unförmigen Pullover anhatte. Miss Viola trug ein schlicht geblümtes Kleid. Außerdem waren alle drei Damen mit braun glänzenden Naugahyde-Kunstledermänteln ausgestattet, die in den Sechzigerjahren einmal modern gewesen waren.

Als sich gegenseitig stützendes und steuerndes Dreiergespann schlurften sie heran. Vorsichtig näherten sie sich dem Empfangstisch und Helma sagte, dass es heute Miss Viola sei, die mit dem Doktor sprechen müsse. «Hallo, Mädel», sagte Herma und lächelte. «Hat uns leid getan, als wir die Sache mit deiner Mutter erfuhren. Wie geht's ihr?»

«Ganz gut. Sie kommt am Montag zurück.»

Herma guckte mich verwirrt an. «Ich dachte, sie hätte einen Herzinfarkt.»

«Ja, stimmt.»

«Ist sie denn nicht im Krankenhaus?»

«Doch, aber sie hat mir gesagt, dass sie bis Montag wieder draußen sein würde.»

Ich war erleichtert, dass Herma es dabei bewenden ließ. Die Geschichte hörte sich selbst für mich ein bisschen fadenscheinig an, trotzdem klammerte ich mich verzweifelt daran.

Und dann traf ich, nichts Böses ahnend, meine erste eigenmächtige Entscheidung in dieser Patientenversorgungsarena. «Die Damen können gleich mit nach hinten ins Untersuchungszimmer kommen», sagte ich. Ohne den Zwischenstopp im Wartezimmer würde man sich ein Mal mühseliges Hinsetzen und Wiederaufstehen sparen, und im Hinterzimmer wären sie vor allen Ansteckungsgefahren durch andere Patienten geschützt. In dem Moment hielt ich das für eine gute Idee.

Während ich sie durch die Tür in den Behandlungsbereich schleuste, sagte ich zu Helma: «Die Damen können froh sein, dass sie einander haben.»

Sie lächelte. «Ach ja, zusammen haben wir genug Ersatzteile für einen heilen Menschen!»

Ich führte sie nach hinten ins Zimmer Nr. 3, weil das der einzige Raum mit einem Sitzplatz für alle war. Zimmer Nr. 3 diente als Operationsraum, und dort stand Daddys ganzer Stolz: der hydraulische Operationstisch.

Vor fünfunddreißig Jahren, als er es sich eigentlich gar nicht leisten konnte, hatte Daddy diesen motorisierten Spezialtisch gekauft, den man hoch- und herunterfahren konnte, um die Patienten auf die für die Operation passende Höhe zu bringen. Und noch immer war ihm dieser Tisch ebenso lieb und wert wie sein Leitz-Mikroskop. Außer ihm durfte niemand auch nur irgendetwas daran anrühren.

Der Tisch wurde mithilfe von vier auf dem Boden liegenden Pedalen bedient. Man konnte den Tisch als Ganzes hoch- und herunterfahren oder durch Absenken und Heben von Kopf- oder Fußende in Schräglage bringen.

Ich platzierte Miss Viola in der Mitte des Tisches und sagte den Damen, dass der Doktor in wenigen Minuten käme. Dann kehrte ich zu meinem Platz am Empfangstisch zurück. Während ich wartete, wollte ich meine Voicemail-Nachrichten aus Washington abhören. Mein Chef, Senator Hayworth, leitete eine Reihe von Anhörungen zu Korruptionsfällen in der Atomindustrie, sicher bezogen sich die meisten der Anrufe darauf.

Es waren elf Nachrichten. Ich ordnete sie nach Zeitzonen und nummerierte sie in der richtigen Reihenfolge für die Beantwortung durch. Zuerst kamen die Anrufe für die Leute in der östlichen Zeitzone: Regierungsabgeordnete für die Universität von Tennessee und die Behörden von Tennessee Valley. Das Telefongespräch mit einem großen Atomkraftwerkskonzern in Chicago könnte nach zehn Uhr geführt werden, das mit einem Kollegen in Sedona eine Stunde später, und nach zwölf konnte ich dann die Büros der Lobbyisten der Elektrizitätsgesellschaften in Los Angeles erreichen. Die Tokyo Power Company käme zum Schluss dran – kein Problem.

Als ich gerade die Nummer des Direktors für bundesstaatliche Beziehungen der Universität von Tennessee wählte, kam Daddy mit einem Styroporbecher Kaffee und einer McDonald's-Tüte auf einem Papptablett herein. Er deponierte sein Frühstück auf der Theke, und ich erzählte ihm von den drei Damen, die im Zimmer Nr. 3 warteten. Er nickte, fischte sich das Wurstbrötchen aus der Tüte und begann es auszupacken.

Dann guckte er mich mit schiefgelegtem Kopf an. «Was ist das für ein Geräusch?», fragte er.

«Ich höre nichts», sagte ich und versuchte, mich nicht von den einleitenden Höflichkeitsfloskeln meines Telefonats ablenken zu lassen.

Er legte sein Brötchen neben den Kaffeebecher und ging durch den Flur in Richtung Hinterzimmer. Ich hörte, wie er in der Tür zu Zimmer Nr. 3 anhielt und «Guten Mor-» sagte, um gleich darauf «Was zum Teufel ist hier los?» zu brüllen.

«Muss Schluss machen», sagte ich und legte mitten im Gespräch mit der Direktorin auf. Dann rannte ich in Richtung Hinterzimmer.

Dort war nichts mehr so, wie ich es zurückgelassen hatte. Das Motorengeräusch des Operationstisches, normalerweise ein tiefes, kaum wahrnehmbares Brummen, hatte sich in ein ärgerliches Kreischen verwandelt. Das Kopfende schwebte im steilsten Kippwinkel über fünf Fuß hoch in der Luft und das Fußende berührte beinahe den Boden. Miss Viola war auf ein kleines Kissen am unteren Ende hinabgerutscht. Selbstvergessen und seelenruhig lächelnd saß sie dort, während Herma und Helma sie an Armen und Beinen zerrend vor einem Sturz auf den Boden zu bewahren suchten.

Ich verstand überhaupt nicht, was da eigentlich los war. Es hörte sich an, als hätte jemand einer Katze auf den Schwanz getreten. Nachdenklich senkte ich meinen Blick und bemerkte, dass Hermas Fuß irgendwie auf das Pedal, mit dem das Kopfende hochgestellt wurde, geraten war. Offensichtlich war ihr nicht bewusst, was sie da machte, und außerdem konnte sie das Motorengeräusch nicht hören.

«Carolyn!», schrie Daddy vorwurfsvoll und sprang herbei, um Miss Viola aufzufangen. Während sie von der Tischkante herabglitt, schob sich ihr Kleid bis über den Kopf hoch. Daddy wollte sie auf die Füße stellen, doch ihr war so schwindlig, dass sie nicht frei stehen konnte. Er bat Herma, den Fuß von dem Kontrollpedal zu nehmen, aber wegen ihrer Schwerhörigkeit konnte sie ihn nicht verstehen.

Viola fest unter den Arm geklemmt, hoppelte er unbeholfen seitwärts und hob die aufgeschreckte Herma mit der anderen Hand von dem Pedal empor. Mit einer Dame unter jedem Arm trat er auf den «Kopf absenken»-Schalter.

Das ganze Durcheinander und die grobe Behandlung versetzten die beiden Schwestern in höchste Aufregung. Und Daddy war wutentbrannt, dass jemand es gewagt hatte, die Pedale seines Tisches anzurühren und sie noch dazu so unsäglich zu belasten.

«Warum haben Sie das gemacht?», brüllte Daddy mit einer Donnerstimme, die sogar Herma schließlich vernahm.

«Was soll ich gemacht haben? Ich habe nichts gemacht. Ihr Tisch dort drüben ist kaputt.»

«Ich hoffe nicht!», sagte er.

Als der Tisch wieder waagerecht stand, setzte er Miss Viola auf ihren Platz in der Mitte zurück und schlug das Kleid über ihre Knie herab. Sie war weder aufgebracht noch beschämt. Anscheinend hatte sie die ganze Aufregung gar nicht mitbekommen.

Unter den gegebenen Umständen beschloss Daddy, gleich weiterzumachen und sich Miss Violas Beschwerden vor Beginn der offiziellen Sprechstunde anzunehmen. Geduldig hörte er sich an, worüber die drei Damen zu klagen hatten, und schrieb ihnen allen Rezepte aus.

Als die Damen abfuhren, wendete Daddy sich wieder seinem Wurstbrötchen zu. Kauend starrte er mich an und sagte dann: «Mach das nie wieder.»

«Mach was nie wieder?», sagte ich. «Irgendwelche alten Damen mit irgendwelchem Kram von dir allein lassen?»

«Tu's einfach nicht wieder», fuhr er mich an und nahm sein Brötchen mit nach hinten, um es in Ruhe aufzuessen.

Wir waren beide äußerst angespannt.

Wenige Minuten darauf verriet mir Daddys Krankenschwester Alma, dass sie ihn in den ganzen zwölf Jahren ihrer Zusammenarbeit nie derart losbrüllen gehört hätte.

«Nun, lass uns einfach zusammenhalten», sagte ich. «Ich kenne ihn nun vierzig Jahre, und er hat schon immer so gebrüllt.»

Im Umgang mit medizinischen Notfällen war Daddy großartig. Unter Druck blieb er einfach ganz gelassen, zum Beispiel wenn sich jemand den Arm oder ein Bein mit der Kettensäge abgeschnitten hatte. Aber mit der Sorte von Unglücken, die sich in meiner Gegenwart ständig zu ergeben schienen, wusste er einfach nicht umzugehen. Mit Chaos jeder Couleur kam er bestens zurecht, nur nicht mit dem von mir verursachten. Und nun saß er in einer Zwickmühle. Mit mir konnte er nicht arbeiten, aber ohne mich ging es auch nicht.

Er tat mir wirklich leid. Zum Glück würde ich nur zwei Tage lang aushelfen. Wenn ich eine Woche bliebe, würde er sicher in Mommas Krankenhauszimmer auf der Station für Herzkranke landen.

zweites kapitel

Aller Würde beraubt, saß ich wie ein Tölpel auf dem Schemel und meine Gedanken wanderten zum gestrigen Tag zurück, als ich noch ein erfolgreicher, kompetenter erwachsener Mensch gewesen war. Daddy hatte mich aus einer Senatsanhörung herausrufen lassen, um mir mitzuteilen, dass Momma mit Verdacht auf Herzinfarkt in der Notaufnahme lag. Ich hatte in Washington einen bunten Haufen von Kleidungsstücken in einen Beutel gestopft, war ins Auto gestiegen und in Höchstgeschwindigkeit die 500 Meilen heim nach Ost-Tennessee gefahren.

Während der Fahrt rang ich mit dem Schock, den die Nachricht ausgelöst hatte. Schicksalsschläge, die andere aus der Bahn warfen, hatte Momma immer scheinbar ungerührt hingenommen. Ich konnte mich nicht erinnern, wann sie zuletzt krank gewesen war. Vor über vierzig Jahren hatte sie eine Krebserkrankung überwunden und seitdem keinen einzigen Arbeitstag versäumt. Doch während ich Meile um Meile fuhr, rief ich mir immer wieder in Erinnerung, dass sie inzwischen zweiundsiebzig Jahre alt war, auch wenn man dies bei ihrem Aussehen und ihrer Aktivität nicht vermutet hätte. Sie hielt eine strenge Arbeitsdisziplin ein und ließ keine Entschuldigung für sich gelten, sodass da einfach kein Raum für die sich üblicherweise mit dem Alter einstellenden Gebrechlichkeiten blieb.

Ich war auf der I-81 durch das Shenandoah-Tal gerast, an den Schlachtfeldern des Bürgerkriegs und historischen Häusern vorbeigedonnert, so benommen, dass ich nichts von der Schönheit der Blue Ridge Mountains wahrnehmen konnte. Es war Mitte Oktober und die Herbstpracht des größten Hartholzwaldes der Welt hätte ein Fest für Herz und Sinne sein sollen, aber ich war nicht in der Verfassung, mich an diesem Anblick zu erfreuen.

Momma lag inmitten eines Gewirrs von herabhängenden Drähten und Schläuchen und war an eine schwindelerregende Anzahl von elektronischen Apparaten angeschlossen, die ein medizinisches Berieselungskonzert piepsten und zwitscherten und einen nicht abreißenden Strom flimmernder Zahlen und Kurven produzierten. Ich überflog sie, bis mein Blick auf eine Kurve fiel, die anzuzeigen schien, dass ihr Herz noch schlug. Der Rhythmus war so unregelmäßig, dass er kaum von einem Computer gesteuert oder «auf Trab gehalten» sein konnte. Somit schien ihr Herz derzeit noch funktionstüchtig zu sein. Das war wohl ein gutes Zeichen.

Das massive Aufgebot an roher Technologiegewalt wirkte seltsamerweise beruhigend auf mich. In diesem modernen Frankensteinlaboratorium konnte gewiss kein Mensch sterben. Falls irgendetwas ausfiel, würde einfach eine weitere Maschine angeschlossen werden.

Es erschreckte mich, Momma so zu sehen. Es passte einfach nicht zu ihr. Um meiner Panik Herr zu werden, versuchte ich, mir die Intensivstation als eine Art Erholungskurort vorzustellen. Einen wirklich ungemein teuren Kurort für bewusstlose Menschen.

Ein beeindruckendes Aufgebot an Fachkräften führte alle möglichen Tests durch, um festzustellen, ob sie nun einen Herzinfarkt gehabt hatte oder nicht. Bei einem Spaziergang am vorigen Nachmittag hatte sie einen «Herzanfall», ein «kardiales Ereignis», erlitten. Eine rückwirkende Diagnose schien mir sinnlos zu sein, aber vermutlich gab man damit seinem Tun eine Richtung. Daddy war draußen im Schwesternzimmer, um die neuesten Nachrichten einzuholen.

Daddy erzählte mir, dass Momma ein kürzlich begonnenes sanftes Lauftraining für die Geschichte verantwortlich machte. Ihrer Ansicht nach hatten ihr ein paar Wochen mit leichter körperlicher Betätigung mehr Schaden zugefügt als fünfzig Jahre Kettenrauchen. Ihr Fall gab ein gutes Beispiel für diese Hypothese ab. Siebzig Jahre lang hatte sie nie etwas auch nur im weitesten Sinne der Gesundheit Zuträgliches unternommen. Allem medizinischen Expertenwissen eines fachlich versierten Menschen zum Trotz hatte sie wie ein Schlot geraucht, ihr Leben immerfort sitzend zugebracht und sich ausschließlich von Eistee, heißer Schokolade, Orangensaft und Salzgebäck ernährt.

Ich stand lange neben ihr und beobachtete ihre Atmung, bis mir klar wurde, dass ich nichts tun konnte. Doch als ich mich umdrehte und gehen wollte, wurde ich von einer energischen Berührung aufgeschreckt. Momma hatte – bei geschlossenen Augen – mit der Geschwindigkeit eines kampferprobten Veteranen meinen Ärmel zu fassen gekriegt.

Mit ungewohnt schwacher Stimme sagte sie: «Irgendjemand muss deinem Vater helfen.»

Die ganze Fahrt über hatte ich mich auf schlechte Nachrichten eingestellt – aber *darauf* war ich nicht gefasst gewesen.

Daddy war allein praktizierender Hausarzt. Er hatte eine Vollzeit-Krankenschwester, aber Momma war seine Empfangsdame, Buchhalterin, Aushilfsschwester, Laborkraft und das Mädchen für alles. Solange ich lebte, hatten sie in der kleinen Landpraxis miteinander gearbeitet.

Für jemanden, dem offiziell bescheinigt worden war, an der Pforte des Todes zu stehen, hatte sie unerwartet kraftvoll nach meinem Handgelenk gegriffen. «Du musst mich für ein paar Tage vertreten», sagte sie. «Nur bis Ende der Woche. Am Montag werde ich wieder da sein.»

Ich überschlug die Sache schnell im Kopf. Es war Mittwoch. Das hieß, dass ich am Donnerstag und Freitag ihre Arbeit übernehmen sollte. *Zwei ganze Tage.*

Ich saß fest, eingefangen wie ein Opossum im Scheinwerferkegel. Ich wollte eine gute Tochter sein und meinen Eltern etwas von ihren Sorgen abnehmen. Ich liebte meine Eltern sehr. Nur zu dumm, dass sie gerade keines teuer gekleideten Nuklearexperten oder scharfzüngigen Anwalts bedurften. Das waren die beiden Bereiche, in denen ich Qualitäten zu bieten hatte. Außerdem hatte ich mich zu ihrer Enttäuschung als zart besaitet und überspannt erwiesen – Eigenschaften, die für einen zuverlässigen Helfer bei der Gesundheitsversorgung schlecht taugten.

Ansteckungsgefahr und Ähnliches machten mir nichts aus, ich konnte ganz zufrieden in einem kleinen Zimmer sitzen und mit Leuten, die Grippe, Tuberkulose oder meinetwegen die schwarze Pest hatten, Geschichten austauschen, aber ich hatte panische Angst davor, chirurgische Eingriffe mit ansehen zu müssen. Ich fürchtete Berufsunfälle wie die Quetschungen und Fleischwunden, die Daddy bei den Arbeitern der Zinkbergwerke zu behandeln hatte, die Schnitt- und Reißwunden der Wurstfabrikarbeiter und die Brandwunden vom spritzenden Fett der Beschäftigten in der Tierkörperbeseitigungsanstalt, ganz zu schweigen von den verschiedenartigsten Gräueln, die sich aus heiterem Himmel und völlig unvorhersehbar, aber erschreckend oft bei Farmarbeiten und auf der Jagd ereigneten.

Der Fragebogen für die Dringlichkeitseinstufung bei der Patientenaufnahme wirkt auf den ersten Blick ganz klar und einfach, kann aber teuflische Fallstricke in sich bergen. Als ich nach der Schule einmal aushalf, während Momma mit der Buchführung beschäftigt war, hatte ich die Daten eines sauberen und auffallend hellhäutigen jungen Mannes, der in der Wurstfabrik arbeitete, aufgenommen. Er hatte nicht angegeben, weshalb er kam – er hatte nur seinen Namen gesagt –, und weil er so gut wie keine Blutspuren aufwies, hatte ich vergessen, ihn nach offenen Wunden zu fragen. Ich bat ihn, Platz zu nehmen und zu warten, bis er an der Reihe sei. Er saß vollkommen still, bis Daddy ihn zufällig im Wartezimmer zu Gesicht bekam und brüllte: «Carolyn, was, zum Teufel, geht eigentlich in deinem Kopf vor? *Guck* dir einmal die Gesichtsfarbe von diesem Mann *an* – er ist kreideweiß! Siehst du nicht, dass er gleich o*hnmächtig* wird!»

Der Mann wandte sich an Daddy und sagte: «Ich habe eine Stichwunde im Bein.»

Es stellte sich heraus, dass er nicht von Natur aus so blass war. Er war dabei, unbemerkt in seinen Gummistiefeln zu verbluten. Ganz sauber, heimlich, still und leise tat er das. Seine Wunde wurde umgehend genäht, und er war bald wieder vollkommen hergestellt. Ich aber litt für den Rest meines Lebens unter der traumatischen Vorstellung, keine sechs Fuß von mir entfernt einen zwanzigjährigen Mann fast verblutet haben zu lassen, während ich meine Nägel feilte. Nachdem ich bisher nur bei sichtbaren Verletzungen durchgedreht war, litt ich nun unter der Zwangsvorstellung, dass diejenigen, die scheinbar ganz wohl aussahen, in der allerbedrohlichsten Verfassung sein könnten.

Selbst am Telefon konnte es heikel werden. Einmal war Daddy gerade rechtzeitig an den Empfangstisch getreten, um mitzubekommen, wie ich mich über eine Anruferin lustig machte, deren dramatisches Keuchen und Krächzen ich für eine Art Scherz hielt. Ich war damals um die dreizehn und in einer durchaus nicht von Mitleidsregungen geprägten Entwicklungsphase. Daddy mit seinen medizinischen Kenntnissen riss mir gerade rechtzeitig den Hörer aus der Hand, um die Frau keuchen zu hören. Obwohl sie kein einziges verständliches Wort hervorbrachte, erkannte er ihre Stimme sofort, eilte zu ihrem Haus und rettete ihr so das Leben. Sie hatte einen Herzinfarkt erlitten und sich zum Telefon geschleppt, um Hilfe herbeizurufen. Auch diesen Fall hatte ich noch nicht richtig verarbeitet.

Was Momma und Daddy wirklich brauchten, war jemand, der vollkommen gelassen die Namen netter Menschen aufschrieb, die Schwerstarbeit leisteten und regelmäßig mit Hühner- und Schweineblut beschmiert in die Praxis kamen; sie brauchten jemanden, der sich beim Anblick eines offensichtlichen Blutbads mit aufrichtigem Lächeln beiläufig erkundigte, ob es sich dabei vielleicht auch um Menschenblut handelte.

Nur weil mir keine brauchbare Alternative einfiel, sagte ich zu Momma: «Mach dir keine Sorgen, ich werde mich um alles kümmern», und gab mir Mühe, nicht jämmerlich zu klingen.

Ich verkniff es mir, Überlegungen dazu anzustellen, ob es tatsächlich möglich war, dass Momma am Montagmorgen in aller Frühe an ihrem Arbeitsplatz erscheinen würde. Und ich redete mir ein, dass ich diese kleine Schwierigkeit in meiner Lebensplanung in den Griff kriegen würde. Wie hart mochte es wohl werden? Ich hatte sieben Jahre höhere Schulbildung und ein weiteres Dutzend Jahre in hochqualifizierten, stark stressbelasteten Positionen hinter mich gebracht, einschließlich der, die ich gerade hinter mir gelassen hatte: Senatsberaterin für Nuklearfragen. Ich redete mir ein, dass ich Mommas Arbeit mit links erledigen würde (falls ich mir mit der Rechten die Augen zuhalten konnte). Und mein Vater brauchte keine Krankenschwester, sondern eine Sprechstundenhilfe für den Empfang. Damit konnte ich zurechtkommen. Ich müsste nur zwei Tage lang das Telefon bedienen, die Leute eintragen, Krankenkarteien heraussuchen und für alles, was da so kam, bereit sein, ob es sich nun um einen leichten Schnupfen oder eine Schussverletzung am Kopf handelte. Und dann würde ich am Wochenende meine eigenen liegen gebliebenen Arbeiten erledigen können.

«Du ruhst dich nun einfach aus und wirst wieder gesund», sagte ich und tätschelte Mommas Hand, während ich meinen Ärmel aus ihrem Griff befreite. Aber sie schien mich nicht gehört zu haben.

Daddys Praxis lag ungefähr zehn Autominuten von Zuhause in einem kleinen, altmodischen Einkaufszentrum. In der Häuserzeile waren ein Blumenladen, ein Haushalts- und Eisenwarengeschäft, eine Zahnarztpraxis und ein Kosmetiksalon untergebracht. Gut dreißig Meter weiter unten an derselben Straße befand sich eine ähnliche Ladenzeile mit einem Geschäft für Autoersatzteile, einem Lebensmittelladen, einem Sonnenstudio und einem weiteren Kosmetiksalon. Die Geschäfte lagen an einem der großen Highways durch Ost-Tennessee, östlich von Knoxville. In den letzten zwanzig Jahren hatte sich allerdings der Großteil des Fernverkehrs auf die nahe gelegene Bundesautobahn verlagert.

In dieser unauffälligen Ladenzeile war ich aufgewachsen. In meinen Kindertagen stand ich auf einem fahrbaren Schemel in einer Zimmerecke und guckte Daddy dabei zu, wie er Leute zusammenflickte, während ich eine Riesen-Tootsie-Karamell-Rolle lutschte – oder auch zwei, wenn es sich um eine große Schnittwunde handelte. Mit elf war ich endlich so groß, dass ich, ohne auf den Schemel zu steigen, über den Rand des Untersuchungstischs gucken konnte. Ich fing an, Daddy am Nachmittag und an den Wochenenden zu assistieren, indem ich nach jedem Stich mit einer kleinen, sterilisierten Schere die Fäden durchschnitt. Selbst bei dieser Tätigkeit hielt ich meistens die ganze Zeit über eine Tootsie-Karamell-Rolle in meiner linken Hand.

Doch als ich fünfzehn war, änderte sich das mit einem Schlag. Daddy war gerade damit beschäftigt, eine Schnittwunde in der Fußsohle einer Schulkameradin zu nähen, die an einem Samstagnachmittag in einem Bach auf eine Flaschenscherbe getreten war.

Während Daddy arbeitete, hob er anatomische Besonderheiten im Inneren von G.W. Nances Fuß hervor: die Faszienhüllen, die verschiedenen Muskeln, Nerven, Sehnen und Blutgefäße. Angespannt und konzentriert betrachtete ich alles. Dann bemerkte ich, wie sich der auf die Wunde gerichtete helle Lichtstrahl abschwächte. Das war seltsam.

«Lass die Lampe los, verdammt noch mal!», sagte Daddy.

Als ich mich umdrehte, um zu gucken, welcher Esel während einer Operation mit der Operationslampe herumspielen mochte, stellte ich zu meinem Erstaunen fest, dass ich es selbst war. Ich hatte mich an dem seitlich an der Lampe angebrachten Griff festgehalten und schwankte bedenklich, einer Ohnmacht nahe. Ich glitt an der Wand hinab und zwang mich, den Griff der Lampe loszulassen, während ich unter die Tischfläche absank.

«Rühr ja nichts mit der Schere an!», warnte Daddy. «Gib sie mir mal her!» Sorgfältig hielt ich sie von mir fern und schaffte es gerade noch, sie ihm hochzureichen, bevor mein Kopf auf den Boden schlug. Das war das Ende meiner Laufbahn als Operationsassistentin.

Der einzige Arzt weit und breit zu sein war für Daddy viel mehr als ein Beruf, es bestimmte sein ganzes Leben. Und nicht nur sein eigenes, sondern auch Mommas und meines. Daddy behandelte jeden in der Gemeinde, egal ob er bezahlen konnte oder nicht, und es gab keine Terminvereinbarungen – keine einzige in fast vierzig Jahren. Es bedeutete auch, dass er sich über die Patienten einer normalen Hausarztpraxis hinaus um die Armen kümmerte sowie um Außenseiter aller Art: solche, für die die Bewältigung des täglichen Lebens eine intellektuelle Herausforderung darstellte, psychisch Kranke, Mittel- und Obdachlose jeder Couleur – und hin und wieder auch um deren Haus- und Nutztiere.

Daddy hatte keine Reichtümer erlangt, aber haufenweise interessantes Zeug von all denen bekommen, die ihn nicht mit Geld bezahlen konnten. Manchmal war es etwas zum Essen, wie etwa eine riesige, von Hand gefertigte Bierschinkenwurst oder ein Eimer voll Brombeeren, doch meistens handelte es sich um ausgefallenere Gaben. Im Laufe der Jahre hatte er einen in Zeitungspapier gewickelten Zweig bekommen, der zu einer großartigen gelben Kletterrose herangewachsen war, eine halbe Stange Dynamit, ein im Wald gefundenes verrostetes Schwert aus dem 1860er-Bürgerkrieg, beim Pflügen zutage geförderte Indianerpfeilspitzen, eine am Rand der Bundesautobahn aufgetriebene Handvoll Bungeeseile und sogar das Hinterteil eines Chevrolet-Pick-up von 1934, das «einen guten Anhänger zum Abschleppen» abgeben würde. Manchmal war das Geschenk eher eine Zusatzbelastung, aber Daddy nahm alles dankbar entgegen: einen winzigen Blauhäher, der aus dem Nest gefallen war, einen Pappkarton mit vier desodorierten Stinktierbabys, einen verwaisten Waschbär in einem Stiefel.

Das Ausgefallenste, was er je bekommen hatte, war ein toter Rotfuchs, dessen Unfalltod ein Patient beobachtet hatte. Daddy ließ das bildschöne verendete Tier ausstopfen und stellte es jahrzehntelang aus, bis Momma den Staub nicht mehr aus dem dichten Fell herausgesaugt bekam.

Als ich mit Daddy vom Krankenhaus zurückfuhr und um die Ecke zu unserer langen Auffahrt bog, wurden wir vom begeisterten I-a-Konzert der Esel begrüßt, die unsere Nachbarn aufzogen, um sie an den Freizeitpark Dollywood zu vermieten. Ein halbes Dutzend Perlhühner sahen uns herankommen und flatterten in ihrer eigentümlich selbstmörderischen Begrüßungsmanier auf den Fahrweg.

Unser etagenversetztes Backsteinhaus lag inmitten einer 100 Morgen umfassenden Berg- und Tallandschaft. In einem südöstlichen Winkel des Farmgeländes thronte auf sorgfältig aufgeschichteten Lagen handbehauener Felsbrocken eine uralte, winzige Holzscheune, die einem kugelrunden Waldmurmeltier als komfortable Behausung diente. An der westlichen Grenze des Anwesens stand ein Holzschuppen, in dem das Heu für die Kühe gelagert wurde. Die größte Scheune stand dicht am Haus.

Wir trennten uns sogleich, um noch vor Einbruch der Dunkelheit die Tiere zu füttern. Derzeit gab es vier Hunde, mindestens ein Dutzend Katzen, einige Dutzend Vögel und etwa dreißig Kühe. Ich versorgte die Hunde und Katzen, weil ich wusste, was sie bekamen, und keinen Traktor brauchte, um ihr Futter heranzuschaffen. Ich füllte die vier Edelstahlnäpfe, stellte jeden in eine Ecke für sich, postierte mich mitten im Raum und agierte als Schiedsrichter.

Als Nächstes machte ich mich auf den Weg zu der großen roten Scheune. Ich presste meine Schulter gegen eine der großen Türen, und unter Einsatz meines ganzen Körpergewichts gelang es mir, die alten Rollen ans Laufen zu bringen und die Tür weit aufzuschieben. Der Innenraum einer Scheune ist immer eine ganze Welt für sich, mit eigener Zeitzone, eigenem Klima, eigenem Ökosystem, eine schummrige Welt voller Staubwirbel, die im Tigerstreifenmuster des durch die Ritzen zwischen den Holzbrettern eindringenden Lichtscheins liegt. Hier baumelten alte Ledersättel und Zaumzeug, meterlange Kettenstücke, Seile und Ballenschnur von Nägeln und Dachsparren herab oder hingen über Boxengittern. Generationen von Taschenmessern lagen in den verschiedenen auf dem Boden übereinander lagernden Schichten verborgen.

Die Scheune war mit über zwei Meter hohen Heuhaufen für die Kühe angefüllt, dem Vorrat für den nahenden Winter. Zwei Katzen räkelten sich oben auf dem Heu und beobachteten mich ruhig aus sicherer Entfernung. Ich trat in die Tür und wartete, bis sich meine Augen an das Dämmerlicht gewöhnt hatten, dabei verlagerte ich mein Gewicht vom einen auf den anderen Fuß, unbewusst dem Beispiel der Kühe folgend, die mich von ihrem Platz an den Futterkrippen aus geduldig betrachteten. Ich tastete nach dem Lichtschalter. Es war tröstlich, in dem vertrauten, schwachen, blaugrün fluoreszierenden Schein der alten Birne umherzugehen.

Ich trat in die erste Bucht, wo das Katzenfutter in einem alten Gefrierschrank gelagert war. Eine kleine Katzenschar quetschte sich zwischen den Heuballen hervor und balancierte seelenruhig auf dem Stallgeländer entlang dem Futterplatz entgegen, ohne je den Scheunenboden zu berühren.

Ich saß auf einem niedrigen Heuballen im flackernden, summenden Lichtschein und schaute ihnen beim Fressen zu. Plötzlich tauchte Daddys bester Freund Fletcher in der Tür auf.

«Hallo, Fletcher, was machst du denn hier?», sagte ich.

«Ach, ich wollte nur mal so vorbeischauen, ob ihr irgendwas braucht. Ich dachte, dass ihr zwei in dem ganzen Schlamassel vielleicht ein bisschen Hilfe brauchen könntet.»

Fletcher war ein rührend besorgter Mensch. Immerzu half er uns bei allem, was getan werden musste. Er half Daddy, den Traktor und anderes Farmgerät zu reparieren. Er hatte Momma und mir geholfen, meine heißgeliebte siebzehn Jahre alte Katze auf dem Wäschetrockner festzuhalten, während Daddy ihr verletztes Bein behandelte. Und als er bemerkte, dass das Klappern der Aluminiumleiter von meinen schlotternden Beinen rührte, hatte er mir den Wetterhahn mit den Worten: «Na, lass mich das mal machen!» aus der Hand genommen und ihn oben auf der Einsiedlerhütte, die ich zur inneren Einkehr gebaut hatte, installiert.

Er stand eine Weile neben mir und schaute den Katzen zu. «Nimmst du dir ein paar Tage Urlaub?»

«Ja», sagte ich. «Der Senator ist ein feiner Kerl. Er hat gesagt, ich könnte so lange bleiben, wie es nötig sei.» Ich schaute in Fletchers wettergegerbtes Gesicht hoch. «Momma und Daddy möchten, dass die Praxis wie immer geöffnet ist.»

«Wie wollen die beiden das hinkriegen, wenn sie im Krankenhaus liegt?»

«Mit mir», sagte ich. «Ich musste Momma versprechen, sie bis Montag zu vertreten.»

«Oh», sagte Fletcher. «Das ist gut. Wenn seine Praxis zu ist, haben die Leute hier kaum eine Chance, ärztliche Hilfe zu kriegen.»

«Ich weiß», sagte ich. «Und die Praxis so plötzlich aufzugeben wäre, glaube ich, für sie selbst auch nicht gut. Auf jeden Fall nicht jetzt gleich. Aber sie sind beide über siebzig. Irgendwann muss es doch einmal sein.»

«Ich weiß, was du meinst», sagte Fletcher, die Hände in den Taschen vergraben. «Na, ich geh mal lieber nachsehen, ob er bei den Kühen Hilfe braucht.»

Ich ging mit ihm zur Tür. Zusammen standen wir dort und sahen die letzten paar Minuten des Sonnenuntergangs mit an. Die waagerecht einfallenden Sonnenstrahlen tauchten die Welt in ein goldenes Licht. Ich schaute Fletcher an, der von der abgetragenen Baseballkappe bis hinunter zu den abgewetzten Arbeitsschuhen golden schimmerte. Ein wenig verwirrt fragte ich mich, ob Engel wohl so aussähen, doch das konnte ich nicht sagen. «Fletcher», sagte ich, «du siehst aus wie der Blumenbote.»

Als er gegangen war, wandte ich mich nach Norden. Das Licht, das im Westen lag, wurde von rasch aus dem Osten heranziehenden Wolken überdeckt. Ich konnte den in der Ferne einsetzenden Regen sehen und riechen. Ich beschloss, auf ihn zu warten.

Windböen zogen heran und peitschten den aufgewirbelten Staub und die Blätter voran. Es dauerte fast zehn Minuten, bis der Regen bei der Scheune angekommen war. Zunächst war es ein feiner, wehender Dunstschleier, dann ein Regenguss. Der Lärm der auf das Blechdach niederprasselnden Regenflut wirkte wie ein starkes Beruhigungsmittel. Ich schaltete das Licht aus und ließ mich in der Dunkelheit nieder, eingehüllt in den süßen Duft von Kuhfladen, jungem Heu und Regen.

drittes kapitel

Nun denn, der erste Morgen hatte also nicht so gut begonnen, wie ich gehofft hatte. Ich versuchte, die Erinnerung an meinen Fehltritt abzuschütteln. Es würde schon besser werden. Die nächsten Stunden waren wesentlich ruhiger, aber nicht weniger anstrengend verlaufen. Immerfort Fragen stellend folgte ich Daddy flurauf flurab und versuchte herauszufinden, wie mit dieser Ansammlung unverständlicher Papiere zu verfahren sei.

«Was ist ein ‹Oddi-Sphinkter-Spasmus›?», fragte ich.

«Was?», gab Daddy zurück.

«Ein ‹Oddi-Sphinkter-Spasmus›? Das steht hier unter den Abrechnungsschlüsseln im Medicare-Versicherungshandbuch. Was zum Teufel ist das? Es hört sich furchtbar an.»

«Das ist ganz egal, denn das hat hier niemand. Wie ist das mit Mrs. Holloways Fußgelenk? Hast du die Nummer dazu gefunden?»

«Vielleicht. War es gebrochen?»

«Nein.»

«Handelt es sich um eine ‹Verstopfung›, eine ‹Versteifung› oder eine ‹Verstauchung›?»

«Eine Verstauchung.»

«Na gut, dann hab ich das. Aber wo ist der Oddi-Sphinkter?» Doch Daddy war längst in einem anderen Untersuchungszimmer verschwunden.

Es gibt gewiss bessere Beispiele für Regierungsprogramme, die aufgrund einer zündenden Idee ins Leben gerufen wurden, nur um dann in einem hoffnungslosen Durcheinander zu enden, aber mir persönlich war noch nie ein solch spektakulärer Fall wie das Verschlüsselungssystem der staatlichen Seniorengesundheitsfürsorge Medicare begegnet. Als Teenager hatte ich Versicherungsformulare ganz einfach mit gebräuchlichen englischen Wörtern ausfüllen können, aber nachdem ich nun über vierzig war und die Regierung es Heerscharen von Mathematikern, Bilanzbuchhaltern und Computerspezialisten gestattet hatte, sich einzumischen, überstieg es entschieden mein geistiges Vermögen, in die Geheimnisse des neuen «rationalisierten» Systems einzudringen. Gerade die am häufigsten vorkommenden Beschwerden waren in der Regel unauffindbar. Stattdessen gab es umfangreiche Listen mit den absurdesten, abenteuerlichsten Leiden, die man sich nur vorstellen kann. Ich wüsste gar zu gerne, wie oft Medicare Abrechnungen über die Behandlung des «Abderhalden-Kaufmann-Lignac-Syndroms» erhält. Und was, zum Kuckuck, war ein «Doppelter Rückschlag»?

Mir war bewusst, dass es Problemfälle gab, die man mit den Worten «Verzogenes Kind», «Streitsüchtigkeit», «Frühlingsfieber» und «Unbeholfenheit» bezeichnen konnte, aber ich war erstaunt, dass Medicare sie als versicherungsfähige Behandlungsfälle einstufte. Sie hatten sogar eine Schlüsselnummer für «Enthauptung, rechtmäßige Exekution (durch die Guillotine)» ausgewiesen. Welcher Art mochte nur die Versicherungsleistung sein, die man im Zusammenhang mit dem Tod durch die Guillotine geltend machen konnte?

Das hätte recht komisch sein können, aber ich wusste, dass damit nicht zu scherzen war, denn wenn ich nicht den richtigen Schlüssel fand, würden wir anstelle von Geld einen bösen Brief mit der Androhung von Zehntausend-Dollar-Strafzahlungen und jahrzehntelangen Haftstrafen für einen Zwanzig-Cent-Fehlbetrag erhalten. Stundenlang blätterte ich das Versicherungskode-Handbuch von hinten nach vorne und vorne nach hinten durch, ein Buch vom Umfang des Telefonbuchs einer Großstadt, vollgepackt mit Kleingedrucktem und noch kleiner gedruckten alphanumerischen Kodes. Was Daddy am häufigsten zu sehen bekam, schienen die verschiedensten Formen von *-itis* zu sein. Er behandelte Leute mit dreisilbigen *-itisen*: Arthritis, Bronchitis, Bursitis, Cystitis, Gastritis, Neuritis, Otitis, Rhinitis. Andere hatten viersilbige Beschwerden: Cellulitis, Dermatitis, Labyrinthitis, Laryngitis, Pharyngitis, Prostatitis, Sinusitis und Tendinitis. Doch wenn wir etwas besprachen, handelte es sich, allen absonderlichen Namen und Nummerierungen zum Trotz, meistens schlicht um Halsschmerzen, knackende Gelenke, Magenschmerzen und Triefnasen.

Warum also konnte ich genau die nicht finden?

Gegen elf Uhr hörte ich die Haustür gegen die Wand schlagen, und als ich aufschaute, sah ich einen von Harley Hawkins schweigsamen halbwüchsigen Riesensöhnen den Vater hereintragen. Es war Ronnie oder Donnie, ich war nicht sicher welcher, denn sie waren eineiige Zwillinge. Wenn sie sprachen, konnte ich sie normalerweise auseinanderhalten, denn Ronnies Stimme war ein wenig weicher. Doch dieser hier sagte gar nichts, er stand einfach mit dem schlapp in seinen Armen hängenden Körper seines Vaters da. Es war eine Rückblende zu ähnlichen Szenen, wie ich sie mein ganzes Leben lang immer wieder erlebt hatte. Oft schon hatte ich Daddy dabei zugesehen, wie er Harley genau so in die Praxis hereingetragen hatte. Und das Gesicht war, wie früher auch immer, blutverschmiert.

«Komm mit nach hinten», sagte ich. «Wart' gerade, bis ich dir die Tür aufgemacht habe.»

Ich rannte um das Tischende herum und öffnete die Tür zum Behandlungsbereich, und Ronnie oder Donnie folgte mit seiner 200 Pfund schweren Last, ohne ein Anzeichen von Anspannung.

«Wo soll ich ihn hinlegen?», fragte er.

«Hat er noch irgendwelche anderen Schnittwunden außer denen am Kopf?»

Ronnie oder Donnie schüttelte verneinend den Kopf.

«Meinst du, dass irgendetwas geröntgt werden muss?», fragte ich.

Donnie – zumindest glaubte ich inzwischen, dass es Donnie war – schüttelte wieder den Kopf.

«Na gut, dann bring ihn zurück ins Zimmer Nr. 3 und leg ihn auf den Tisch.»

Harley Hawkins war allgemein als wilder Mensch bekannt. Im Prinzip war das wohl gut so, denn er hatte den gruseligsten und gefährlichsten Job, von dem ich je gehört habe. Er arbeitete für eine Firma, die darauf spezialisiert war, unterirdische Lecks zu versiegeln. Nicht solche, wie sie sich im Frühjahr im Untergeschoss eines Wohnhauses bemerkbar machen, sondern Lecks, die in 3000 Meter Tiefe am hinteren Ende eines afrikanischen Bergwerksstollens auftreten und durch die ein paar Tausend Gallonen Wasser pro Minute tosen, weil irgendjemand aus Versehen ein unterirdisches Flussbett angebohrt hat.

Harley watete dann in den reißenden Fluten umher, bis er eine Möglichkeit zum Stopfen des Lochs ausgetüftelt hatte – wie der kleine Holländerjunge aus der Kindergeschichte, nur dass er diese höllische Arbeit professionell erledigte. Für solche Arbeiten reiste er in der ganzen Welt umher. Red Adair wurde für weniger Gefährliches weltberühmt, einfach weil sich das Löschen von Ölbränden sehr leicht reißerisch fotografieren lässt. Harleys Arbeit war jedoch so furchterregend, dass niemand bereit war, ihn zu begleiten, um Bilder davon zu machen. Meistens arbeitete er im Dunkeln, denn bei einer unterirdischen Überschwemmung muss der Strom ausgeschaltet werden. Bei jedem dieser Einsätze benötigte er eine 135 Pfund schwere Ausrüstung, die er auf dem Rücken trug, sowie die zuversichtliche Hoffnung, dass es zwischen der Wasseroberfläche und der Decke einen Spalt für die Luftversorgung gebe.

Die härteste Zeit war für Harley aber die zwischen zwei Aufträgen, in der das tägliche Leben bewältigt werden musste. Wenn er frei hatte, trank er immerfort. War er in nüchternem Zustand schon notgedrungen ein ungemein tollkühner Mensch, so verwandelte er sich unter Alkoholeinfluss in einen Wahnsinnigen. Bei seinen Arbeiten hatte er sich noch nie verletzt, aber in betrunkenem Zustand handelte er sich Verletzungen ein wie kein zweiter. Außer dem Alkohol hatte Harley noch drei Leidenschaften: seine Frau Avon, das Autofahren und Handfeuerwaffen – eine explosive Mischung.

Harley liebte Daddy, und wann immer er zusammengeflickt oder geröntgt werden musste, bestand er darauf, zu Daddy gebracht zu werden, was mehr als einmal die Woche sein konnte, wenn er zu Hause war. Die Anzahl der Röntgenbilder war so gewaltig, dass man sie in vier Ordnern unterbringen musste: Kopf, obere Gliedmaßen, Rumpf und untere Gliedmaßen. In einem Jahr hatte der Betrag seiner Arztabrechnung über dem von Daddys größtem Firmenkunden, dem Zinkbergwerk mit Hunderten von Angestellten, gelegen. Von Gestalt war er das Abbild eines griechischen Gottes, aber seine Haut glich einer närrisch bunten Flickendecke, an der Daddy lange Jahre gearbeitet hatte. Mit jeder Narbe verband sich eine Erinnerung – zumindest für Daddy. Harley hingegen wird sich kaum an etwas erinnert haben.

Als Harley am Zimmer Nr. 1 vorbeigetragen wurde, steckte Daddy seinen Kopf heraus, um einen Blick auf ihn zu werfen, verschwand aber sogleich wieder nach drinnen, um die begonnene Arbeit abzuschließen. Über die Schulter gewandt sagte er: «Alma, zieh eine Xylocaine-Spritze auf.» Das war die örtlich wirksame Betäubungsspritze für eine zu nähende Wunde – mehr Betäubung war bei Harley nicht nötig. Es war erstaunlich, welche Beträge er bei der Anästhesie schon eingespart hatte.

Wenige Minuten später kam Daddy ins Zimmer Nr. 3. «Was hat er nun schon wieder angestellt?», fragte er, während er die Operationshandschuhe überzog. «Du bist Donnie, nicht wahr?»

«Ja», sagte Donnie, die korrekte Identifizierung mit einem leisen Lächeln bestätigend. «Tante Arlene, Mas Schwester, musste wegen so einer Frauenoperation für ein paar Tage ins Krankenhaus. Ma hat sie begleitet. Bevor sie gefahren ist, hat sie seine ganzen versteckten Flaschenvorräte ausgeleert und die Autoschlüssel mitgenommen, ihr wisst ja, wie verrückt er aufs Fahren ist.»

Daddy nickte.

«Aber an den fahrbaren Rasenmäher hat sie nicht gedacht. Irgendwo hat er etwas Schnaps gefunden und ist dann zu einer Spritzfahrt über die Standspur der vierspurigen Durchgangsstraße aufgebrochen. Mas Bruder C. A. wohnt eine Meile von hier am Highway, und als Dad da vorbeifuhr, kam es ihm in den Sinn, dass der Rasen dort gemäht werden müsste, also bog er ab und mähte ihn.

Als Onkel C. A. bei uns anrief, um zu sagen, dass wir Dad holen sollten, erzählte er, Dad hätte seinem Sohn Samuel gesagt, dass der Garten gemäht werden müsste. Na, und als C. A. nach Hause kam und den Garten sah, ist er verrückt geworden. Dad hat eher die Blumenbeete als den Rasen gemäht. C. A. sagte, dass er Samuel deswegen beinahe verhauen hätte. ‹Der Garten sieht aus, als wäre er von einem verfluchten Trunkenbold gemäht worden!›, sagte er. ‹Das ist er auch›, sagte Samuel.

Dann nahm Samuel ihn mit nach hinten und zeigte ihm, wo Dad ohnmächtig im Garten lag. Er hat den Rasenmäher beim Zusammenstoß mit der Vogeltränke zu Schrott gefahren. Dabei hat er sich die Schnittwunden am Kopf geholt.»

Solange Daddy seine Kopfwunden zusammennähte, hielt Harley die Augen geschlossen und gab keinen Laut von sich, aber als Donnie ihn vom Tisch hob, um ihn zum Auto zurückzutragen, murmelte er: «Danke, Doc.»

Nach Harley war Michael Mayshark an der Reihe. Er war gekommen, um seine Herzmedikamente neu einstellen zu lassen. Sein Gesundheitszustand war instabil und die Dosierung seiner Medikamente eine heikle Angelegenheit, die er ziemlich oft mit Daddy besprach.

Michael und ich schauten zu, wie Harley hinausgebracht wurde. Michael lachte verschmitzt und sagte: «Harley muss noch lernen, wie man sich an Lebensfreude berauscht.» Dann schlug er mit der Hand auf die Theke und lachte herzhaft und fröhlich.

Michael litt an kongestivem Herzversagen und es bedurfte beträchtlicher Mengen an Medikamenten, um ihn am Leben zu erhalten. Es ging ihm ganz offensichtlich bedeutend schlechter als bei unserer letzten Begegnung, doch er ließ sich nie etwas anmerken.

Es war erstaunlich, wie verschieden die Lebensauffassungen dieser beiden Männer waren. Harley sehnte sich nach dem Tod. Er war mit einem außergewöhnlichen Körper begabt und missbrauchte ihn, um der Welt zu entfliehen. Michael, der mit einem schwachen Herzen und noch ein paar schweren Körperbehinderungen dazu auf die Welt gekommen war, kämpfte jeden Tag heroisch um sein Leben.

In einer Arztpraxis aufzuwachsen hatte mich eines gelehrt, nämlich dass die Gemütsverfassung eines Menschen in den seltensten Fällen von seinen äußeren Lebensumständen abhängt. In aller Regel ist sie Ausdruck seines inneren Wesens.

Michael war mit einer sehr seltenen Krankheit auf die Welt gekommen, dem Holt-Oram-Syndrom, auch «Hand-Herz-Syndrom» genannt, was bedeutete, dass sowohl Herz als auch Hände deformiert waren. Man war davon ausgegangen, dass er mit seinem Herzfehler nicht lange leben würde, weshalb die Missbildungen an Händen und Armen in seiner Kindheit kaum beachtet worden waren. Links fehlte der Daumen an einer teilweise funktionsfähigen Hand mit einem deutlich verkürzten Arm dazu. Rechts war der Unterarm stark verkürzt und die Hand fehlte mehr oder weniger.

Bei all seinen körperlichen Handicaps war Michael glücklich verheirateter Vater von drei gesunden, pfiffigen Kindern, erfolgreicher Geschäftsmann und überhaupt ein ungemein beliebter Kerl. Außerdem war er gescheit und mit einigen Gelehrtenfähigkeiten begabt. Er konnte sich die Nummern von Autoschildern merken – von allen Autos, die er je gesehen hatte. Er war ein wandelndes Kennzeichenverzeichnis. Die Polizei hätte ihn anfunken können, um die Kennzeichen gestohlener Autos zu prüfen. Und mit Telefonnummern verhielt es sich ebenso.

Mit zunehmendem Alter war der Zustand seines Herzens noch prekärer geworden. Seine Nahrungsaufnahme musste er mit der Präzision eines chemischen Langzeitversuchs berechnen – und genau das war es auch. Bei dem Experiment handelte es sich um einen Überlebensversuch. Jeder Tropfen, jeder Bissen – alles, was er aß und trank, musste notiert werden. Er musste den Gehalt eines jeden Krümels, den er zu sich nahm, bestimmen und die Auswirkungen auf seine anfällige Konstitution abschätzen.

Michael hatte ein gewaltiges Herz. Das hört sich gut an, ist aber alles andere als das. Auf der Röntgenaufnahme füllte sein Herz die Mitte des Brustkorbs nahezu aus, sodass die Lunge und alles andere erheblich beengt waren. Und es war nicht nur zu groß, sondern hatte darüber hinaus verformte Herzkammern und undichte Herzklappen. Es vergrößerte sich beständig, weil die Pumptätigkeit immer ineffektiver wurde. Der Muskel versuchte, die Trägheit durch Größenwachstum auszugleichen. Der Versuch war zum Scheitern verdammt.

Aber so war es von seinem ersten Lebenstag an gewesen, und inzwischen war er sechzig. Er dankte sein Leben der Gnade Gottes und seinem unglaublich tapferen Wesen. Michael hatte nicht einfach eine positive Einstellung – er lebte in einem

Zustand immerwährender Freude, als sei jeder Atemzug ein besonderes Geschenk.

Er zog mich damit auf, dass ich versucht hatte, den Mercedes so unauffällig wie möglich am hintersten Ende des Parkplatzes abzustellen. Ich hatte geahnt, dass ihm das nicht entgehen würde. Wir waren beide Autonarren. Er hatte ein großes Geschäft für gebrauchte Autoteile, es hieß *Redneck*[1] *Parts*. Er zeigte durch das Fenster in Richtung meines Autos. «Pass bloß auf», sagte er grinsend. «Wenn man das Auto zerlegt, bringt es dreimal mehr ein als so, wie es da steht!»

«Ich werde es gut im Auge behalten», sagte ich.

Nachdem Michael gegangen war, erkundigten wir uns wieder im Krankenhaus nach Momma und erfuhren, dass sie gut versorgt war. Ich wollte in der Praxis bleiben und versuchen, noch einige der eingegangenen Anrufe zu beantworten, während Daddy zum Mittagessen nach Hause fuhr. Ich hörte mein Voicemail-Band in Washington wieder ab, und die automatische Ansagerin warnte: «Sie haben sechs – und – zwanzig – Nachrichten.»

Ich wählte die Nummer vom Hart Senatsverwaltungsgebäude, um mich mit meinem lieben Freund und Kollegen Jacob Goldman zu besprechen. Als das Telefon am anderen Ende der Leitung gerade anfing zu klingeln, sah ich Wanda Slover vorfahren. Sie war meine Babysitterin gewesen und hatte nie aufgehört, mich wie ein kleines Kind zu behandeln.

Elizabeth, die Sekretärin von Jacob und mir, antwortete. «Hallo, Elizabeth», sagte ich und betete inständig, dass Wanda auf dem Weg zum Haushaltswarenladen sein möge. «Carolyn am Apparat.»

«Carolyn! Wie geht's deiner Mutter? Wir haben alle an dich gedacht.»

«Sie wissen noch nicht genau, was sie eigentlich hat. Also muss ich noch ein paar Tage hier bleiben.»

«Ach, mach dir keine Gedanken deshalb. Du verpasst hier im Moment nichts. Der Senat hat Sitzungspause und der Boss ist in Nashville. Und Jacob ist drüben in der Kongressbibliothek. Er wird sich ärgern, deinen Anruf verpasst zu haben. Er macht sich wirklich Sorgen um dich.»

Ich vermisste Jacob schmerzlich. In den letzten zehn Jahren waren wir selten länger als ein paar Tage getrennt gewesen, wir arbeiteten wie die zwei Hälften eines Gehirns zusammen. Wir gaben ein seltsames Paar ab. Er war dunkel und ich hell, und im Gegensatz zu meiner kleinen Knubbelnase hatte er ein beeindruckend ausgeprägtes Nasenorgan. Er war immer schick in Schale, ohne irgendein Stäubchen oder Knitterfalten, während ich deutlich tiefer auf der Skala der Ausstattungspracht platziert war.

Obwohl die romantische Phase unserer Beziehung lange vorbei war, die in seinen Augen immer einen unbedeutenden zweiten Platz hinter unserer fantastischen Arbeitsbeziehung eingenommen hatte, waren wir seit fast zehn Jahren die besten Freunde. Es war seltsam ungewohnt, eine Schwierigkeit ohne seinen direkten Beistand durchzustehen. Aber nun saßen wir 500 Meilen voneinander entfernt fest.

Ich sagte: «Also, wenn ihr mich für irgendetwas braucht, dann ruft einfach an.»

«Ach, diese unausstehliche Koproduzentin vom CBS-Sender ruft ständig an», sagte Elizabeth. «Sie braucht ein Zitat vom Senator und wird langsam unangenehm. Was soll ich ihr sagen?»

Wanda platzte zur Tür herein und rief mit ihrer lauten Stimme: «Ist der Doc da?»

Ich schüttelte verneinend den Kopf zu ihr hinüber und sagte in die Telefonmuschel: «Sag ihr, dass ich für ein paar Tage außer Landes bin und sie anrufen werde, wenn ich zurückkomme.»

«Und – wo ist er?», wollte Wanda wissen.

Ich setzte meinen Drehstuhl in Bewegung, sodass ich Wanda

den Rücken zukehrte, und versuchte, mich auf mein Telefongespräch zu konzentrieren.

Elizabeth fragte gerade: «Was ist mit dem Diner in der Residenz des französischen Botschafters? Jacob wüsste gerne, ob du dorthin gehst. Falls nicht, hat er eine lange Liste mit hoffnungsvollen Wartekandidaten, von denen einige dafür bezahlen würden.»

«Das habe ich ganz vergessen», seufzte ich. «Sag Jacob, dass er meine Einladung ruhig an irgendjemanden weitergeben kann, aber du bringst mich fast um mit diesen Essenseinladungen. Ich habe heute Morgen in Hardees Drive-thru gefrühstückt und werde mich glücklich schätzen, *überhaupt etwas* zum Mittagessen zu ergattern.»

In dem Moment wurde meine Hoffnung, dass Wanda wieder gehen – oder doch zumindest geduldig warten würde – abrupt zerstört. «Carolyn Jourdan, wo zum Teufel ist dein Pa?», fragte sie in gereiztem Ton und lehnte sich dabei über die Theke des Empfangstisches. «Weiß er, dass du hier draußen mit dem Telefon herumspielst? Ich brauche Hilfe! Mein Hintern brennt wie Feuer.»

«Wo bist du denn?», fragte Elizabeth lachend.

«Frag lieber nicht», sagte ich, während ich auf meinem Drehstuhl wieder kehrtmachte, um Wanda drohend und mit dem Finger auf das Telefon weisend anzustarren. «Gibt's sonst noch irgendetwas?»

«Was?», fragte Wanda verwirrt. «Ja. Ich habe Hämorriden. Und die bringen mich um!»

Elizabeth musste wieder lachen, bezwang sich aber höflicherweise. «Nichts was im Moment dringend erledigt werden müsste», sagte sie.

«Ich melde mich morgen wieder bei dir», sagte ich. «Ist das in Ordnung?»

«Kein Problem», sagte Elizabeth kichernd und legte auf.

Damit stand fest, dass ich meine Büroangelegenheiten auf keinen Fall von Daddys Praxis aus erledigen konnte.

viertes kapitel

Als ich später am Nachmittag dasaß und darüber nachdachte, wessen Lage nun eigentlich düsterer sei, Mommas oder meine, klingelte das Telefon schon wieder. Eigentlich gab es nie Ruhe.

«Praxis Dr. Jourdan», sagte ich lustlos.

«Joel ist krank», sagte eine Frau knapp und bestimmt. «Wir fahren jetzt los, und wenn wir da sind, müssen Sie ihn umgehend zum Doktor vorlassen.»

«Wer ist Joel?», fragte ich.

«Hää?»

«Wie heißt Joel mit Nachnamen?», fragte ich.

«Er kommt schon seit Jahren dahin!»

«Nun, ich bin erst vor einem halben Tag hierhergekommen, Sie werden mir also ein wenig helfen müssen. Wie ist der vollständige Name?»

Sie sagte etwas, das wie «Joel Likör» klang.

«Joel was?», fragte ich.

«Likör.»

«Können Sie das bitte buchstabieren?»

«L-e-q-u-i-r-e.»

«Oh, ach ja», sagte ich, mich dunkel an den Namen eines Jungen erinnernd, mit dem ich zusammen zur Grundschule und auf die Highschool gegangen war. Er war ein Baseballstar und sehr beliebt gewesen und hatte meine Existenz nie zur Kenntnis genommen. Ich hoffte, dass es dabei bleiben würde.

«Hat Joel Schmerzen in der Brust?»

«Nein.»

«Blutet er?»

«Nein.»

«Hat er irgendetwas ins Auge bekommen?»

«Warum stellen Sie mir diese ganzen verrückten Fragen?»

«Weil Sie ihn im Falle von Brustschmerzen gar nicht erst hierher, sondern zur Notaufnahme nach Knoxville bringen sollten. Und wenn er nicht blutet und nichts ins Auge gekommen ist, wird er, wenn er herkommt, wie jeder andere auch warten müssen, bis er an der Reihe ist. Wenn er seit Jahren herkommt, weiß er das aber schon alles. Keine Termine und keine vorab Platzreservierungen.»

«Joel kann nicht warten – er ist krank!»

«Das sind alle, die herkommen. Wenn er so krank ist, dass er nicht warten kann, sollten Sie ihn ins Krankenhaus bringen.»

«Er will aber nicht ins Krankenhaus. Er will zu Dr. Jourdan.»

«Dann wird er einfach wie jeder andere auch warten müssen. Sie brauchen sich auch nicht zu beeilen herzukommen, da sind im Moment noch ungefähr sechs andere vor ihm, und ich kann unmöglich wissen, wer schon alles hierher unterwegs ist und vor Ihnen eintreffen wird.»

Sie knallte den Hörer auf.

Ich verbrachte ungefähr zwanzig ruhige Minuten als Vorsitz einer bescheidenen Schar von Hustefröschen und Schniefnasen, bis die Tür aufgerissen wurde und eine spektakulär aussehende Frau hereineilte. Ihre Jeanshose und das Jeanshemd hatten einen Fransensaum und waren mit Rheinkieseln besetzt und von so atemberaubend anliegendem Zuschnitt wie die Sachen, die Jane Russell in einem Western aus den Fünfzigern trug. Sie war derart mit Silberschmuck behängt, dass es bei jedem Schritt klingelte und bimmelte.

Sie trug einen mit Silbernieten besetzten Gürtel, dessen Schnalle so groß war, dass sie sich unmöglich hinsetzen konnte, ohne sich einen Unterleibsschaden zuzufügen.

Ihr Lippenstift war viel zu dick aufgetragen, die langen rosaroten Fingernägel waren angriffsbereit zugespitzt und die sie umgebende Duftwolke war so überwältigend, dass selbst ich keine Mühe gehabt hätte, ihr meilenweit durch die Wildnis zu folgen.

Sie sagte: «Joel ist da. Machen Sie ein Zimmer fertig. Ich bringe ihn rein.»

«Die Untersuchungszimmer sind zur Zeit alle besetzt», sagte ich. «Und da sind noch Leute, die schon eine Weile warten. Ich schreibe seinen Namen auf und rufe Sie, wenn er an der Reihe ist.»

«Er kann nicht warten.»

Die Leute im Wartezimmer guckten verstohlen in meine Richtung. In diesem Wartezimmer gab es eine Hackordnung, die einzuhalten war. Niemand hätte seine Schniefnase vor den letzten keuchenden Atemzügen eines Sterbenskranken behandeln lassen wollen, aber dreiste Vordrängelei würde keiner stillschweigend hinnehmen.

«Das haben wir ja alles schon am Telefon besprochen», sagte ich. «Er wird sich einfach wie jeder andere auch hinsetzen und warten müssen, bis er drankommt.»

Miss Rodeo starrte mich an. Sie gestikulierte in Richtung Wartezimmer. «*Hier* … bei *diesen* Leuten kann Joel unmöglich sitzen. Er würde sich *anstecken*. Und er könnte sich *übergeben*.»

«Also gut, ich komme Sie holen, wenn er dran ist.»

Sie klimperte und klapperte hinaus, wobei sie sorgfältig darauf achtete, die Tür nur mit zwei spitzen Fingern zu öffnen. Bevor sie in ihr Trans Am-Cabriolet einstieg, fischte sie ein Desinfektionstuch aus ihrer Handtasche hervor und wischte sich die Hände damit ab. Bei dem bucklig gewölbten Plüschberg, der auf dem Beifahrersitz mit der abgekippten Rückenlehne ansatzweise sichtbar war, musste es sich wohl um Joel handeln. Im Wartezimmer brach gedämpftes Gelächter aus.

Irgendetwas an ihr kam mir bekannt vor und ließ mir keine Ruhe, aber ich kriegte es nicht zu fassen. Ich saß eine Weile untätig da und starrte das Auto an, bis mir einfiel, wer sie war: Cheryl Piatt. Wir waren in derselben Klasse gewesen, sozusagen. Sie war die Cheerleaderin gewesen und ich die schielende Unscheinbare. Sie war nie gemein zu mir gewesen, aber ich hatte trotzdem immer einen weiten Bogen um sie gemacht, aus krankhafter Angst vor der verletzenden Wirkung einer einzigen schneidenden Bemerkung der Klassenschönheit.

Ungefähr fünfundvierzig Minuten später klopfte ich ans Autofenster, um mitzuteilen, dass Joel nun an der Reihe sei. Mit großem Getue tauchte ein Vierzigjähriger auf, unter dessen halb offenem Frotteebademantel ein zerknitterter Baumwollpyjama hervorguckte. Man hatte das Gefühl, einen Blitzer oder anderen Perversling zu sehen, ein Eindruck, der sich beim Anblick der rosaroten Plüschpuschen noch erheblich steigerte. Ich war verblüfft. In meinem ganzen Leben hatte ich nie jemanden im Schlafanzug in die Praxis kommen sehen. *Sterbenskranke* kamen angekleidet in die Praxis. «Daddy, da kommt gleich ein Kerl im Schlafanzug herein!», brach es fassungslos aus mir heraus, als Daddy hinter mir an die Theke trat und stehen blieb.

Doch er schaute nicht einmal von seinem Rezept auf. «Das wird wohl Joel sein.»

«Stimmt genau! Woher weißt du das?»

«Weil Joel überhaupt der Einzige ist, der je im Schlafanzug herkommt.»

«Schau dir den mal an!», fuhr ich fort. Er schien geradewegs aus dem Bett gestiegen und ohne sich die Zähne oder sonstwas zu bürsten hergekommen zu sein. Mit seinen absurden Hausschuhen schlurfte er über den Asphalt, durch die Tür, durch das Wartezimmer und den Flur entlang. Cheryl ging neben ihm, dabei hielt sie seine Hand und seinen Unterarm und stützte ihn wie einen Schwerkranken.

Als sie an meinem Schreibtisch vorbeikamen, landete ein Kosmetikbeutel von der Größe einer Mikrowelle schwungvoll auf der Theke und Cheryl sagte: «Ich hab seine Medikamente mitgebracht, damit Sie sehen können, was er so alles nimmt, und dann das, was ausgeht, neu verschreiben können.»

Daddy zog den Reißverschluss der Tasche auf. «Meine Güte, Joel, was haben wir denn nur alles hier?», sagte er. Joel gab keine Antwort. Er schlurfte weiter, als wäre er voll und ganz damit beschäftigt, voranzukommen.

Daddy holte die zerkratzten braunen Plastikflaschen einzeln heraus und reihte sie, mit dem Etikett zu mir, auf dem Tisch auf. Er sagte: «Mach mir eine Liste von dem ganzen Sammelsurium, damit ich sehen kann, was er sich da antut.»

«Joel», sagte er, «da ist ja eine ganze Apotheke drin.»

Ich fing an, meine Liste zu schreiben. Die Handgelenke hatten reichlich damit zu tun, die Flaschen so hin und her zu drehen, dass ich die ganz um das jeweilige Gefäß herumreichenden Etiketten lesen konnte. Als ich die Liste fertig geschrieben hatte, war es ein einziges Durcheinander. Ich würde sie noch einmal schreiben und die Tabletten nach Gruppen zusammenfassen müssen, damit es überhaupt Sinn machte. Joel nahm dreiundzwanzig verschiedene Medikamente ein.

Als Daddy wieder an die Theke trat, nachdem er Joel, grob gepeilt, gute dreißig Minuten zugehört hatte, stöhnte er und verdrehte die Augen. «Die meisten Hypochonder, die ich kennengelernt habe, waren Frauen, aber wenn man dann mal einen männlichen erlebt, übertrifft er die Frauen bei Weitem», sagte er leise.

Die Aufstellung zu dem Inhalt des Pillenbeutels lag auf dem

Tisch. Daddy nahm sie hoch und fing an, sie still zu lesen. Bald konnte er nicht mehr an sich halten. «Joel, nehmen Sie das *alles* ein?», rief er über die Schulter gewandt.

«Das ist die Medizin, die ich verschrieben bekommen habe», sagte Joel. «Ich hab noch eine Tasche für Rezeptfreies. Wolln Sie sie sehn?»

«Nein … nein», sagte Daddy. Er ging zur Tür von Zimmer Nr. 1 zurück. «Wenn Sie sich nicht ganz wohl fühlen – ist Ihnen dann schon einmal die Idee gekommen, einfach ein Aspirin zu nehmen, sich auf das Sofa zu legen und Soaps anzugucken, so wie die anderen das alle machen?»

«Nein», antwortete Joel.

«Nun, dann sollten Sie das tun», sagte Daddy und ging dann in sein Privatbüro, um Anmerkungen für Joels Krankenblatt zu diktieren. Als Joel aus dem Untersuchungszimmer herauskam, ließ Alma den Daumen kurz nach oben schnellen, woraus ich schloss, dass ich ihm mehr berechnen sollte als einem regulären Patienten. Ich schlug elf Dollar für die extra lange Beratung, den Schlafanzug und die rosaroten Plüschpuschen auf – und weil Cheryl noch so hübsch wie eh und je war. Das schien mir gerechtfertigt zu sein.

Ich guckte zu Alma und fragte stumm mit den Lippen: «Zweiundvierzig?» Sie machte runde Augen und hielt den Daumen wieder hoch. «Dreiundfünfzig?», sagte ich. Alma zuckte die Achseln. Als sie vorbeischlurften, sagte ich: «Das macht dreiundfünfzig Dollar.»

Um fünf Uhr sah ich ein elegantes weißes Oldtimer-BMW-Cabriolet-Modell vor der Praxis vorfahren. Ein hochgewachsener Mann stieg aus und schaute sorgfältig um sich, als wolle er die Anwesenheit potenzieller Zeugen ausschließen, bevor er hereinkäme, um uns auszurauben. Als er zur Tür kam, stellte ich erleichtert fest, dass es sich um Matthew Wyatt DeHaven III handelte. Wir waren miteinander aufgewachsen. Obwohl ich ihn viele Jahre nicht gesehen hatte, erkannte ich ihn sofort wieder. Er war 1,95 m groß und mit seinen dunklen Locken und den hellblauen Augen eine attraktive Erscheinung.

«Hallo, Matthew!», sagte ich lächelnd.

«Hallo, Carolyn», sagte er. «Was machst du denn hier? Ich dachte, du wärst in Washington.»

«War ich auch. Aber Momma geht es nicht besonders gut, also bin ich hergekommen, um sie ein paar Tage zu vertreten. Du bist aber doch nicht etwa krank?»

«Nein, ich wollte Doc um einen Gefallen bitten.»

«Was denn?»

«Ich habe eine verletzte Ziege und wüsste gerne, ob er eine Röntgenaufnahme von ihrem Bein für mich machen würde. Ich traue den Leuten von der Tierklinik drüben an der Tennessee-Uni nicht über den Weg. Sie verlangen zu viel und wissen nicht halb so viel wie Doc.»

Daddy würde sich gewiss darüber freuen, dass er der Tierklinik immer noch den Rang ablief. Das war ein echtes Kompliment. In einer armen landwirtschaftlichen Gegend spielten die Tiere eine wichtige Rolle, und es gab immer besondere Exemplare, die als Zuchttiere hoch im Kurs standen oder heiß geliebte Haustiere waren. Es war nichts Ungewöhnliches, dass die Leute ein krankes Tier mit ins Haus nahmen. Wir hatten einmal ein neugeborenes Kalb für mehrere Wochen in unserer Garage. Es war mit einem Sweatshirt von Momma bekleidet, damit es nicht frieren sollte.

«Ich frage ihn», sagte ich. «Gut, dass schon Feierabend ist. Hier würde auf jeden Fall keiner eine Ziege aus der Reihe tanzen lassen, und im Auto könnte sie dein Armaturenbrett anknabbern.»

«Das habe ich schon bedacht», grinste er. «Ich zahle euch auch dafür. Genauso viel als wäre die Röntgenaufnahme für mich selbst.»

«Ich würde mich nicht trauen, dir das in Rechnung zu stellen, Matthew. Wahrscheinlich ist es nicht erlaubt, eine Ziege mit einem Apparat für Menschen zu röntgen. Die Nuclear Regulatory Commission könnte uns drankriegen. Daddy und mich ins Gefängnis stecken.»

Dann erst wurde mir klar, dass ich soeben einen 24-Dollar-Auftrag verschenkt hatte – und das an meinem ersten Tag. Momma hatte immer gesagt, dass Daddy und ich keinen Geschäftssinn hätten. Sie glaubte, dass wir die Praxis ohne Aufsicht innerhalb weniger Wochen in den Bankrott treiben würden. Ich beschloss, ihr dieses kleine Werbegeschenk zu verschweigen. Irgendwie wusste ich, dass Daddy es auch nicht ausplaudern würde. Und Momma könnte es niemals herauskriegen, weil es keine Krankenblätter für Ziegen gab.

«Wann hast du angefangen, Ziegen zu halten?», fragte ich.

«Dad und seine Brüder haben sich vor ein paar Jahren zur Ruhe gesetzt. Sie haben die Molkerei zugemacht. Ich habe dann beschlossen, die Weiden und Scheunen für die Aufzucht von seltenen und bedrohten Tierrassen zu nutzen. Es ist nur ein Steckenpferd, aber Dad und ich können ein bisschen damit herumspielen. Ich hab immer noch meine feste Stelle im Bergwerk.»

«Oh, cool! Ich sag Daddy Bescheid, dass du da bist. Geh schon mal die Ziege holen.»

Daddy wollte die Ziege mit dem größten Vergnügen röntgen. Das war einer der Gründe, weshalb es ihm Spaß machte, in einer ländlichen Gegend zu praktizieren. Tiermedizin interessierte ihn kaum weniger als Humanmedizin. Er hatte sich immer um Tiere gekümmert und schon als kleiner Junge beständig irgendein verletztes Viecherl in einem Karton herumgeschleppt.

Die Ziege war eine Schönheit. Sie war kleinwüchsig und zart mit einem langen, dichten rahmweißen Fell und langen, schmalen, gewundenen braunen Hörnern. Und sanftmütig war sie auch.

«Dieser kleine Racker ist erheblich einfacher zu handhaben als eine Kuh», sagte ich.

Matthew nickte. «Das kannst du wohl glauben. Macht alles viel einfacher für mich. Ich musste früher immer die Kühe melken, die ausgetreten haben, weil ich die längsten Arme hatte.»

Seiner Stimme war anzumerken, wie sehr er die Kühe vermisste. Soweit ich wusste, hatte seine Familie in der vierten Generation einen Milchbetrieb geführt. Solche Menschen sind geborene Hirten und können ohne Tiere nicht froh werden.

Er beruhigte die Ziege, während Daddy sie für die Aufnahme richtig aufstellte und sich dann daranmachte, das eine Vorderbein aufzunehmen. Matthew sagte: «Mit so was handelt man sich immerzu Ärger ein. Die finden ein Schlupfloch in jeder erdenklichen Einzäunung, sie haben keinen Verstand und verletzen sich leicht.»

Daddy ging hinaus, um die Aufnahme zu entwickeln, und brachte sie dann mit zurück, um sie Matthew zu zeigen. «Das Bein ist nicht gebrochen. Ich würde sie einfach eine Weile im Stall behalten und beobachten, wie sie sich macht.»

«Gut. Ich weiß das sehr zu schätzen, Doc. Ich werd es nicht vergessen, dass ich dafür noch was schuldig bin.»

Ich schaute zu, wie Matthew die Ziege zum Auto hinausbrachte und auf dem schmalen Rücksitz niederlegte. Die Ziege schien die Aufmerksamkeit zu genießen. Sie blieb ruhig liegen, als Matthew losfuhr.

«Nun, das wäre erledigt», sagte ich zu Daddy, als ich die Praxistür nach dem ersten schrecklichen Tag als widerwilligste und unfähigste Sprechstundenhilfe der Welt hinter mir abschloss.

Wir gingen beide zu unserem Auto, und ich fuhr hinter seinem grünen Geländewagen her nach Hause, um die Tiere zu füttern, bevor wir zu Momma ins Krankenhaus weiterfahren würden.

Unzählige Male war er diesen Weg in den letzten vierzig Jahren gefahren, immer mit Momma zusammen. Ich fragte mich, was ihm nun durch den Kopf gehen mochte – und wusste ganz genau, dass er es niemals mir oder einem anderen anvertraut hätte. Er war ganz in sich gekehrt. Und Momma war genauso.

Ich hatte immer versucht, ihnen nachzueifern, was aber nur punktuell glückte. Sie waren stoischer Natur, während ich immer eher eine Art Hexenkessel mit widersprüchlichen, brodelnd überschäumenden Gefühlen gewesen bin. Ich kam mir wie die Auffangschale all ihrer unterdrückten Gefühle vor. Mein ganzes Leben lang hatte ich dagegen angekämpft, nicht solch offensichtliche Fragen zu stellen wie zum Beispiel: «Warum arbeitet ihr so hart?» und «Wolltet ihr beide nie in einem schicken Haus wohnen, einen Ferrari fahren oder einfach eine Nacht lang durchschlafen, ohne aufstehen und in die Praxis oder ins Krankenhaus fahren zu müssen?»

Während ich mich auf der schmalen Straße vorwärtsschlängelte, dachte ich über die ironische Wendung in der nun eingetretenen Umleitung meiner Lebensbahn nach. Zunächst hatte ich gar nicht von zu Hause weggehen wollen, aber außer einer Stelle als Köchin oder Kellnerin hatte sich in den Bergen nichts gefunden. Ich hatte den fatalen Fehler begangen, weder ein Schulfach noch Krankenpflege zu studieren, stattdessen hatte ich nach meinem Studium an der Universität von Tennessee Abschlüsse in Biomedical Engineering und Jura gemacht. Aus lauter Verzweiflung war ich dann schließlich weggezogen und hatte in ganz verschiedenen Stellen gearbeitet, mit meiner derzeitigen Senatsanwaltsposition als krönendem Abschluss.

Die letzten fünfzehn Jahre hatten mich verwöhnt. Es war eine Selbstverständlichkeit für mich, stets von einem Gefolge begleitet und unterstützt zu werden, Taschen und Koffer getragen zu bekommen, in Limousinen und Privatjets unterwegs zu sein.

Und ich hatte mich meilenweit von der traditionellen Küche der Appalachen mit ihrem Schweinefleisch und den in Schweinefett gebackenen Beilagen entfernt.

Ich entbehrte meinen Status als VIP, doch gab es da eine noch drängendere Sorge, die ich kaum zu bedenken wagte – nämlich die Möglichkeit, von einem der recht giftige Bemerkungen liebenden Einheimischen erkannt und in die Rolle des hoffnungslosen Dorftrottels zurückgedrängt zu werden.

Meine Güte, wie war das schlimm für mich gewesen, in einer Gegend aufzuwachsen, wo jeder mitbekam, dass die Operation meiner Schielaugen nicht ganz geglückt war, dass ich zehn Jahre lang eine Zahnspange trug, die tatsächlich meine schiefen Zähne in Reih und Glied brachte, und wo man sich über die fürchterlichen grünen orthopädischen Lederschuhe wunderte, die ich jeden Tag tragen musste, um meinen rechten Fuß gerade zu richten. Und als I-Tüpfelchen kam dann noch dazu, dass ich, obwohl zwei Jahre jünger als einige Klassenkameraden, die Größte in der Klasse war. Es war furchtbar gewesen.

Nun hatte ich zwar die Zahnspange und die orthopädischen Schuhe abgelegt, und die Jungen hatten Zeit gehabt zu wachsen, doch meine Außenseiterposition hatte mich gegenüber früher um Lichtjahre weiter von ihnen abgerückt. Ich betete, dass es mir gelingen möge, mich unbemerkt zu entfernen, bevor meine Anwesenheit zur Kenntnis genommen würde. Doch gerade als ich mein Gebet zum Himmel sandte, fiel mein Blick auf eine Tafel am Vordach der Kirche, nicht weit von unserem Haus. Darauf stand:

Kultur erhöht die Welt zu einem Ort,
von dem man besser in den Höllengrund hinabfahren kann.

Also war es wohl zu spät. Die Baptisten hatten mich ausfindig gemacht.

fünftes kapitel

Als ich hinausging, um die Katzen zu füttern, war Fletcher in der Scheune damit beschäftigt, die Umschnürung von den Heuballen zu lösen und sie in die Futterkrippen zu werfen.

«Und – wie ist es heute gelaufen?», fragte er.

«Nicht gerade glänzend», sagte ich. «Ich habe zwar niemanden umgebracht, aber ich habe Daddy und die Hankins-Schwestern ordentlich in Aufruhr versetzt.»

Er ließ sich auf einem flachen Heuballen nieder und guckte mich an.

«Es ist eine gute Sache, dass du ihm hier aushilfst. Das weißt du doch wohl.»

«Das beweist doch nur, in was für einer verzweifelten Lage er ist, oder?»

Fletcher grinste. «Ich erinnere mich noch daran, wie es war, als er hierherkam», sagte er. «Da gab es weit und breit keinen einzigen Arzt.»

Ich wühlte in dem alten, kaputten Gefrierschrank herum, in dem wir das Futter lagerten, und kramte ein paar Pfund Brekkies hervor.

«Dein Vater wollte hierher, als er die Geschichte von dem Kerl hörte, der in Mascot drüben einen Stromschlag gekriegt hatte und der von dem alten Arzt mit dem Taschenmesser operiert worden war.»

«Ja», sagte ich. Diese Geschichte hatte ich oft gehört. Das war in der Zeit vor der kardiopulmonalen Wiederbelebung (CPR) gewesen. Der Arzt hatte den Brustkorb des Patienten mit einem geliehenen Taschenmesser geöffnet und sein Herz mit der bloßen Hand wieder zum Schlagen gebracht.

«Ja, das ist eine großartige Geschichte», sagte ich, «aber den letzten Teil davon habe ich nie glauben können – dass ein Kerl, der Analphabet war, einen Stromschlag gekriegt hat und dann plötzlich lesen konnte, nachdem sein Herz wieder in Gang gebracht worden war. Und das soll wahr sein?»

Fletcher lächelte. «Es gibt viele seltsame Dinge auf dieser Welt, Carolyn. Dinge, die ich nicht verstehen kann.» Er saß dort und spielte mit seinem grünen Taschenmesser herum, zog die Klingen heraus und schob sie wieder hinein. «Dein Vater ist intelligent», sagte er. «Er hätte alles machen können, jede Art von Facharztausbildung, und damit hätte er reich werden können, aber stattdessen ist er hier heraus aufs Land gekommen, weil er den Menschen helfen wollte.» Er klappte sein Messer zu. «Du hast das auch in dir», sagte er.

«Ach, ich weiß nicht recht», sagte ich. «Sprechstundenhilfe ist nicht gerade mein Traumberuf. Ich bleibe nur ein paar Tage, bis Momma wieder auf die Füße kommt. Du weißt ja, sie glaubt sowieso, dass Daddy und ich alles in den Sand setzen, wenn wir hier allein sind.»

«Nun», sagte er und stand auf, «ich weiß, dass du das Richtige tun wirst.»

Er stand in der dunklen Scheune, mit dem Rücken zur Tür, durch die blendend hell die Strahlen des Sonnenuntergangs hereinfielen. Ich blinzelte zu der goldumstrahlten schwarzen Silhouette hinüber, ohne seine Gesichtszüge erkennen zu können.

Am Abend besuchten wir Momma und erfuhren zu unserer Erleichterung, dass sie in einen weniger kritischen Bereich der

Intensivstation verlegt worden war. Ihr Zustand war von hoch riskant auf kritisch herabgestuft worden. Anstelle der Glaswände hatte das neue Zimmer beruhigend wirkende blaue Vorhänge. Am Kopfende des Bettes gab es immer noch eine ganze Reihe von Apparaten, aber alle Patienten lagen genau unter einem großen Oberlicht, sodass sie immer direkt in das Blau des Himmels oder den Sternenhimmel schauen konnten. «Was für eine Bewandtnis hat es mit den Oberlichtern? Soll Gott die besonders Kranken im Blick behalten oder ist es umgekehrt gedacht?»

«Man hat herausgefunden, dass schwerkranke Menschen, die hoch dosierte Medikamente bekommen, im Krankenhaus die Orientierung verlieren», sagte Daddy. «Es hilft ihnen, wenn sie hinausschauen können. Sie wissen dann immer, wo oben und unten ist und wann es Tag und Nacht wird. So können sie schneller gesund werden.»

Das schien eine gute Idee zu sein. Auch ich fühlte mich hier ziemlich orientierungslos. Im J.-Edgar-Hoover-Haus, das von einigen unter starkem Verfolgungswahn leidenden Menschen extra kompliziert und irreführend entworfen worden war, konnte man sich leichter zurechtfinden. Wir gingen den Gang entlang und spähten bei unserer Suche nach Momma in unzählige durch Vorhänge abgetrennte Schlafzellen. Ich hörte ihre Stimme, noch bevor ich sie sah. Ihr Redestrom war aufgewühlt und weithin vernehmbar. Doch war dies kein so gutes Zeichen, wie ich zunächst gedacht hatte, denn sie war allein. Sie lag mit offenen Augen in ein Selbstgespräch vertieft in ihrem Krankenhausbett – ansonsten war keiner da.

Panische Angst erfasste mich, Angst, dass sie einen Gehirnschaden oder Schlaganfall erlitten haben könnte, von dem man uns nichts gesagt hatte. Ein Schlaganfall war nichts Ungewöhnliches bei Herzkranken, doch ich konnte mich nicht erinnern, je gehört zu haben, dass ein Schlaganfall einen Menschen dazu gebracht hat, in Zungen zu reden. Das war unheimlich. Bei meinem ersten Besuch hatte sie ausgesehen, als läge sie im Koma, war aber hellwach und scharfsinnig gewesen. Nun lag sie mit offenen Augen da, sprach und gestikulierte, aber sie benahm sich wie eine Verrückte. Daddy und ich standen rechts und links von ihrem Bett und schauten auf sie hinab. Als sie eine Handbewegung machte, um irgendeine unverständliche Aussage zu unterstreichen, bemerkte ich etwas Merkwürdiges an dem unter der Bettdecke hervorguckenden Handgelenk. Ich nahm mich zusammen und sagte in dem gleichen ruhigen, sanften, ermutigenden Tonfall, den Daddy immer seiner Stimme gab, wenn er im Krankenhaus war: «Warum werden die Leute auf der Intensivstation angebunden?»

Daddy schaute mich ungläubig an. «Auf der Intensivstation wird niemand *angebunden*!»

«Was ist das dort an Mommas Handgelenk?» Vielleicht war es nur ein neues medizinisches Gerät, das ich nicht kannte.

Mit zwei Fingern fasste Daddy Decke und Bezug und schlug sie mit geübter Hand blitzschnell nach hinten, sodass der Körper bis zur Taille freilag, und starrte zutiefst erstaunt auf die Riemen, mit denen Mommas Handgelenke rechts und links am Bettgestell festgebunden waren.

Er steckte den Kopf zum Hauptkorridor hinaus und hielt nach einer Krankenschwester Ausschau. Er ging auf die Nächstbeste zu und verlangte in gedämpftem Flüsterton Auskunft: «Warum ist *meine Frau* am Bett festgebunden?»

Mit dieser Frage gab er zu verstehen, dass es durchaus in Ordnung sein mochte, wenn die Krankenschwestern irgendeinen x-beliebigen Menschen ans Bett banden, dass es aber gegen jede Regel verstieß, so mit der Frau eines Arztes zu verfahren. Ich konnte weder Daddy noch die Krankenschwester sehen, ihrer Unterhaltung durch die dünnen Vorhänge hindurch aber mühelos folgen.

«Das ist vor dem Schichtwechsel geschehen», sagte die

Schwester schüchtern. «Eine der Schwestern hat gesehen, wie sie den Flur in Richtung Notausgang zum Dach hoch gegangen ist. Sie hatte alle Verbindungskabel für die Bildschirmüberwachungsgeräte und die Sauerstoffversorgung herausgerissen und den Infusionsständer als Krückstockersatz mitgenommen. Sie sagte, dass sie für eine Zigarettenlänge hinausgehen wollte, und hat, soweit ich weiß, beharrlich darauf bestanden.»

Momma war ein sehr entschiedener Mensch, milde ausgedrückt. Sie hatte mindestens zwei Tage lang keine Zigarette geraucht. Das war nach fünfzig Jahren Kettenrauchen wahrscheinlich ziemlich hart, selbst wenn sie die meiste Zeit nicht bei Bewusstsein gewesen war. Daddy sagte nichts. Deutlich ernüchtert kehrte er an Mommas Bett zurück.

So standen wir aufmerksam bemüht neben dem Bett. Es stellte sich bald heraus, dass Momma bei aller Intensität und Ausdruckskraft ihrer Rede ohne irgendeinen sinnvollen Zusammenhang sprach. Es war blanker Unsinn, was sie da von sich gab.

Ich war nicht unbedarft, was Beruhigungsmittel angeht. Momma und Daddy hatten beide einen Doktortitel in Pharmazie. Die Unterhaltungen am Mittagstisch kreisten thematisch um die Unterschiede zwischen verschiedenen Arten von Tranquilizern, Sedativa und angsthemmenden Drogen, die Gegenüberstellung von Durchschlafmitteln und Schlafmitteln einerseits und Hypnotika andererseits.

«Die Medikamente rauben ihr den Verstand», bot ich als Erklärung an.

«Herzpatienten tut es gut, wenn sie sich ein wenig entspannen können», sagte Daddy. «Sie kriegen immer irgendetwas Entspannendes, das ist Standard.»

Entspannt? Meiner Ansicht nach schien sie eher mit Drogen *stillgelegt* als *entspannt* zu sein. Ich war sicher, dass der Fluchtversuch ihr eine erheblich höhere Dosierung an Entspannungschemikalien eingetragen hatte. Aber vielleicht waren ja die Mengen an Beruhigungsmitteln, die man bei ungewisser Herzdiagnose verabreichen konnte, begrenzt, und wenn die Höchstdosis bei Momma nicht gewirkt hatte, hatte man als weitere Vorsichtsmaßnahme die Ganzkörperfixierung vorgenommen.

Wir standen noch eine Weile an ihrem Bett und versuchten, Kontakt mit ihr aufzunehmen, doch nachdem es keine Anzeichen dafür gab, dass sie uns erkannte, fingen wir bald an, uns leise miteinander zu unterhalten. Schließlich gingen wir einfach fort.

Das war nicht gerade so, wie Daddy sich das für ein Mitglied seiner Familie gedacht hatte. Er hatte eine klare Vorstellung davon, wie Krankenhausbesuche abzulaufen hatten. Als ich drei Jahre alt war, tröstete er mich mit einer Mickey-Maus-Uhr, die er mir ans Ohr hielt, damit ich ihr Ticken hören konnte, während ich mit dicht verbundenen Augen nach meiner ersten Operation im Bett lag. Und als ich dreizehn war, ersparte er mir nach meinem zweiten chirurgischen Eingriff den zweifelhaften Genuss des Jell-O-Wackelpuddings, indem er mir Pizza in den Mund schob.

Während wir im Gewirr der Krankenhausgänge den Weg zurück zum Auto ausfindig machten, versuchte ich Daddy zu trösten. «Egal, was wir gesagt oder getan hätten – sie hätte nichts davon mitbekommen», sagte ich. «Sie ist nicht klar bei Bewusstsein. Wir versuchen es einfach wieder, wenn die Wirkung der ganzen Drogen nachlässt.»

Daddy war so zerstreut, dass er keine Antwort gab. Es dauerte unendlich lange, bis wir den Weg zum Auto gefunden hatten. Einmal landeten wir in einer Sackgasse vor der Wäscherei und mir fiel auf, dass wir zwei- oder dreimal an demselben Herzkatheterlabor vorbeigingen, doch ließ ich das lieber unerwähnt. In Washington hatte ich mir so etwas wie ein Gespür für Diskretion und diplomatisches Geschick angeeignet.

Am nächsten Morgen erschien Miss Hiawatha Hancock. Miss Hiawatha verfügte über mehr Lebensfreude als irgendein anderer mir bekannter Mensch. Wo sie auftauchte, schien der Karneval Einzug zu halten. Sie war kaum 1,50 m groß, rund und zweiundachtzig Jahre alt.

Soweit ich wusste, schwieg sie nie länger als ein paar Sekunden. Zumindest hatte ich sie nie länger stumm erlebt. Sie war ein leibhaftiger Worterguss. Schwallweise entquollen die Worte immerfort ihrem Mund, stürzten in Kaskaden nieder und versprühten wie die Fontäne eines Feuerwehrhydranten. In einem einzigen fortlaufenden Bandwurmsatz handelte sie die verschiedenartigsten Themen vom Alleralltäglichsten bis zur vertraulichsten Mitteilung ab. Man hörte sie, lange bevor sie erschien, und wenn sie dann von einem Nachbarn chauffiert wieder davonfuhr, verklang ihre Stimme langsam in der Ferne auf dem Weg zu ihrem nächsten Ziel.

Ihre Garderobe umfasste Sonderausstattungen für jeden erdenklichen Feiertag, doch sie hatte eine höchst eigenwillige Art, diese zum Einsatz zu bringen. Sie verfügte über eine reiche Modeschmucksammlung und trat niemals ohne fremdartig anmutende Ohrgehänge und mindestens ein Dutzend Ringe auf. Das ganze Jahr über, selbst im Hochsommer, trug sie kunterbunte handgestrickte Hüte, die meistens nach Art russischer Kopfbedeckungen mit einem lockigen Kunstschafspelzbesatz verbrämt waren.

Wenn man sie nicht kannte, wirkte ihr Make-up verblüffend, ja beängstigend: Leuchtend rote, Golfball große Kreise lagen mitten auf den Wangen, eine üppige Portion Lidschatten war weiträumig um die Augen herum verteilt, der Lippenstift schoss in schwungvollem Bogen weit über den Lippenrand hinaus und beeindruckende Augenbrauen waren mit dickem Schwarzstift launisch platziert.

Seit vielen Jahren war sie von exzentrischer, doch bezaubernder Senilität. Seit geraumer Zeit jedoch hatte sich bei ihr über die Senilität hinaus eine Zwangsneurose entwickelt, die sie dazu trieb, Müll zu sammeln. Keinen schäbigen Plunder. Abfall. Sie hatte angefangen, ihn in Haufen in ihrem Haus zu lagern, sowohl eingetütet als auch lose verstreut. Das Ausmaß überstieg alle Möglichkeiten familiärer Hilfe und so kam einmal im Monat eine Gruppe Freiwilliger aus ihrer Kirchengemeinde zu ihr, und während einer von ihnen sie in eine Unterhaltung verstrickte, schossen die anderen wie verrückt umher und versuchten unbemerkt so viel Müll wie möglich einzusammeln, auf einen Pick-up zu laden und davonzubrausen.

Die Erfahrung hatte sie gelehrt, dass sie die Ausbeute eines Nachmittags – vielleicht an die zwanzig große schwarze Plastiksäcke – nicht einfach für spätere Abholung in der Garage deponieren konnten: Dann würde sie einfach warten, bis sie weg waren, und alles wieder hineintragen. Sie hatte eine besondere Schwäche für alte Maalox-Flaschen, und Schaustücke aus ihrer gewaltigen Sammlung waren auf allen Fensterbänken und Tischplatten ausgestellt. Sie bewunderte den besonderen Blauton dieser Flaschen.

Ich liebte Miss Hiawatha. Jeder liebte sie. Ich kenne keinen, dem so viele aufrichtig selbstlose Wohltaten zuteilwurden wie ihr. So sehr liebten die Leute sie, dass sie ihr unbemerkt und heimlich zu helfen suchten, um sie nicht in Verlegenheit zu bringen: Sie hängten Blumentöpfe auf ihrer Terrasse auf oder mähten schnell ihren Rasen, wenn ein anderer mit ihr zum Einkauf im Lebensmittelladen unterwegs war. Die ganze Gemeinde hatte sich zusammengetan, um ihr zu helfen.

Miss Hiawatha trat in ihrer Valentinstag-Garderobe ein und begrüßte mich, als hätten wir uns am Vortag zum letzten Mal gesehen. Tatsächlich aber hatte ich sie jahrelang nicht getroffen. Als sie hereinkam, sprach sie gerade über das Geburtstagsessen, zu dem ihr Sohn Cade sie kürzlich eingeladen hatte.

«Cade, er ist Buchhalter. Er hat mich an meinem Geburtstag zum Abendbrot ins Cracker Barrel eingeladen. Ich habe mich großartig amüsiert. Zwei meiner Nachbarn waren gestorben, ohne dass ich irgendetwas davon wusste. Wenn Cade mich nicht ins Cracker Barrel eingeladen hätte, hätte ich es nie erfahren. Die Kellnerin hat es uns erzählt. Cade ist, glaube ich, mal mit ihr gegangen. Und weißt du, ich muss immerzu an meinen Vater denken. Er ist jetzt schon fünfundsechzig Jahre tot. Er starb, als ich noch ein Kind war. Ich denke immerzu an ihn. Seitdem habe ich mir die Hüfte gebrochen und zwei Ehemänner verloren. Gefallen dir meine Ohrringe?»

«Oh ja», sagte ich. «Ich liebe sie.»

«Na, dann nimm sie nur.» Sie zog die Ohrringe ab und hielt sie mir hin.

Ich nahm sie und steckte sie an. Sie waren protzig mit den auf bunt bemalten Karton geklebten großen Kunststeinen in Rot, Gelb und Blau und grünem Glas.

Sie sprach geschwind immerfort, ohne Punkt und Komma, und schaute dabei die meiste Zeit von mir weg zum Fenster hinaus, während ich innerlich ihren Schmuckbehang inventarisierte: sechzehn Armreifen, zweiundzwanzig Ringe, vier Halsketten und die Ohrringe, die ich nun trug.

«Cade wird langsam dick. Früher hat er Hühner gezogen, aber jetzt ist er Buchhalter. An meinem Geburtstag ist er mit mir ausgegangen. Wir sind im Cracker Barrel gewesen. Ich hatte gebratenes Hühnchen. Es war köstlich. Am Tag davor hat er einen Autoausflug mit mir gemacht. Ich weiß nicht mehr, von wem ich diese Ohrringe bekommen habe. Gefallen sie dir? Du kannst sie behalten. Ich habe viele Ohrringe. Cade hatte früher Kampfhähne. Einmal hat er sie dir gezeigt. Erinnerst du dich? Du warst ein kleines Dingelchen damals.»

«Ich erinnere mich. Cade war sehr nett zu mir», sagte ich. «Diese Kampfhähne waren wunderschön, nicht wahr? Hat er noch welche?» Aber sie war schon zu einem anderen Thema übergegangen.

«Mein Durchfall wird, glaub ich, langsam besser. Ich muss einfach immerzu an meinen Vater denken. Gestern habe ich ihn in der Ecke von meinem Zimmer stehen sehen. Glaubst du mir das, wenn ich das sage?»

«Natürlich», sagte ich, und das stimmte auch.

«Ich habe ihn ganz deutlich gesehen. Manchmal steht er am Fußende von meinem Bett. Heute tut mir der Bauch weh. Ich glaube, ich sollte mal zum Doktor gehen damit, meinst du nicht? Glaubst du, dass mir Maalox helfen könnte? Meine Nachbarin sagt, ich sollte Pepto nehmen, aber ich kann diese rosarote Farbe nicht ausstehen. Ich ziehe Maalox vor. Das Blau gefällt mir viel besser. Du siehst heute wunderhübsch aus. Und diese Ohrringe passen großartig zu deinen Sachen. Sie passen wirklich perfekt zusammen.»

Sie hatte recht.

Ich hatte den roten Faden ihrer Rede verloren, aber gleich darauf kam sie auf Cade und das Geburtstagsessen zurück, und so konnte ich ihr wieder folgen. Als sie an der Reihe war, hörte ich, wie sie Daddy erzählte, sie habe letzte Nacht Schmerzen in der Brust gehabt und sei der Ansicht, dass es sich um Verstopfung handle.

Als sie aus dem Behandlungszimmer kam, wollte sie bezahlen, aber Daddy verweigerte die Annahme des Geldes und sagte, dass er es ihrer Krankenversicherung in Rechnung stellen werde. Sie war eigentlich nirgendwo versichert, aber das wusste sie nicht. Die Nachbarin, die sie heute gebracht hatte, kam und half ihr in den Mantel. «Bring mich jetzt zu Frankie», sagte Miss Hiawatha. «Ich muss meine Medizin abholen.»

«Frankie» war Franklin DeCoville, der ortsansässige Apotheker. Ich sprach täglich einige Male mit ihm, entweder um verschriebene Medikamente zu bestellen oder um Fragen und Antworten zwischen ihm und Daddy weiterzuleiten. Frank gehörte auch zur Hiawatha-Fan-Gemeinde, also rief ich, nachdem sie gegangen war, in der kleinen, im Familienbesitz befindlichen Apotheke an und sagte: «Frank, eine von deinen Cousinen ist zu dir unterwegs. Sie wird in ungefähr fünf Minuten da sein.»

«Um wen handelt es sich diesmal?», fragte er.

«Ich möchte dir nicht die Überraschung verderben, ich sage nur eins: ‹Hol schon mal deine Maalox hervor.›»

«Um Gottes willen, alle Türen zuschließen, es ist Miss Hiawatha!», sagte er mit gespielter Verzweiflung. «Sie ist keine Cousine von *mir.* Sie gehört in die Verwandtschaft *meiner Frau.*» Und er seufzte herzergreifend.

Ich hatte zwei annähernd ruhige Stunden, bis Adron hereinkam. Adron Breedlove war ein schlanker, großgewachsener Mann von Mitte siebzig. Einst war er ein sommersprossiger Rotschopf gewesen, aber mit den Jahren war seine Haarpracht schneeweiß geworden und das Farmerdasein hatte seiner empfindlich hellen Haut den Garaus gemacht. Eine Reihe kleiner Hautkrebsstellen verteilte sich über Wangen, Nase und die oberen Ohrmuscheln, die beiderseits unter seiner Schirmmütze herausragten.

Adron war, der freundlichen Umschreibung seiner Mitmenschen zufolge, «nicht helle». Selbst wenn man einen guten Tag erwischte, konnte man sich nicht normal mit ihm unterhalten. Er war furchtbar lieb und höflich und hatte ein schönes, fein gezeichnetes Gesicht, aber er war so schwer von Begriff, dass man bei dem Versuch, sich mit ihm zu unterhalten, schier verzweifeln mochte.

Daddy redete auf ihn ein: «Adron, wie oft habe ich Ihnen schon gesagt, dass Sie diese Stellen entfernen lassen müssen. Es ist Krebs.»

«Oh, ich mach mir keine Sorgen darum», antwortete er.

«Nun, dann sage ich Ihnen, dass Sie sich Sorgen machen *sollten. Ich* mache mir Sorgen darum.»

«Macht euch nur keine Sorgen, Doc. Ihr und der liebe Gott, ihr sorgt schon für mich. Das weiß ich.»

«Ich versuche wohl, für Sie zu sorgen, Adron, aber Sie lassen mich ja nicht! Ich sage Ihnen doch, dass Sie zu einem plastischen Chirurgen gehen und sich diese Stellen entfernen lassen müssen, sonst kann ich für gar nichts garantieren.»

Und dann sagte Adron zur allgemeinen Überraschung: «Nun gut, dann werd ich es wohl tun.»

Endlich. Daddy bat mich, die nötigen Schritte einzuleiten, und ging zu seinem nächsten Patienten. Adron hatte kein Geld, also musste ich die Sozialhilfe mobilisieren. Nach einem guten Dutzend Telefongesprächen hatte ich einen Vertrag mit dem Staat Tennessee ausgehandelt. Adron würde zum überweisenden Arzt in Lake City (ungefähr eine Autostunde von hier in Richtung Norden) gehen und eine Überweisung zu einem plastischen Chirurgen in Oak Ridge (eine Autostunde in Richtung Westen) bekommen.

Adron konnte nicht fahren und lebte am Ende der Welt, also musste jemand gefunden werden, der ihn zu seinen Terminen bringen konnte. «Adron», rief ich zum Wartezimmer hinüber, «ich brauche jemanden, der Sie nach Lake City zu einem Arzt fährt, der Ihnen die Versicherungsnummer geben kann, damit der Staat den plastischen Chirurgen für Sie bezahlt. Wen soll ich fragen?»

«Was?»

Ich fing von vorne an. «Wen könnte ich darum bitten, Sie nach Lake City zu bringen?»

«Wo is Lake City?»

«Ungefähr eine Autostunde in Richtung Norden von hier.»

«Dort oben wohn ich nich.»

«Das weiß ich, aber die Staatsbehörde möchte, dass Sie dort einen Arzt aufsuchen, der Sie an den plastischen Chirurgen überweisen kann.»

«Warum?»

Ich nahm einen neuen Anlauf. «Adron, wer hat Sie heute hergefahren?»

«Pup.»

«Wer ist Pup?»

«Weiß ich nich. Er wohnt dort oben, wo's zu dem großen Hügel raufgeht.»

Ich bat inständig um Geduld. «Wo ist Pup jetzt?»

«Er is dort draußen», sagte er und zeigte durch das Panoramafenster in Richtung auf einen ungefähr zwanzigjährigen Mann, der in einem Auto saß, das aus kunterbunten Holzlatten zusammengebaut war.

«Wenn ich ihn frage, ob er Sie irgendwo hinfährt – wird er das tun?»

«Weiß ich nich.»

Er ging nach vorne hinaus, um mit Pup zu reden. Ich guckte ihnen durchs Fenster zu. Adron beugte sich hinab, um mit Pup zu sprechen, der ihn mit ausdruckslosem Gesicht anguckte. Adron schrie: «Hallo, Pup!» durch das geschlossene Seitenfenster auf der Fahrerseite.

«Was?», brüllte Pup durch die Fensterscheibe zurück.

Sie waren beide so laut, dass ich sie von meinem Schreibtisch aus deutlich verstehen konnte. Adron rief: «Kannst du mich irgendwo hinbringen?»

«Wohin?», brüllte Pup durch die Scheibe.

«Weiß ich nich!», sagte Adron.

Ich ging hinaus und machte Pup Zeichen, die Scheibe herunterzudrehen. Er kurbelte sie ungefähr fünf Zentimeter weit herunter und hob die Lippen an den Spalt.

Adron senkte seinen Mund in Richtung Spalt hinab, Pup entfernte seine Lippen und legte sein Ohr daran, während sie sich auf die nächste Runde vorbereiteten.

«Pup, würde es Ihnen etwas ausmachen, aus dem Auto zu kommen?», rief ich halblaut.

«In Ordnung!», rief er zurück. Er drückte fest gegen die Fahrertür, worauf die Scharniere bedenklich quietschten und kreischten. «Was willst du?», schrie er mir mitten ins Gesicht.

Bei seiner Lautstärke vergingen mir Hören und Sehen, und ich erschrak so sehr, dass ich nicht mehr wusste, was ich eigentlich sagen wollte. «Ich … ich brauche jemanden, der Adron zum Arzt nach Lake City bringt.»

«Ich dachte, der Doc wär irgendwo hier in dieser Gegend», sagte er und guckte verwirrt um sich. «Ich sollte ihn zum Doc bringen. Gibt es keinen Doc hier in der Nähe?»

«Die Arztpraxis ist genau hier, Pup. Sie haben Adron ganz richtig hierher gebracht. Aber nun muss Adron zu einem anderen Arzt in Lake City. Können Sie Adron dorthin bringen?»

«Hm-mm», sagte er, während sich sein Kopf bedächtig hob und senkte. «Ich kann in der Stadt nich fahrn. Ich werd zu nervös dabei. Ich weiß auch nich, wo diese Stadt überhaupt is. Ich würde mich verfahrn.»

Ich stand neben dem Auto und überlegte einen Moment. Es schien mir zweifelhaft, dass ich mit Pup zusammenarbeiten konnte. Ich brauchte auf jeden Fall jemanden, der eine Straßenkarte lesen konnte.

«Adron, gibt es sonst noch jemanden, der Sie fahren könnte?»

Zu dritt standen wir auf dem Parkplatz, während Adron nachdachte. Gerade als ich die Frage wiederholen wollte, sagte er: «Die Leute, die dort unten an der Straße wohnen, haben ein Auto.»

«Wie heißen sie?», fragte ich.

«Ich weiß nich, wie sie heißen.»

Ich wartete, während er weiter nachdachte.

Dann sagte er: «Tom kann fahrn.»

«Wie kann ich Tom erreichen?», fragte ich.

«Er hat kein Telefon nich.»

«Kennen Sie sonst noch jemanden, der ein Auto hat?»

«'s gibt ne Menge Leute, die solchene Autos haben», sagte er und wies mit einer Hand auf den nicht abreißenden Strom der Autos auf dem Highway.

«Adron, haben Sie irgendwelche Familienangehörigen, die ich anrufen könnte?»

«Mein Sohn arbeitet bei der Elektrizitätsgesellschaft drüben in Knoxville.»

«So?», sagte ich. «Wie kann ich ihn erreichen?»

«Weiß ich nich. Er is bei der Elektrizitätsgesellschaft. Er arbeitet dort.»

Ich ging wieder hinein und führte einige Telefongespräche mit der städtischen Versorgungsgesellschaft von Knoxville. Ich fand heraus, dass Adrons Sohn tatsächlich dort arbeitete, derzeit aber nicht telefonisch erreichbar war, weil er auswärts einen Reparaturauftrag ausführte.

Verzweifelt rief ich bei der Überweisungspraxis in Lake City an und versuchte, einer gelangweilten Schwester das Problem zu erklären, um herauszufinden, ob es nicht möglich wäre, die Überweisung per Post oder eine Befreiung oder sonstwas zu bekommen. Null Chance. Bei uns war Adron neununddreißig Jahre lang kostenlos behandelt worden, aber dort hatte keiner auch nur fünf Minuten zu verschenken. Frustriert kreiselte ich auf meinem Drehhocker herum.

Adron kam wieder herein, setzte sich hin und sagte: «Ich hab noch einen Sohn.»

«Wie kann ich ihn erreichen?»

«Er hat auch kein Telefon nich.»

In einer solchen Lage waren alle Bemühungen, Überlegungen und jegliches Verhandlungsgeschick der Welt verschwendete Liebesmüh. Frustriert raufte ich mir die Haare, als Daddy hereinkam, um an der Theke hinter mir ein Rezept auszustellen. «Gibt es Schwierigkeiten?», fragte er.

Ich erzählte ihm alles. «Mit seinem Bruder war es noch

schlimmer, falls du dir das vorstellen kannst», sagte er. «Er ist inzwischen tot. Bevor er starb, war er einige Tage im Krankenhaus, und jedes Mal, wenn ich in sein Zimmer kam, lag er im Bett und wedelte mit den Armen herum und führte Selbstgespräche. Er glaubte, dass er immer noch bei seiner Arbeit wäre. Er holte einen imaginären Nagel aus seinem Kittel, hielt ihn irgendwo über sich hin und schlug ihn ein. Er ‹arbeitete› bis zu seiner letzten Lebensminute.» Dann beugte Daddy sich vor und flüsterte: «Adron hat eine schlaue Tochter. Mary. Sie ist blitzgescheit und kriegt das alles geregelt.»

Ich drehte mich auf meinem Hocker in Richtung Wartezimmer herum, beugte mich über den Empfangstisch und rief: «Adron, wissen Sie Marys Telefonnummer?»

«Nein, aber sie is in meiner Brieftasche.»

Ich wartete darauf, dass er die Brieftasche aus seinem Overall hervorkramen würde, aber er saß einfach nur da.

«Adron?»

«Ja?»

«Würden Sie bitte mal gucken, ob Sie mir die Telefonnummer geben können?»

«Okay.» Er fing an, in seinen Taschen herumzuwühlen. Er wühlte und wühlte. Da fiel mir plötzlich ein, dass Mary schon einmal zur Behandlung da gewesen war, also musste es ein Krankenblatt mit ihrer Telefonnummer geben. Hurra! Ich suchte die Nummer heraus und rief sie an, während Adron weiter seine Taschen durchsuchte.

«Hallo?», sagte eine Frauenstimme.

«Hier ist Carolyn, Praxis Dr. Jourdan. Ich habe da ein Problem», sagte ich.

Mary schrieb sich alles auf, meinte, dass ich mir keine Gedanken machen solle, dass sie sich um den Transport ihres Vaters zu den verschiedenen Stellen kümmern werde, und bedankte sich für meine Hilfe. Bevor sie auflegte, sagte sie: «Tut mir leid die ganze Angelegenheit, Carolyn, aber wenn man mit dieser Familie zu tun hat, muss man lernen, sozusagen … *eine andere Gangart einzulegen* … wissen Sie ungefähr, was ich meine?»

Das tat ich. Ich würde von dem Überholspurtempo, das in Washington eine Überlebensnotwendigkeit war, herunterbremsen müssen. Hier würde ich mit dem Leerlauf zurechtkommen.

sechstes kapitel

Am Freitagnachmittag füllte sich das Wartezimmer mit stöhnenden Menschen. Sie bewegten sich im Zeitlupentempo, wobei sie mit einer Hand das Kreuz umklammerten und die Luft unter Vortäuschung heftiger Schmerzen geräuschvoll zischend zwischen zusammengebissenen Zähnen einsogen und lebhaft die Symptome heftiger Rückenschmerzen zur Schau stellten. Man hätte jede Wette eingehen können, dass keiner von ihnen in der Lage wäre, auch nur die paar Zentimeter zum Wiegen auf die Waage hochzusteigen wegen dieser Schmerzen – solch schrecklicher, schrecklicher Schmerzen.

Soweit ich mich zurückerinnern konnte, wiederholte sich diese Vorstellung jeden Freitagnachmittag. In der Praxis war dies eine Methode, den Wochenlauf zu bestimmen: Die Woche begann mit dem «Montag-Morgen-Kater», für den eine ärztliche Abwesenheitsbescheinigung wegen Grippeinfektion benötigt wurde, und endete am Freitagnachmittag mit der Aussicht auf ein ganzes Wochenende ohne hilfreiche Narkotika für die Drogenabhängigen. Ich erinnerte mich, wie ich als Kind den Jahreslauf an der Abfolge von Allergien und Muskelzerrungen im Frühjahr über Hautausschläge von Giftefeu und verschiedene Unfälle im Sommer und schließlich Erkältungen, Grippeinfektionen und Lungenentzündungen im Winter ablesen konnte.

An den Freitagnachmittagen fand sich eine ständig wechselnde Besetzung ein. Neuankömmlinge aus der Drogenszene mussten zunächst einmal selber herausfinden, dass es ihnen in dieser Praxis nichts nützen würde, ihre Rückenschmerzen in Szene zu setzen. Bei der Anmeldung versuchte ich, sie mit der Aussage abzuwimmeln, dass Doktor Jourdan keine Narkotika verschrieb. Drogensüchtige waren leicht anhand einiger Merkmale auszumachen: der Terminwahl, ihrem Alter, ihrer Art zu gucken, ihrer undeutlichen Sprechweise, an der umgehend aggressiven Reaktion bei dem leisesten Verdacht auf Ablehnung ihres Anliegens.

Wenn sie den Grund ihres Kommens verheimlichten oder mich erfolgreich belogen, sorgte Daddy mit seinem sechsten Sinn unfehlbar für Aufspürung. Er verabschiedete sie dann zum Schluss am Empfangstisch mit der wiederholten Warnung, dass er sich freue, sie in seiner Praxis zu sehen, jedoch keinerlei Schmerzmittel verschreiben werde, insbesondere keine Hydrocodone oder irgendwelche *-cets,* wie zum Beispiel Lorcet, Percocet oder Darvocet. Gewöhnlich verließen sie die Praxis dann recht schnell unter Verwünschungen, doch es konnte auch unangenehm werden. Davor fürchtete ich mich. Ich hatte durchaus Mitleid mit ihnen, jedoch nicht so viel, dass ich mich zur Mithilfe bei der Beschaffung des Gewünschten hätte erweichen lassen.

Nachmittags um drei Uhr nahm ich den Hörer ab, und noch bevor ich «Praxis Dr. Jourdan» sagen konnte, hörte ich eine aufgeregte Frauenstimme.

«Carolyn! Ich kann sie nirgendwo finden! Ich habe überall geguckt und kann sie nicht finden!»

«Bennie?» Bennie war Mommas beste Freundin. Sie arbeitete im Frauenflügel des Krankenhauses.

«Ja, *ich* bin's. Hör zu, sie ist unauffindbar!»

«Momma? Du kannst Momma nicht finden?»

«Nirgendwo. Und ihre Sachen sind alle aus dem Zimmer verschwunden. Ich hab an allen möglichen Stellen gesucht, wo ich gar keinen Zutritt habe. Wenn das jemand herausfindet, werd ich gefeuert! Ich war auf der Intensivstation, auf der Herzpflegestation und auf der Herzüberwachungsstation – und sie war nirgendwo dort. Ich bin sogar zum Aufwachraum gegangen, und da war sie auch nicht.»

Mir war übel. Nicht Momma. Nicht meine unbezwingbare, unverwüstliche Momma. Oh Gott, oh du mein Gott! Bennie quasselte weiter von irgendwelchen Einzelheiten, und mir ist wohl nach einer Weile einfach der Hörer aus der Hand geglitten.

«Doktor Jourdan!», rief ich. Dann sprang ich von meinem Hocker hoch und rannte den Flur entlang, dabei riss ich alle Türen auf, um Daddy zu finden. Er war im Zimmer Nr. 3 und nähte gerade die Schnittwunde an Arvil Hackworths Daumen. Ich steckte meinen Kopf zur Tür hinein. «Bennie kann Momma nicht finden. Sie hat überall geguckt: in ihrem Zimmer, auf der Intensivstation, CCU, COU, Aufwachraum. Ihre Sachen sind aus ihrem Zimmer entfernt worden. Bennie sagt, dass Dr. Goldman schon seit Stunden versucht, dich zu erreichen. Sie haben uns im ganzen Krankenhaus über Lautsprecher ausgerufen!»

«Was?»

Ich fing an, die ganze Geschichte überstürzt von vorne zu erzählen, und verhedderte mich dabei wohl.

«Hör auf. Hör auf», sagte Daddy.

Ich hörte auf und rang meine Hände.

«Was erzählst du da? Dr. Goldman kann nicht seit Stunden versuchen, mich zu erreichen, denn ich bin die ganze Zeit seit heute Morgen sieben Uhr hier gewesen. Hat er versucht, hier anzurufen?»

«Nicht dass ich wüsste», sagte ich matt. Ich hatte das Gefühl, alsbald in Ohnmacht zu fallen.

Daddy nähte mit dem Rücken zu mir vollkommen ruhig weiter. Dann sagte er: «Was erzählst du mir nun eigentlich: Dass Dr. Goldman nicht weiß, wo sie ist, oder dass das Krankenhaus nicht weiß, wo sie ist – oder ist es einfach nur Bennie, die nicht weiß, wo sie ist?»

«Keine Ahnung. Wahrscheinlich weiß es keiner von ihnen.»

«Ich möchte wetten, dass Bennie die Einzige ist, die nicht weiß, wo sie ist. Ich *kenne* Bennie. Ich werde mich gewiss nicht auf eine ihrer wilden Fantasiegeschichten einlassen.»

«Du glaubst also nicht, dass man sie in den Keller gebracht hat?» Das Wort «Leichenhalle» wollte mir nicht über die Lippen kommen.

«Warum sollten sie das tun?»

«Wenn sie – nun ja …» – das Wort «tot» konnte ich genauso wenig über die Lippen bringen.

«Was?», sagte Daddy, drehte sich zu mir um und hielt dabei die Hände mit den blutigen Handschuhen auf Taillenhöhe.

«Die Leichenhalle ist nicht im Keller», sagte Daddy verärgert. «Wo nimmst du das nur alles her? Hat Bennie dir das erzählt?»

«Nein. Ich dachte nur, dass es so sei … dass die Leichenhalle im Keller sei. Das schien mir sehr wahrscheinlich.»

«Nun, das ist sie nicht. Wenn ich mich recht an unseren letzten Besuch erinnere, ist dort die Wäscherei.» Dann besann er sich und sagte: «Meine Güte, Carolyn. Nur weil Bennie deine Mutter nicht finden kann, muss sie doch nicht *tot* sein. Du weißt doch, wie Bennie ist.»

Das half ein wenig. Ich wusste durchaus, wie Bennie war.

«Wahrscheinlich hat sich deine Mutter irgendwo mit einer Zigarette versteckt.»

Das hörte sich sehr viel wahrscheinlicher an. «Wirst du Dr. Goldman anrufen und fragen, was da los ist?», fragte ich.

«Jetzt gleich?», fragte er, die behandschuhten Hände hebend.

In der einen hielt er eine Nadel mit Faden und in der anderen eine Klemme mit einem sterilisierten Mulltupfer.

«Ja.»

«Nein. Ich werde ihn anrufen, wenn ich Mr. Hackworth hier fertig genäht habe.»

Mr. Hackworth sagte: «Oh nein, Doc, kümmern Sie sich nicht um mich. Finden Sie nur erst heraus, was mit Ihrer Frau los ist. Mit mir hat es keine Eile.»

Doch Daddy rührte sich nicht vom Fleck. Ich wartete eine Weile im Flur und kehrte dann zum Empfangstisch zurück. Der Telefonhörer baumelte an der Schnur, ich nahm ihn hoch und sagte: «Bennie?»

«Hallo. Ich bin noch da. Hat er Dr. Goldman angerufen?»

«Nein. Er glaubt nicht, dass Momma tot ist. Er glaubt, dass sie irgendwo sitzt und raucht.»

Darauf hatte Bennie keine passende Antwort parat. Wahrscheinlich war das auch für sie eine plausible Erklärung. «Nun, ich werde ein bisschen herumtelefonieren und dir Bescheid sagen, wenn ich etwas herausgefunden habe.»

«Okay.»

Die nächsten zehn Minuten waren furchtbar für mich, die ganze Zeit starrte ich reglos ins Leere. Nachdem Daddy mit Arvils Daumen fertig war, ging er in sein Büro und rief Dr. Goldman an. Als ich dort eintrat, legte er gerade den Hörer auf. «Deiner Mutter geht es gut», sagte er, «aber es müssen noch ein paar Tests gemacht werden.»

Ich war so erleichtert, dass ich beinahe in Ohnmacht gefallen wäre. Gott sei Dank.

«Sie ist nur vorübergehend in einen Raum auf einer zusätzlich für Überbelegung eingerichteten Herzüberwachungsstation verlegt worden», sagte Daddy. Nun gut, er hatte also recht gehabt.

«Sie bekommt einen Herzkatheter gelegt. Der Test dauert

länger als die anderen, deshalb möchten sie, dass sich ihr Zustand über das Wochenende stabilisieren kann. Es soll am Montag gemacht werden.»

Verdammt. Ich war schon wieder kurz davor umzukippen. Soviel zu der Aussicht, dass sie am Montag wieder arbeiten würde. Nun ja, das war sowieso keine besonders realistische Planung gewesen. Ich wagte es aber nicht, mich nach einem neuen Zeitplan zu erkundigen. Ich wollte lieber nicht wissen, wie der ausfallen würde.

Daddy seufzte. «Dr. Goldman möchte ‹die Familie› im Krankenhaus sprechen. Wir können hinfahren, wenn wir für heute fertig sind.»

Ich wusste, dass er sich elend fühlte, dem medizinischen Apparat nun ausnahmsweise als Außenstehender gegenübertreten zu müssen. Mir wollte das auch nicht gefallen.

Herr, erbarme dich. Ich ging ins Röntgenzimmer, schloss die Tür hinter mir, legte mich auf den harten Tisch und rollte mich in der Embryonallage seitlich zusammen. Das Sprechstundenhilfedasein war hart. Ich brauchte Ruhe.

Es war entwürdigend, dass ich mich für meine eigenen Angelegenheiten in einer Scheune verstecken musste, aber Daddy sollte sich keine Gedanken darüber machen müssen, dass ich meine Arbeiten in Washington nicht erledigen konnte, und nachdem mir kein anderer ungestörter Ort einfiel, trottete ich mit meinem Mobiltelefon über den Scheunenhof, fest entschlossen, noch einige Anrufe vor Geschäftsschluss für diese Woche zu beantworten. Zumindest würde es in der Scheune niemandem gelingen, mich in Hörweite von Leuten, die mich für einen klugen, kompetenten, professionellen Erwachsenen hielten, bloßzustellen.

Ich verschwand in der Scheune, schob die schwere Tür hinter mir zu und ließ mich mit meinem Handy und der Liste mit den zu erledigenden Anrufen auf einem Heuballen nieder. Während ich die Nummer von Phil Cranowitz im Büro der Atomkraftgegner «People Against Nuclear Power» in San Francisco wählte, kamen die Katzen, die mich inzwischen als Futterquelle kannten, hervorgekrochen. Der große, von vielen Kämpfen gezeichnete rot getigerte Kater kam geradewegs auf mich zu, strich mir um die Beine und sprang dann auf meinen Schoß. Während ich dasaß und telefonierte, fuhr meine Hand besänftigend über sein staubiges Fell, doch Thomas war nicht wegen Streicheleinheiten gekommen. Er wollte sein Abendbrot und beschwerte sich mit einem lauten *Miauu*. Ich ergab mich sofort bei diesem Erpressungsversuch und trug ihn zu dem alten Gefrierschrank hinüber, um das Katzenfutter herauszuholen.

Phil hatte den Kater offenbar nicht gehört. Er sagte: «Ihr müsst diese Anlagen schließen. Sofort.»

Sobald ich den Gefrierschrank öffnete, tauchten aus allen Winkeln Katzen auf. Schnell füllte ich eine große Schüssel mit Futter, damit sie nicht anfingen zu schreien. «Gewiss, Phil», sagte ich, «aber wo wollt ihr dann den Strom für die ganzen Haartrockner in LA herkriegen?»

Meine Anwesenheit in der Scheune war auch von den Kühen bemerkt worden. Sie kamen herangeschlendert, um zu schauen, was da los war. Als sie sahen, dass die Katzen eine Extraportion Futter ergattert hatten, wollten sie sich auch zu einem Leckerbissen verhelfen. Sie warteten eine ihrem Empfinden nach angemessene Weile bedächtig und wurden dann spürbar unruhig.

«Das wird ein Weckruf für die ganzen Leute, die bisher nicht darüber nachgedacht haben, wohin uns diese Energieverschwendung bringt.»

«Phil, was für die einen Energieverschwendung ist, ist für andere wesentlicher Bestandteil einer zivilisierten Lebensweise. Ich benutze auch keinen Föhn, aber heißes Wasser ist etwas, was ich durchaus zu schätzen weiß und nicht missen wollte. Die Bürger von Kalifornien haben sich für Atomkraft entschieden, und nun kommen sie nicht los davon.»

Die Kühe traten von einem Bein aufs andere, schlugen mit den Schwänzen und muhten leise vor sich hin. Ich versuchte, sie durch Augenkontakt zur Ruhe zu bringen, doch das funktionierte nicht. Ein deutliches Muhen ertönte. Ich machte mich in Richtung Süßfutter auf den Weg.

«Was war das?»

«Was?»

Ein Sack Süßfutter wiegt fünfzig Pfund, und bevor man es verteilen kann, muss man den oberen Klebestreifen abreißen, wie bei einem großen Sack Hundefutter. Das ist normalerweise keine große Sache, aber ich hatte vergessen, ein Messer mitzunehmen. Verzweifelt hackte und sägte ich mit dem scharfen Deckelrand einer Katzenfutterdose an dem schweren, doppellagigen Papiersack herum.

«Dieses Geräusch, Carolyn. Es klang wie … ein Tier. Von wo rufst du eigentlich an?»

«Ich habe nichts gehört», sagte ich, während ich mit dem Sack losging und hektisch versuchte, den Inhalt in einer der lang gezogenen hölzernen Futterkrippen zu verteilen, die an den Längsseiten der Scheune angebracht waren. Wenn ich mich nicht sehr beeilte, würde das Muhen bald lauter und nachdrücklicher werden. Und zwischen den Muhlauten würden die Kühe beim Einsaugen der Luft für das nächste Muh wie Esel keuchen. Aber nachdem das zwischen Schulter und Ohr geklemmte Handy mich behinderte, ging es den Kühen natürlich nicht schnell genug, und eine schob ihre gewaltigen Nasenlöcher zu mir her und beklagte sich muhend.

«Da ist es wieder. Es ist eine *Kuh*. Es *muss* eine Kuh sein.»

Wahrscheinlich wäre es zu einfach gewesen, wenn sich die

Kühe alle auf einer Scheunenseite versammelt hätten, jedenfalls standen sie an beiden Seiten, und ich musste einen 15-Meter-Spurt an der einen Seite hoch und an der anderen zurück hinlegen – mit dem Futtersack. «Da muss irgendeine Störung in deiner Leitung sein», keuchte ich, «denn hier bei mir sind todsicher keine Kühe.»

Es folgte eine lange Pause, dann sagte Phil langsam und nachdenklich: «Mensch, Carolyn, nimm's mir nicht übel, ich meine, ich weiß ja, dass du aus dem südlichen Appalachen-Hochland stammst, aber gerade eben hast du dich fast wie Elly May Clampett[2] angehört.»

Ich war zu beschämt, um zu antworten.

«Von dieser Seite habe ich dich bisher noch gar nicht kennengelernt. Es ist irgendwie süß. Seltsam, aber süß.» Dann fuhr er in deutlich strengerem Ton fort: «Aber an deiner Stelle würde ich doch ein bisschen aufpassen, mit wem ich so rede. Andere Leute würden es vielleicht nicht einfach so hinnehmen.»

Dringend mitfühlender Anteilnahme bedürftig, rief ich meinen besten Freund an.

Jacob war ein brillanter und gebildeter, in Princeton und Stanford ausgebildeter Astrophysiker, der dann die Laufbahn eines Rechtsanwalts eingeschlagen hatte. Unsere ungewöhnlich enge und vertraute Beziehung löste beständig erstaunte Reaktionen aus, da das, was uns verband, nicht so auf der Hand lag. Er war der Typ, der sich für den nicht kommerziellen Radiosender NPR, ausländische Filme und klassische Musik interessierte. Ich flog eher auf das *People*-Magazin, romantische Komödien und Tina Turner. Außerdem kamen wir ursprünglich aus entgegengesetzten politischen Lagern. Das, was uns miteinander verband, war jedoch bedeutend wichtiger: Wir hatten gleiche Wertvorstellungen. In einer Stadt wie Washington, wo man jemandem, der einen Freund sucht, die Anschaffung eines Hundes empfiehlt, hatten wir unseren eigenen bedingungslosen Einsatz für Ehrlichkeit und Anstand in unserem Gegenüber herausgespürt. Und so kam es, dass wir uns miteinander verbündet hatten, statt uns wegen oberflächlicher Unterschiede zu zerstreiten, und unsere Gemeinsamkeit als schlagkräftigen Geschäftsvorteil nutzten.

Nachdem ich seine anteilnehmenden Fragen zu Mommas Gesundheitszustand und meiner eigenen Gefühlslage beantwortet hatte, sagte ich: «Nun erzähl mir einmal ehrlich, was ich alles verpasse.»

Er überlegte einen Moment und sagte dann: «Nun, es sieht ganz so aus, als würdest du ein großartiges Diner in Jean-Louis de Brissacs Washingtoner Schloss verpassen, ansonsten nichts von Bedeutung. Ach, und stell dir mal vor, was mir Großartiges passiert ist: Nach der Anhörung kam Senator Warner heute zu mir und erkundigte sich, wo ich meine Krawatten kaufe! Die mit den violetten und schwarzen Streifen gefiel ihm.»

«Das glaub ich dir sofort. Bei einem von Elizabeth Taylor geschiedenen Mann kann man doch nur feinen Geschmack erwarten.»

«Stimmt», sagte Jacob.

Eine Weile hingen wir schweigend unseren Gedanken nach: Es hatte schon etwas Unwirkliches, in Tuchfühlung mit Berühmtheiten zu leben. Dann kam ich wieder auf meine derzeitigen Umstände zu sprechen. «Das Lakaiendasein ist erheblich anstrengender, als ich gedacht hatte. Du kannst dir kaum vorstellen, wie schwierig es ist, Sprechstundenhilfe zu sein. Ich hatte ja keine Ahnung. Außerdem fange ich langsam an, von gutem Essen zu träumen.»

«Wo würdest du denn gerne essen?», fragte er.

«Irgendwo ohne Lautsprecher im Hintergrund.»

«Wie wär's mit Le Dome Capitol? Das ist gerade frisch renoviert.»

«Hört sich fabelhaft an. Gibt es dort Wurstbrötchen?»

«Leider nein. Ich lade dich dorthin ein, sobald du wieder hier bist.»

Ich konnte es kaum erwarten.

Bei meinem dritten Krankenhausbesuch war Momma sowohl wach als auch bei klarem Verstand. Beim dritten Mal geschieht ein Wunder, heißt es. Als Daddy und ich in das neue Zimmer mit richtigen Wänden traten, saß Dr. Goldman, ihr Kardiologe, mit frisch gestärktem weißen Laborkittel und in die Brusttasche gestopftem Stethoskop auf ihrer Bettkante. Dr. Goldman war erst einundvierzig, ein Jahr jünger als ich. Im Verlauf des kurzen ernsten Arztgesprächs dämmerte es Dr. Goldman langsam, dass Daddy und ich nicht im Familienwarteraum sitzen würden, wenn er am Montagmorgen die geplante Prozedur vornahm. Das verwirrte ihn. Als ihm klar wurde, dass die Praxis am kommenden Montagmorgen wie immer öffnen und Daddy und ich arbeiten würden, während Momma einen Herzkatheter gelegt bekäme, guckte er uns an, als kämen wir von einem fremden Stern.

Ich war nicht sicher, ob er dies als Missachtung Mommas oder seiner eigenen Person empfand. Momma hatte sich bereits klar und deutlich geäußert. Sie hatte uns die Marschrichtung vorgegeben. Wir hatten auf jeden Fall in der Praxis zu sein. Aber Dr. Goldman wünschte uns im Krankenhaus zu sehen. Er war so entsetzt, dass er fatalerweise den Versuch unternahm, den Beschluss erneut mit Momma zu besprechen. Daddy und ich saßen in einer Ecke des Zimmers und waren Zeugen des Gesprächs.

«Aber Ihre Familie wird doch gewiss hier bei Ihnen sein!», sagte Dr. Goldman.

Momma, die bleich mit einem Hauch Grün von dem fluoreszierenden Lampenlicht dalag, fragte gereizt: «Werden Sie die Prozedur nicht in einem Operationssaal vornehmen?»

«Aber selbstverständlich!»

«Dann kann die Familie sowieso nicht ‹mit dabei sein›, oder?»

«Nein, aber … ich habe noch nie gehört, dass eine Familie nicht gekommen wäre.»

«Warum sollten sie das tun? Bekomme ich keine Narkose?», fragte sie.

«Aber gewiss doch.»

«Dann werde ich doch gar nicht wissen, ob überhaupt jemand da ist.»

«Nun ja, aber der Eingriff ist nicht ohne Risiko. Wir erwarten keine Schwierigkeiten. Wir gehen davon aus, dass alles glatt geht, aber …»

«Ja, ich weiß. Teilchen von Ablagerungen oder ein Blutgerinnsel könnten sich dabei ablösen und dann könnte ich sterben. Oder Sie könnten ein Blutgefäß verletzen und ich würde verbluten. Sagen Sie mir doch bitte: Wenn ich bei der Operation anfange zu sterben, darf meine Familie dann hereinkommen und versuchen, mir das Leben zu retten – oder sich auch nur von mir verabschieden? Nein. Denn Sie würden niemanden hereinlassen und ich wäre sowieso bewusstlos, was sollte da also anders sein?»

Fassungsloses Schweigen. Armer Kerl. Er hatte keine Vorstellung davon, mit wem er es da aufgenommen hatte. Nicht umsonst hatten Daddys Patienten ihr den Spitznamen «Sergeant» verpasst.

«Nun, es gefällt mir nicht. Wie soll ich Ihrem Mann unseren Befund mitteilen?»

«Sie können ihn anrufen. Warten Sie einmal, ich gebe Ihnen die Telefonnummer von der Praxis.»

«Wird er tatsächlich arbeiten?»

«Gewiss. Sie wollen doch auch bezahlt werden, oder etwa nicht?»

Wenn man alles miteinander bedachte, musste die Familie einen ziemlich schlechten Eindruck bei Dr. Goldman hinterlassen haben.

An derartige Behandlung war er nicht gewöhnt. Er hatte kein Gespür für eine solche Familie und ich glaube auch nicht für die Art von Praxis, die Daddy führte. Vierzig Jahre lang hatten Momma und Daddy bei Vierundzwanzig-Stunden-Tagen und Sieben-Tage-Wochen ihren eigenen, schlecht bezahlten Notrufdienst für eine große ländliche Gemeinde geleistet. So etwas wie einen freien Tag hatte es nie gegeben.

Die Patienten von Dr. Goldman lebten in der Stadt und vereinbarten Termine, wenn sie zum Arzt gingen. Sie waren versichert, hatten funktionierende Autos und Telefone. Wenn er einmal nicht zur Arbeit erschiene, wären da ein Dutzend Damen in seiner Praxis, die seine Patienten anrufen und ihre Termine absagen würden. Wenn es hart auf hart käme, wären da mindestens zehn Herzspezialisten in seiner Arbeitsgruppe, die ihn vertreten könnten. Daddy hatte nichts dergleichen. Er wollte nichts dergleichen haben. Trotzdem fühlten wir uns in die Defensive gedrängt. Daddy und ich schauten einander an und schlossen einen wortlosen Pakt, Dr. Goldman nicht weiter aufzuregen. Bei der Operation sollte er in Hochform sein, und offensichtlich war er ein nervöser Mensch.

Um sieben Uhr hatte ich am Montagmorgen meinen Platz am Empfangstisch wieder eingenommen. Auf meinem Weg hier herein war ich über die fünf Zentimeter hohe Asphaltkante vor der Praxis gestolpert, und der Gegensatz zwischen der schlichten, kleinen Schwelle vor Daddys Praxis und der prachtvoll geschwungenen weißen Marmortreppe vor dem Kapitol, zwischen dem abgewetzten Linoleum-Fußboden und den herrlichen handgefertigten Bodenfliesen im Senatsgebäude hatte mich merkwürdig berührt. Die Löcher in Daddys Fußboden waren von Momma mit zweiter Wahl Ware aus der Vinyl-Scheune geflickt, während die Regierung weder Kosten noch Mühen gescheut hatte, die Wiedereröffnung einer stillgelegten Porzellanfabrik in England zu betreiben, um authentischen Ersatz für die 200 Jahre alten Bodenfliesen produzieren zu lassen.

Alma war schon da.

«Was machst du denn hier so früh am Morgen?», fragte ich.

«Ach, ich mach nebenher ein bisschen häusliche Betreuungspflege, und es ist ein alter Knabe dabei, der hinter den Bergen dort wohnt», sie wies in Richtung Osten, «und der um die Frühstückszeit seine Insulinspritze und Medikamente bekommen muss. Er ist Frühaufsteher, also muss ich gegen fünf Uhr aus dem Bett.»

«Kaum zu glauben, dass du um diese Zeit für irgendjemanden aufstehst», sagte ich.

«Nun, er ist achtundneunzig und isst so gut wie nichts mehr, deshalb will ich auf keinen Fall, dass er mit seinem Frühstück auf mich warten muss.»

«Achtundneunzig?»

«Ja, er ist wirklich ein Schatz. Er kann kaum noch gehen, deshalb hat seine Familie ihm genau an der Hintertür einen Auslauf für seine Hühner eingerichtet, und so kann er sie ohne hinauszugehen füttern. Er sagt, wenn er keine Hühner mehr halten könnte, wär sein Leben nicht mehr lebenswert. Wenn ich seinen Blutzucker messe, steht er in der Küchentür und wirft Getreide und Streufutter für sie raus.»

«Wenn du in die Häuser drüben beim Berg gehst, musst du alles Mögliche zu sehen kriegen», sagte ich. «Daddy hat mir erzählt, dass es drüben im Owl Hole Gap Leute gibt, die auf Strohpritschen auf dem nackten Erdboden schlafen und lauter solche Geschichten.»

«Ich krieg mehr zu sehen, als mir lieb ist», sagte sie. «Letzte Woche bin ich drüben in Blaine in einer Wohnsiedlung rumgefahren und hab das Haus von einem neuen Patienten gesucht, aber ich hab mich verfahren, also bin ich in eine große runde Einfahrt reingefahren und zu einer von diesen Villen vorgegangen und hab an der Haustür geklopft, um nach dem Weg zu fragen. Das war mittags um halb eins, und da kam ein splitternackter Mann an die Tür. Er hat ganz ruhig und unbefangen gefragt, ob er mir helfen könnte. Sei's drum, hab ich mir gedacht und ihn nach dem Weg gefragt. Und er hat mir den Weg wirklich gut beschrieben.»

Ich bewunderte ihre Gelassenheit, aber die ist wohl unabdinglich für eine Krankenschwester und alleinerziehende Mutter.

«Als ich endlich zu dem Haus von der Frau kam, wo ich schon längst hätte sein sollen, sie ist nämlich Diabetikerin, da war ihr Blutzucker bei 350. Sie schwor Stein und Bein, dass sie nichts Süßes gegessen hätte. Zum Kuckuck noch mal, ich wusste doch, dass sie log. Sie wiegt an die 300 Pfund und hat kein Gefühl mehr in den Füßen.

Na ja, ich hab mich dann so ein bisschen im Schlafzimmer umgesehen und – was für eine Überraschung! – eine Familienpackung Smarties und eine Tüte Schokolinsen unter dem Bett gefunden, und in dem kleinen Schrank unter dem Waschbecken im Badezimmer war hinter dem Toilettenpapier eine Schachtel mit Schokoladen-Donuts versteckt. Also hab ich das konfisziert. Und dann hat sie verrückt gespielt.»

Als sie so erzählte, wurde mir klar, dass es zumindest einen Job gab, der schlimmer war als meine Sprechstundenvertretung.

Mir wurde klar, dass ich recht einfach davonkam. Sehr einfach.

Ich zog das Versicherungscode-Handbuch hervor und machte mich tapfer daran, das oberste Formular von einem Stapel mit Medicare-Versicherungsformularen auszufüllen.

Als Daddy kam, wollte er bei meinem Anblick seinen Augen nicht recht trauen. «Was hast du denn da an?», platzte es aus ihm heraus.

«Arbeitsklamotten», antwortete ich lächelnd.

«*Schwarze* Arbeitssachen? SCHWARZE Arbeitssachen?» Offensichtlich war das keine angenehme Überraschung.

«Ich habe einen Katalog von Alma bekommen. Ich habe sie am Freitagabend bestellt und mir per Bote kommen lassen. Ich finde sie cool.»

«Sie sind *schrecklich*. Das könnte das Richtige für den Aufseher in der Leichenhalle sein. Wenn du das verrückte Zeug schon haben musstest, warum konntest du dann nicht wenigstens eine normale Farbe nehmen?»

«Weil diese Farben nicht gut zu meinen anderen Sachen gepasst hätten.» Ich trug einen schwarzen 200-Dollar-Turtleneck-Kaschmirpullover und ein 600-Dollar-Paar Joan & Davids-Stiefel unter meinem neuen 29-Dollar-Arbeitsanzug. Wenn Daddy gewusst hätte, wie teuer der Pullover und die Stiefel waren, hätte er sich erheblich mehr aufgeregt.

Er drehte sich um und ging mit seinem Brötchen und Kaffee in sein Büro zurück, als könne er diesen Anblick seiner Verdauung nicht zumuten. Er hatte «Arztbekleidung» immer als etwas Angeberisches betrachtet und gemieden. Er würde nie im Leben Arbeitssachen oder einen weißen Laborkittel tragen. Er lief nicht einmal mit dem Stethoskop um den Hals hängend in der Praxis herum, weil das die Fernsehärzte immer machten. Er fand, dass es albern aussah.

Ich war jedoch der Ansicht, dass ich ganz gut aussah und dem üblichen Sprechstundenhilfe-Look ein bisschen Raffinesse eingehaucht hatte. Und das Ganze für nur 30 Dollar! In Washington bekam man dafür kein Mittagessen. Und Körperflüssigkeiten perlten an dem Material wie an einer Teflonbeschichtung ab. Wenn das kein Schnäppchen war. Ich hatte zwei Paar schwarze Hosen, ein schwarzes Oberteil und ein weiteres Oberteil mit Haifischen darauf bestellt.

Ich konnte es kaum erwarten, bis Daddy die Haifische zu sehen bekäme. Er liebte die wöchentliche Sendung über Haifische im Entdecker-Fernsehprogramm.

Irgendetwas Ansteckendes schien umzugehen – den ganzen Morgen war ich vom Missklang eines Hustenkonzerts umgeben, das fatale Ähnlichkeit mit dem schrägen Klang eines stimmenden Orchesters hatte.

Ich hatte nie so richtig darüber nachgedacht, wie viele verschiedene Arten von Husten es gibt. Ein Husten konnte trocken oder nass, prustend oder keuchend sein, solo oder in Begleitung von Schnüffeln, Niesen oder Schnauben auftreten. Derzeit beherbergte das Wartezimmer einen wahren Meister dieser Kunst, Estole Chesney, der, frei heraus oder schmerzlich gekrümmt, virtuos zwischen Keuchen, Würgen und Bellen wechselte. Estole war die Bazillenschleuder unserer Gemeinde. Sowohl Daddy als auch Alma hatten mich gewarnt, im Umgang mit ihm gebührende Distanz zu wahren, denn sie waren sicher, dass er sie bei jedem Besuch der Praxis ansteckte.

Rechts von mir nahm eine Dame mehrmals Anlauf, sich anzumelden, doch immer wenn sie mir ihren Namen sagen wollte, löste diese Anstrengung einen Hustenanfall aus. Sie versuchte, ihren Mund mit einem wattierten Tuch abzudecken, was ihr aber wegen Schwäche nicht recht gelingen wollte. Der Mann, der links von mir stand und bezahlen wollte, war weniger rücksichtsvoll. Ein erstaunlich lauter und abrupter Hustenanfall gab den Blick über die gesamte Zungenlänge hinweg bis zu seinen Mandeln hinab frei und ließ einen feinen Sprühregen aus Speicheltropfen und Bakterien auf mein Gesicht niedergehen.

Ich brauchte einen Schutzhelm. Die Patienten schienen sich in keiner Weise bewusst zu sein, dass sie jeden, mit dem sie in Berührung kamen, mit Bakterien überschütteten. Das erstaunte mich. In Japan trugen die Menschen aus Rücksicht auf die anderen einen kleinen Mundschutz. Warum konnte das bei uns nicht auch so sein? Hier dagegen war es genau umgekehrt. Wer hier krank war, lief schnaufend und keuchend herum und jammerte und beschwerte sich bei allen Bekannten, ohne die Folgen dieses Kontakts zu bedenken.

Sobald sich eine Gelegenheit bot, durchsuchte ich die Schränke nach einer Schutzmöglichkeit. Ich zog eine Operationsmaske über, doch nach einem Blick in den Badezimmerspiegel sah ich ein, dass eine Sprechstundenhilfe mit einer solchen Maske wahrscheinlich die Leute bei der Anmeldung erschrecken würde. Das Einzige, was ich sonst noch auftreiben konnte, war eine Spraydose mit dem hochwirksamen Desinfektionsmittel DisCide. Ich entseuchte die Luft um mich herum alle paar Minuten. Nach der Beschreibung auf dem Dosenetikett sollte DisCide alles, von Aids über Grippe bis zu Herpesviren, abtöten, aber es roch verdächtig nach Lemon-Pledge-Möbelpolitur. Sobald sich mir jemand unter Husten näherte, versuchte ich, die Luft anzuhalten, bis er wieder wegging, und versprühte dann Zitronendüfte, bis die Luft damit gesättigt war, bevor ich wieder Luft holte. Die Dose hielt ich zu meinem Schutz fest umklammert.

«Meine Güte, so, wie Sie hier sitzen, sehen Sie genau wie Ihre Mutter aus», sagte eine Männerstimme.

Als ich den Kopf hob, erblickte ich Ulysses Hamilton, einen schlanken, eleganten Schwarzen, der als Kurier für das Pathologielabor in Knoxville arbeitete, wohin wir Proben zur Analyse schickten. Er kam mehrmals die Woche vorbei, unabhängig davon, ob es für ihn etwas abzuholen gab oder nicht.

Ulysses' Kommentar hob einen wichtigen Punkt hervor. Auch wenn ich meiner Mutter sehr ähnlich sah, hatte ich eine ganz und gar eigene Existenz, die sogar während meiner Abwesenheit auf Hochtouren weiterlief. Und ich hatte durchaus vor, sie bald wieder dort aufzunehmen. «Nun, gewöhnen Sie sich lieber nicht an den Anblick meiner Person auf diesem Hocker», sagte ich kurz angebunden, «denn der ist nur vorübergehend.»

Doch gleich darauf tat es mir leid, dass ich so grob gewesen war, und ich versuchte, noch etwas Aufmunterndes hinzuzufügen, bevor er wieder ging. «Vermutlich wird die Arbeit hier keine *ganz und gar* wertlose Erfahrung für mich sein. Eine Stelle wie die hier gibt's bestimmt nur einmal!»

Ulysses schenkte mir ein strahlendes Lächeln und sagte: «Genau so ist es! Man weiß nie genau, was im nächsten Augenblick auf einen zukommt, nicht wahr?»

Wie recht er doch hatte.

siebtes kapitel

Jim Garrison, ein Nachbar, fuhr mit einem riesigen, im hellen Rot kandierter Äpfel leuchtenden Pick-up mit doppelten Hinterreifen vor. Der Fahrersitz lag deutlich mehr als ein Meter über dem Erdboden, die hinteren Kotflügel waren fast drei Meter breit und die ganze Chose war auf Ultra-Hochglanz poliert. Warum auch nicht? Er und sein Bruder besaßen eine der größten Autoverkaufsstellen in Knoxville.

Jim war schmal und steckte von Kopf bis Fuß in einer schräg zusammengewürfelten Tarnausrüstung. Er trug ein eichblattbraunes Hemd, wüstensandbraune Hosen, eine dschungelgrüne Jacke und einen ebensolchen Hut. In einer halben Stunde war er zur Vogeljagd mit seinem Bruder verabredet. Seine Hunde hatte er in ihren Hundeboxen hinten auf der Ladefläche deponiert. Aber nachdem er eine Erkältung hatte, die schlimmer statt besser wurde, und ein paar freie Minuten dazu, hatte er beschlossen, unterwegs bei der Arztpraxis vorbeizuschauen.

Daddy hatte gerade erst vor einem Monat einen neuen Geländewagen bei Jim gekauft. Er brauchte einen Vierradantrieb, damit er bei schlechtem Wetter die steilen Bergstraßen auf dem Weg zu Hausbesuchen hochkam. Ich hörte, dass sie sich über den Geländewagen und die Jagd unterhielten. Dann kam Daddy aus dem Untersuchungszimmer, um Rezepte auszustellen. Er schaute

Jims Krankenblatt auf Medikamentenallergien durch und rief dann, wie gewohnt, über seine Schulter gewandt: «Hast du irgendeine Medikamentenallergie?»

«Nein», antwortete Jim.

«Alma, gib Jim vierzig Milligramm Depo-Medrol IM.»

«IM» bedeutete intramuskulär und konnte sich auf den Arm beziehen, wurde aber meist in den Po gespritzt. Depo-Medrol war ein Steroid mit Langzeitwirkung, das die Entzündung unterband. Dann schrieb Daddy Rezepte für ein Antibiotikum, ein Mittel zum Abschwellen der Atemwege und Tabletten für Nasennebenhöhlen-irritation auf.

Jim nahm den Bogen mit den blauen Verschreibungszetteln und ging. Es waren gerade keine weiteren Patienten da, und so saßen wir einfach still da und schauten aus dem Fenster.

«Verdammt!», sagte Daddy plötzlich. «Ich habe vergessen, Jim zu sagen, dass meine Scheibenwischer nicht funktionieren.»

«Was?» sagte ich.

«Am Geländewagen. Sie funktionieren hervorragend bei Sonnenschein, aber wenn es regnet, rühren sie sich nicht vom Fleck. Nun ja, wenn er das nächste Mal kommt, werde ich es ihm sagen.»

Es dauerte keine halbe Stunde, und ich hörte das Schleifen der Eingangstür und den dumpfen Klang schwerer Stiefeltritte, die rasch näher kamen. Als ich hochschaute, stand Jim vor mir. «Ich glaube, ich vertrage die Medizin nicht», sagte er.

Sein ganzes Gesicht war rot, sehr rot, wie bei einem schweren Sonnenbrand. Ich sprang von meinem Hocker hoch und winkte ihm, mir nach hinten zu folgen. «Mr. Garrison verträgt seine Medikamente nicht.»

Daddy und Alma kamen den Flur entlanggeeilt. Jim stand mitten im Labor, schlug mit den Armen um sich und zupfte an seinem Hemd. «Paul, ich glaube, ich bin allergisch gegen irgendetwas, das du mir verschrieben hast. Es juckt überall. Und mir ist ganz komisch.»

Er war offensichtlich sehr erschrocken und in einem elenden Zustand. Daddy führte ihn wieder ins Zimmer Nr. 1, wo er sich auf dem Untersuchungstisch hinlegen musste. Alma half ihm dabei, den Mantel abzulegen und das obere Hemd über den Kopf zu ziehen. Darunter kam ein kurzärmeliges Unterhemd zum Vorschein. Dann fühlte sie ihm den Puls und sah Daddy erschrocken an. Mit undurchdringlicher Miene nahm Daddy Jims Handgelenk zwischen Daumen und Zeigefinger.

Jims Gesicht war kirschrot, und obwohl es in dem Raum kühl war, war sein T-Shirt nass geschwitzt. Daddy zog die Schnürbänder der Jagdstiefel auf und die Stiefel von den Füßen. Dann rollte er die Socken von den Füßen. An beiden waren im Fußgewölbe faustgroße purpurrote Flecken zu sehen, wie von Quetschungen.

«Was hast du eingenommen?», fragte Daddy ruhig.

«Von allem, was du mir aufgeschrieben hast, eins. Die Namen weiß ich nicht mehr.»

Daddy hätte die Namen der Jim verordneten Medikamente normalerweise gleich nach der Untersuchung diktiert, aber die Liste war noch nicht auf Jims Krankenblatt übertragen worden.

«Wo sind die Packungen?», fragte Daddy.

«Draußen im Wagen.»

«Carolyn, gehst du bitte hinaus und holst die Medikamente, damit wir sehen können, was er da zu fassen gekriegt hat?»

«Okay», sagte ich und schoss davon. Ich war froh, dass ich zu dem Team dazugehörte. Dies war mein erster Notfall als erwachsener Profi im medizinischen Bereich. Ich zitterte am ganzen Leib.

Der Beutel mit den Medikamenten lag mitten auf der Rückbank. Auf der Außenseite des Beutels klebten vier computerbeschriftete Etiketten mit den Angaben zu Inhalt, Einnahmeverordnung und allem anderen. Vier Gläser mit Tabletten waren in dem Beutel drin. Gut.

Als ich ins Zimmer Nr. 1 zurückkam, bat Daddy gerade Alma, eine Spritze mit Benadryl und Epinephrine aufzuziehen: ein Antihistamin und Adrenalin. Jim fühlte sich so schlecht, dass Alma den kleinen Klemmventilator von ihrem Schreibtisch geholt hatte. Er war so aufgestellt, dass sein Luftstrom über Jims Gesicht und Brust strich, während ein zweiter Ventilator seinen Füßen Kühlung verschaffte. Die durch die Medikamentenallergie ausgelöste Rötung bewirkte eine Körpererwärmung, die wiederum den Juckreiz verstärkte. Das Gesicht und die Fußwölbungen waren noch immer rot, aber er schlug nun nicht mehr mit den Armen um sich.

Ich wusste, dass eine Antibiotika-Allergie sehr schnell zum Tod führen kann, aber ich wusste nicht, woran man erkennen konnte, wie akut der Zustand war. Ich behielt Daddy, Alma und Jim genau im Auge, um einen Anhaltspunkt für die Beurteilung der Situation zu bekommen. Daddy ließ Jims Handgelenk nicht los. Das war kein gutes Zeichen. Ich hatte es noch nie erlebt, dass Daddy einen Patienten nicht aus seinem Griff entließ. Die ganze Zeit lang überwachte er den Puls unauffällig.

Leise und mit beruhigenden Worten begann er, Jim die Situation zu erklären. «Ich weiß, dass das kein Vergnügen ist. Du reagierst allergisch auf dein Medikament, das alte Antibiotikum Cefaclor. Du hast eine kleine Anaphylaxie.»

Um dem Wort «Anaphylaxie» die Schärfe zu nehmen, sprach er es in einem singenden Tonfall, gerade so, als sei es ein Frauenname. Ich aber wusste nun, wie gefährlich es war. Er sprach von einem anaphylaktischen Schock. Großer Gott!

Das war alles zu viel für mich. Ich war doch nur als Sprechstundenaushilfe hier. Alles, was ich zu tun hatte, war, die Leute zu begrüßen, ihren Namen einzutragen, den Datumsstempel auf ihr Krankenblatt zu drücken und Anrufe entgegenzunehmen. Von

Sterbeszenen war keine Rede gewesen. Langweilig und entwürdigend hatte diese Arbeitsstelle zu sein, aber nicht schockierend. Und nun schickte sich hier ein Freund der Familie von nicht einmal fünfzig Jahren an zu sterben. Und das, während ich ihm Auge in Auge gegenüberstand. Bisher war kein einziger Patient in der Praxis gestorben. Kein *einziger* in vierzig Jahren. Warum gerade jetzt? Warum Jim? Warum konnte es kein Fremder sein, wenn schon jemand sterben sollte? Oder irgendein widerlicher oder uralter Mensch?

Ich ging in Hörweite vor der geöffneten Tür auf und ab für den Fall, dass ich gebraucht würde. Ich rang mit den Händen und dachte: *Irgendjemand muss doch etwas tun.* Und dann schaltete sich mein Hirn ein und mir wurde bewusst, dass dieser «Jemand» Daddy war, der einzige Mensch im Umkreis von zehn Meilen, der wusste, was zu tun war. Mein Gott. Was für eine furchtbare Verantwortung. Und er hatte nicht einmal irgendwelche teuren blinkenden oder piepsenden Geräte zu Hilfe. Dann fing das Telefon an zu klingeln, und ich beeilte mich, den Anruf entgegenzunehmen. Mit dem Telefon wusste ich immerhin umzugehen.

Eine Frauenstimme sagte: «Hier ist die Praxis von Dr. Goldman. Ist Dr. Jourdan zu sprechen?»

Mommas Arzt rief ausgerechnet *jetzt* an? Verflixt, warum nicht der Präsident der Vereinigten Staaten?

Was für eine Alternative: Jim oder Momma, ein Freund oder ein Familienmitglied, ein Notfall genau hier oder einer am anderen Ende der Stadt. Was hatte Vorrang? Was würde der Knigge raten? Ich schwieg eine Weile verwirrt, dann sagte ich, als sei es die normalste Sache der Welt: «Es tut mir leid, aber der Doktor ist gerade beschäftigt. Kann ich etwas ausrichten?»

«Nein», sagte die Schwester, als sei ich eine besondere Sorte Riesendummkopf. Dann wiederholte sie langsam und die Silben der Namen einzeln betonend: «Hier ist die Praxis von *Dr. Goldman.* Können wir *Dr. Jourdan* sprechen?»

Auch wenn es ihr nicht passte, würde ich jetzt auf gar keinen Fall wieder nach hinten gehen und Daddy den Anruf melden. Um *wen* oder was es sich auch dabei handeln mochte. Sogar Momma. Mit zitternder Stimme sagte ich: «Dr. Jourdan kann im Moment keinen Anruf entgegennehmen. Sie müssen eine Nachricht hinterlassen.»

Sie legte auf.

Einen Moment lang fragte ich mich, ob ich richtig gehandelt hatte, dann kehrte ich auf meinen Platz vor Zimmer Nr. 1 zurück. Nun bangte ich sowohl um Jim als auch um Momma. Und um mich selbst. Hätte ich Jims Begegnung mit dem Tod unterbrechen sollen, um Daddy Bescheid zu sagen? Hatte er nicht so schon schwer genug zu tragen? Ich fragte mich, ob im Krankenhaus etwas schiefgegangen sei. Die Schwester hätte in dem Fall wohl etwas gesagt, oder etwa nicht? Sie hatte nicht besorgt geklungen, nur selbstherrlich. Nach dem Motto: «Ich bin die Schwester eines Herzspezialisten, und du bist nur die Sprechstundenhilfe eines kleinen Landarztes.» Es war gemein von ihr gewesen aufzulegen, ohne mir irgendetwas zu sagen.

Eine Weile später war Jims Puls auf fast normal zurückgegangen und der Blutdruck war gut. Es kam mir so vor, als ob sein Gesicht ein bisschen weniger rot wäre. Trotzdem hielt Daddy noch sein Handgelenk. Er blieb bei ihm, beruhigte und tröstete ihn und stärkte ihn mit seiner Willenskraft.

Jim hatte sich so weit beruhigt, dass er anfing, sich um seine Hunde zu sorgen. Es war kalt und die offene Seite ihrer Transportzwinger lag ungeschützt frei. «Kann irgendjemand Gary anrufen, damit er kommt und die Hunde nach Hause bringt?», fragte er Daddy.

«Kein Problem», sagte Daddy. «Carolyn, rufst du bitte Gary an, dass er die Hunde holen kommt?»

«Klar», sagte ich, froh, etwas anderes zu tun zu haben.

Ich rief an und ging ungefähr zehn Minuten lang auf und ab, bis Gary eintraf, der, wie sein Bruder, eine zusammengewürfelte Tarnausrüstung trug.

Als ich mit ihm zum Zimmer Nr. 1 zurückging und dabei erzählte, dass Jim auf eine einzige Antibiotikumtablette hin allergisch reagiert hatte, fragte Daddy Jim gerade: «Hast du schon einmal eine Reaktion auf irgendein Medikament gehabt?»

«Nun, als ich einen kratzigen Hals hatte, hab ich ein paar Mal eine oder zwei Tabletten genommen, die von meiner Frau übrig waren», sagte Jim. «Ein- oder zweimal hab ich, glaube ich, danach einen Juckreiz gespürt und dann keine mehr genommen.»

«Weißt du, was das für Tabletten waren?»

«Nein, immer das, was du ihr zuletzt verschrieben hast.»

Daddy guckte zu mir hoch und ich sagte: «Ich gehe ihr Krankenblatt holen.»

Und natürlich war es ein Antibiotikum aus der Cephalosporin-Gruppe. Jim hatte eine allergische Reaktion auf Cephalosporin entwickelt, nachdem er ein paar übrig gebliebene Tabletten von seiner Frau eingenommen hatte. Dann hatte er heute wieder eine solche Tablette eingenommen, und es stellte sich heraus, dass das eine zu viel gewesen war.

«Nun, dann wissen wir jetzt, worauf du allergisch reagierst. Das ist eine ganze Gruppe von Antibiotika, die du jetzt nicht mehr einnehmen darfst», sagte Daddy. Dann fügte er hinzu: «Die Spritze, die wir dir gegeben haben, sollte eine gewisse Beruhigung bewirken. Wir warten jetzt einfach, bis du dich besser fühlst.»

Nachdem Jim nicht mehr so stark schwitzte, konnten wir den kleinen Ventilator abschalten, aber dann fing er an zu zittern. Sein ganzer Körper – Arme, Beine, Rumpf, Kopf – zitterte heftig, wie bei starkem Schüttelfrost.

«Das sieht erschreckend aus», sagte Daddy zu Gary, «aber es ist ganz normal, wenn jemand eine Adrenalinspritze bekommen hat.»

Diese neue Komplikation beunruhigte mich. «Woher weißt du, wann die Reaktion aufhört?», fragte ich unbedacht.

Daddy warf mir heimlich einen vernichtenden Blick zu und sagte zu Garys und Jims Beruhigung sanft und unbestimmt: «Wartet einfach ruhig ab.»

Das Telefon klingelte wieder.

«*Hier* ist die *Krankenschwester* von Dr. Goldman.» Sie sprach sehr nachdrücklich und bestimmt. «Dr. Goldman muss mit dem Arzt sprechen.»

Ich war nicht irgendeine kleine Sprechstundenhilfe, die man herumkommandieren konnte. Ich war eine durchdrehende Senatsberaterin. Und ich wurde langsam ungehalten. Ich sagte: «Das *weiß* ich. Und ich sage Ihnen», fuhr ich fort und kehrte dabei dem Wartezimmer den Rücken, damit man nicht alles mithören konnte, «dass er im Moment nicht ans Telefon kommen kann.»

«Aber es geht um *Mrs. Jourdan!*»

«Es tut mir leid», sagte ich, «aber der Arzt *kann nicht* ans Telefon kommen, würden Sie *bitte* eine Nachricht hinterlassen.»

«Wir rufen wegen seiner *Frau* an!», sagte die Schwester.

«Ich weiß, um wen es geht!», erwiderte ich ungehalten. «Das ist *meine Mutter*!»

Es blieb lange still am anderen Ende der Leitung. Vielleicht hatte Dr. Goldman seinen Mitarbeitern schon erzählt, dass wir während Mommas Operation unserer Arbeit nachgehen würden. Vielleicht hatte er der Schwester gegenüber irgendwelche Bemerkungen darüber gemacht, dass wir seltsam seien.

Jetzt verlegte sie sich aufs Bitten. «Würden Sie Dr. Jourdan wohl nur sagen, dass Dr. Goldman mit ihm sprechen möchte?»

«Nein … das werde ich nicht», sagte ich. Wie sollte ich das erklären? Hätte ich etwa sagen sollen: «Nein, er kann nicht ans Telefon kommen, um über seine Frau zu sprechen, die vielleicht gerade im Sterben liegt, weil er gerade einen Kerl hier in seiner eigenen Praxis hat, der auch sterben könnte»? Ich wollte nicht in Details gehen.

Ich antwortete: «Ich sage Ihnen doch, dass er beschäftigt ist – *wirklich* beschäftigt. Er ist bei einem Patienten, und ich werde jetzt nicht hineingehen und ihn fragen, ob er einen verdammten Anruf entgegennehmen möchte! Warum können Sie nicht einfach mir die Nachricht geben? Ich gehöre auch zur Familie.»

Die Schwester knallte den Hörer auf und ich ebenfalls. Ich verließ meinen Schreibtisch und stellte mich wieder in den Flur, rang die Hände und hörte Daddy und Jim zu. Was zum Teufel war nur mit Momma los? Wie war ich nur in diesen ganzen Schlamassel hineingeraten? Ich war doch eigentlich nur die Sprechstundenhilfe. Nur für zwei Tage! Das war nun schon der dritte Tag und rechts und links schwebten Leute in Lebensgefahr und sie wollten alle zur gleichen Zeit mit jemandem sprechen und ich konnte wirklich gar nichts machen. Ich wollte zurück in mein eigenes Leben. Ich wollte Verantwortung in einer Welt tragen, die ich verstehen und unter Kontrolle halten konnte – in einer Welt, in der ich intelligent und erfolgreich war und jeder das wusste.

Wir beobachteten Jim und warteten. Im Laufe von fünf bis zehn Minuten schwächte sich die Röte in seinem Gesicht ab, die Flecken an seinen Füßen verschwanden und das Zittern ließ nach. Puh. Alle entspannten sich. Und dann fing alles von vorne an. Jims Gesicht wurde feuerrot, er begann heftig zu schwitzen, die Flecken kamen zurück und sein Puls schoss hoch.

Jetzt hatten wir alle wirklich Angst. Daddy hatte eine zweite Benadryl-Adrenalin-Spritze für diesen Fall bereitgelegt und gab sie Jim nun.

Gary stand am Ende des Untersuchungstisches hinter Jims Kopf. Immer wieder verdrehte Jim seine Augen nach hinten, um seinen Bruder anzugucken. Wenn er doch nur damit aufhören würde. Es war nervenaufreibend, mit anzusehen, wie er die

Augen derart nach hinten verdrehte. Jedes Mal dachte ich, dass er bewusstlos wurde oder starb. Gary tätschelte seinem Bruder unbeholfen die Wangen und sagte beruhigend, aber mit besorgter Stimme: «Das ist unheimlich, alter Freund, nicht wahr?» Jim nickte nur zustimmend. Er konnte nichts sagen, weil er die Zähne fest zusammenbiss.

Ich musste auch die Zähne fest zusammenbeißen. Ich wollte nach Washington zurück. Das hier war nicht der richtige Job für mich. Mir fehlte die rechte Unerschrockenheit dafür. Ich wollte gerne Menschen helfen, aber es sollten Fremde sein, und ich bedurfte einer großen inneren Distanz dafür. Zum Teufel mit dem Versuch, einen Freund zu retten, der sich unter meinen Augen zu sterben anschickte.

Ich war froh, dass ich nicht verantwortlich war, froh, dass ich keine Entscheidungen treffen musste, was zu tun sei, und dabei Aug in Auge mit dem Betreffenden warten musste, um zu sehen, ob meine guten Ideen funktionierten. Oder nicht. Wenn Daddy eine falsche Überlegung anstellte, würde Jim hier vor unser aller Augen sterben.

Was wäre, wenn er die falsche Medizin wählte oder zu viel oder zu wenig davon oder irgendeinen anderen Fehler machte oder zum Mittagessen gegangen wäre oder sich einen Tag frei genommen hätte? Aus diesem Grund hatte er vor Jahren aufgehört, Urlaub zu machen. Jedes Mal, wenn er die Stadt verließ, starb einer seiner Patienten, und deshalb hatte er Angst wegzufahren. Vielleicht glaubte er, dass er alle am Leben halten könnte, wenn er blieb.

Während wir alle warteten, erklärte Daddy Jim, dass er die Injektion verschieden tief spritzen könne und dass es drei Tiefengrade dafür gab. «Je tiefer die Spritze gesetzt wird», sagte er, «umso schneller wird die Medizin vom Körper aufgenommen.» Er hatte Alma angewiesen, die erste Spritze tief in den Armmuskel zu setzen, weil er nicht wusste, wie bedenklich sich der Anfall entwickeln würde. Die zweite Spritze hatte er flach unter die Haut am Arm gesetzt. Also würde sie langsamer wirken.

Was er Jim nicht erzählte, war, dass es eine sehr lange Nadel gab, die er einsetzen konnte und tatsächlich schon zweimal eingesetzt hatte, um Adrenalin direkt ins Herz zu spritzen. Ich betete darum, dass er die lange Nadel nicht aus dem Spezialglasschrank mit den Notfallmitteln herausholen müsste. Als kleines Kind hatte ich Hunderte von Malen auf Zehenspitzen vor diesem Schrank gestanden, um «die längste Nadel» in der Edelstahldose mit der Glasabdeckung anzugucken. Es war das Unheimlichste, was es in der Praxis gab. Ich durfte durch die Glasabdeckung gucken, die Dose aber nicht anrühren. Noch heute hatte sie für mich als Erwachsene etwas von einem religiösen Tabu.

Das Telefon klingelte erneut.

Diesmal war es Dr. Goldman persönlich. Ungeduldig sagte er: «Hier spricht Dr. Goldman, Mrs. Jourdans Kardiologe. Ich muss mit Dr. Jourdan über seine Frau sprechen.»

Ich versuchte, ruhig zu bleiben, trotzdem zitterte meine Stimme, als ich sagte: «Dr. Goldman, ich bin Carolyn, die Tochter des Doktors.» Ich drehte mich wieder auf meinem Hocker herum, bis ich mit dem Rücken zu den wartenden Patienten saß, damit sie mich nicht hören konnten. Mit der Hand meinen Mund und die Muschel abdeckend, flüsterte ich hastig: «Ich möchte nicht unhöflich sein, aber der Doktor ist im Moment beschäftigt.»

«Was? Ich kann Sie nicht verstehen», sagte er scharf.

Ich ließ mich von dem Schemel gleiten und hockte nun mit dem Telefon unter der Tischplatte verborgen. «Der Doktor ist momentan mit einem Patienten beschäftigt, der einen anaphylaktischen Schock hat. Es könnte sein, dass er *stirbt*. Deshalb kann Daddy nicht ans Telefon kommen.»

Es herrschte absolute Stille am anderen Ende der Leitung. Ich konnte Dr. Goldman denken hören: *Mein Gott, sie vernachlässigen nicht nur ihre Frau und Mutter, sondern bringen gerade eben auch noch jemanden in der eigenen Praxis um.*

«Ich werde ihm sagen, dass er sie umgehend zurückrufen soll, wenn er, der Mann», fuhr ich unbeholfen fort, «wenn sich sein Zustand ändert, stabilisiert oder – Sie wissen, was ich meine.» Dr. Goldman schwieg weiterhin.

Ich war nicht mehr in der Lage zu denken. Meine ganze Konzentration war darauf gerichtet, nicht laut ins Telefon hineinzuschluchzen. Dr. Goldman schwieg noch immer. «Ach, können Sie mir nicht sagen», brachte ich schließlich hervor, «ich bin zwar nicht der Doktor, aber könnten Sie mir bitte sagen, ob meine Momma noch lebt?»

«Natürlich *lebt* sie», schrie er. «Es geht ihr *gut.*» Seine Stimme klang, als wolle er sagen, dass er, im Gegensatz zu uns, niemanden umbrachte, der seiner Hilfe bedurfte.

Dann sagte er, nun bedeutend freundlicher: «Richten Sie Dr. Jourdan aus, dass er mich anrufen möge, wenn sich die Lage bei Ihnen etwas entspannt hat, dann werde ich ihm sagen, was wir herausgefunden haben.»

Den Hörer immer noch krampfhaft umklammernd, saß ich auf dem Boden, horchte auf das Leerzeichen und wischte mir mit der anderen Hand den Schweiß vom Gesicht.

Die kritische Situation in Zimmer Nr. 1 währte jetzt schon über eine halbe Stunde, so beschloss ich, den Wartenden lieber zu erklären, was los war. Ich beugte mich über meinen Tisch und erzählte ihnen, dass der Doktor bei einem Mann bleiben müsse, der *sehr* krank sei, und dass wir sie hoffentlich bald drannehmen könnten.

Ich ging die Anmeldeliste durch, um zu sehen, wie viele schon warteten, und entdeckte einen Namen, den ich niemandem zuordnen konnte: Mrs. Dill. Sie war nicht im Wartezimmer. Wo war sie nur? Im Zimmer Nr. 3? Um Himmels willen! Wir hatten die

Dame im Zimmer Nr. 3 vergessen. Wir hatten sie dorthin gebracht und dreißig Minuten lang mit dem Thermometer im Mund allein gelassen. Ich rannte den Flur hinunter, und wirklich, da saß sie auf dem Untersuchungstisch und lächelte. Das Thermometer hatte sie neben sich gelegt. Als ich zu einer Entschuldigung ansetzte, unterbrach sie mich: «Ach du Gute, mach dir keine Gedanken um mich. Ich kann den Kerl über den Flur bis hierher hören. Behandelt ihr ihn nur fertig. Es macht mir nichts aus zu warten.»

Daddy trat aus Zimmer Nr. 1 auf den Flur. «Sobald sich dein Zustand nach dieser zweiten Spritze etwas stabilisiert hat, solltest du zum Krankenhaus gebracht werden», sagte er zu Jim. «Wir haben ungefähr dreißig Minuten, um dich dorthin zu bringen, bevor es von vorne losgeht, falls es noch einmal losgeht.»

Gary bat mich, seinen Sohn anzurufen, dass er die Hunde und das Auto abholen käme. Dann riefen wir Jims Frau an, damit sie zum Krankenhaus führe, um dort Jim und Gary zu treffen. Gary wollte die beiden Spritzen bezahlen, aber Daddy sagte: «Dafür gibt's keine Rechnung.»

«Die Scheibenwischer werden wir wohl in der nächsten Zeit nicht repariert bekommen», sagte ich, als ich sie davonfahren sah.

Daddy ließ die Arme hängen und schaute zur Zimmerdecke hoch. «Warum nur müssen diese Sachen immer *solchen* Leuten zustoßen? Warum passiert das nicht denen, die keiner ausstehen kann, oder den Verrückten? So etwas geschieht immer *genau dem*, dem man es *niemals* wünschen würde!»

«Das habe ich mich auch gerade gefragt», sagte ich.

Dann erst wurde mir voll bewusst, was er da gesagt hatte. Mein Gott! Das war nicht das erste Mal, dass so etwas geschah. Ob so etwas oft vorkam?

«Wie oft kommt so etwas vor?», fragte ich gespielt beiläufig.

«Vielleicht einmal im Jahr», sagte Daddy. «Ungefähr eine Stunde pro Jahr geschieht etwas Unheimliches. Für den Rest der Zeit begnügt man sich dann damit, entzündete Hälse zu untersuchen.»

Eine Stunde im Jahr. Bis zur nächsten würde ich lange nicht mehr da sein.

Ich ließ ihm ungefähr fünfzehn Sekunden Zeit, tief Luft zu holen, dann berichtete ich ihm von Dr. Goldmans Anruf. Er war beschämt. In vierzig Jahren hatte er es kein einziges Mal versäumt, den Anruf eines anderen Arztes entgegenzunehmen, und nun musste dies geschehen, und es ging um seine eigene Frau dabei. Er sagte, dass ich richtig gehandelt hätte, aber ich spürte, dass er ebenso elend, beschämt und uneins mit sich war wie ich.

Er ging in sein eigenes Büro und versuchte, Dr. Goldman zurückzurufen, doch es war zu spät. Dr. Goldman war nicht mehr da, und der Beantwortungsdienst war nicht informiert. Wir würden einfach warten müssen, um zu erfahren, wie es Momma ergangen war.

Langsam ging Daddy über den Flur zum Zimmer Nr. 3, um nach der armen Mrs. Dill zu sehen. Dann musste er die anderen acht Patienten behandeln, die sich im Wartezimmer angesammelt hatten, während er mit Jim beschäftigt gewesen war.

Schließlich erfuhren wir, dass Momma wohlauf war. Bei der Verlegung des Herzkatheters hatte sich herausgestellt, dass nur ein einzelnes Blutgefäß eine Teilverstopfung gehabt hatte. Somit hatte Dr. Goldman gleich einen Stent eingebracht, eine Art High-tech-Röhre für Blutgefäße, und er erklärte, dass Momma keinerlei Probleme gehabt habe. Somit war ihr Herz wiederhergestellt und nicht nur so gut wie neu, sondern sogar besser als all die Jahre zuvor. Ein Stein fiel mir vom Herzen. Meine Mutter lebte, sie war gesund und munter, und das sollte für die nächsten Jahre so bleiben. Und obendrein sah es ganz so aus, als sollte Jim auch überleben. Der Tag hatte sich wirklich aufgehellt.

achtes kapitel

Der Dienstagmorgen war außergewöhnlich normal verlaufen, aber es hatte sich ein Haufen Schreibkram angesammelt, also blieb ich über die Mittagspause im Büro. Ich hatte Daddy gebeten, mir eine Cola light und einen burgerfreien Cheeseburger vom McDonald's Drive-thru mitzubringen. Als ich da so auf Mommas Hocker saß und aß, schaute ich über die Köpfe der Patienten im Wartezimmer durch das Panoramafenster in Richtung Parkplatz und dann weiter hinaus zum Highway. Während ich meinen Gedanken darüber nachhing, dass es den Menschen dort freistand, den Highway nach Belieben in diese oder jene Richtung zu befahren, stand im Wartezimmer jemand abrupt auf. Es war Ralphine Furrow, eine junge Frau um die zwanzig. Ohne ein Wort zu sagen, lief sie im Eilschritt, eine Hand auf den Mund gepresst, in Richtung Toilette. Sie zog heftig an dem Türknopf, aber die Tür rührte sich nicht. Es war schon jemand drin. Ralphine rüttelte an der Tür, die linke Hand immer noch vor dem Mund, als eine herablassende Frauenstimme von drinnen «Es dauert *nur noch eine Minute*» sagte.

Ralphine drehte sich mit weit aufgerissenen Augen zu mir herum. Ich wollte sie gerade fragen, was los sei, aber bevor ich noch zu einem «Wa-» angesetzt hatte, quoll eine gelbe Flüssigkeit zwischen ihren Fingern hervor. Oh. Das war also los gewesen.

Da ich mit solchen Vorkommnissen groß geworden war,

berührte es mich nicht sonderlich. Ich beobachtete es mit leisem Erstaunen aus der Distanz heraus. Als ich binnen Sekunden eine Schüssel erspähte, die ich ihr in die Hand drücken konnte, ging Ralphine schon, sich übergebend, den Flur entlang. Zu spät hatte ich ihr zugerufen: «Dort ist keine zweite Toilette mehr. Dies ist die einzige!»

Aber Ralphine blieb immer noch nicht stehen, weshalb Alma, die das Würgen gehört hatte, gebieterisch «Halt. Sofort stehen bleiben. Keinen Schritt weiter!» ausrief. Ralphine hielt inne und schaute benommen um sich.

In die eingetretene Stille hinein war die verspätet einsetzende Toilettenspülung peinlich laut zu hören. Die Dame, die dort gewesen war, konnte das Geschehen auf dem Flur nicht überhört oder falsch gedeutet haben. Sie öffnete die Tür und schaute vorsichtig heraus. Doch sie würde den Raum, in dem sie sich befand, noch nicht verlassen können. Den anderen erging es nicht besser. Köpfe tauchten an allen Türen entlang des Flurs auf, doch niemand konnte irgendwohin gehen, denn der Flur schwamm. Daddy, Alma, Ralphine, ein paar Patienten und die Dame in der Toilette saßen alle an Ort und Stelle fest.

Da durchfuhr es mich. Außer *mir* konnte sich keiner rühren. Keiner könnte mir folgen und mich zurückhalten, wenn ich mich jetzt auf und davon machte. Doch die Ironie des Schicksals wollte es, dass ich in dieser Situation tatsächlich gebraucht wurde und erstaunlicherweise sogar wusste, was zu tun war.

Ich schnappte mir eine Rolle Papiertücher, ging los und wollte mich gerade zur ersten Pfütze hinabbeugen, um sie aufzuwischen, als Alma «Halt!» rief.

«Halt?», fragte ich. «Keine Angst», fuhr ich lachend fort, «das ist endlich einmal etwas, worauf ich mich wirklich verstehe.»

«Nun … leider ist es nicht so», sagte Alma. «Von der OSHA-Behörde für Arbeitsschutzvorschriften gibt es Vorschriften dazu, wie gefährliche Biomaterie aufzuwischen ist, und man muss dafür ausgebildet und examiniert sein», sagte sie.

«Du machst wohl Witze», sagte ich. «Die OSHA soll Vorschriften herausgeben, wie Kotze aufzuwischen ist?»

«Ja. Nein. Du darfst diese Papiertücher nicht nehmen.»

Daddy sagte: «Fang mal an und kümmere dich nicht darum. Sie können ja eine Strafzahlung von mir verlangen. Viel kann es nicht sein.»

«Ein paar tausend Dollar», sagte Alma. «Carolyn, in dem Schrank dort ist eine Spezialausrüstung für biologisch gefährliche Materialien. Sie liegt in der Ecke von dem Schrank in einer versiegelten weißen Plastikwanne.»

Ich holte die Ausstattungswanne und hielt sie hoch, sodass Alma sie sehen konnte. Sie war mit einer beeindruckenden Anzahl von Warnaufklebern versiegelt.

«Reiß die Versiegelung auf», sagte Alma «und such nach dem Zeug, das biologisch gefährliche Flüssigkeiten aufsaugt.»

Ich riss die Versiegelung auf und öffnete den großen Plastikbehälter. Er enthielt ein Paar transparente Plastikhandschuhe und ein Glasfläschchen von der Größe meines kleinen Fingers mit irgendwelchen Flocken darin. «Meinst du das da?», fragte ich und hielt die kleine Glasflasche hoch.

«Ich weiß es nicht. Es handelt sich um eine neue Vorschrift, und wir haben bisher noch keine solche Ausstattungswanne geöffnet», sagte Alma. «Was ist sonst noch drin?»

«Nichts», sagte ich und drehte die Schale herum, damit sie sehen konnte, dass sie leer war.

«Was haben wir dafür bezahlt?», fragte Daddy.

«Einhundertundfünfzig Dollar», sagte Alma. «Na, dann streu den Inhalt des Fläschchens auf die Pfütze.»

Ich schüttete den Teelöffel mit braunen Flocken, die verdächtig nach Fischfutter aussahen, mitten in die nächstgelegene Pfütze.

Wir beobachteten gespannt, wie die Flocken langsam und ohne sichtbaren Effekt versanken. Ich musste lachen. «Unsere Regierung in Aktion! Wahnsinn! Guck nur, wie das Zeugs wirkt. Was soll ich nun tun?»

«Hol den Wischlappen», sagte Daddy verdrossen.

Ein Wischlappen und drei Rollen Papiertücher waren alles, was gebraucht wurde, um die Bescherung aufzuwischen. Als Ralphine gegangen war, wurde mir klar, dass ich endlich eine medizinische Herausforderung bewältigt hatte. Zum ersten Mal seit meiner Ankunft fühlte ich mich kompetent.

Dieser Eindruck war nicht von Dauer. Gegen halb zwei kam Alma mit einem großen Armvoll Papier zu meinem zwischenzeitlich aufgeräumten Schreibtisch. Sie ließ den Stapel vor mir auf die Tischplatte fallen und sagte: «Post.»

«Was soll ich mit dem ganzen Haufen machen?»

«Öffnen.»

Es handelte sich wohl um die gesammelte Post einer Woche. Da war *JAMA*: *The Journal of the American Medical Association*, wieder einmal mit der Darstellung eines besonders langsamen und schmerzhaften Todes auf dem Titelbild, ausgewählt von einem klinisch depressiven Menschen. *JAMA* hatte Zugang zu einer scheinbar unerschöpflichen Sammlung mit Kunstwerken von und für Selbstmordkandidaten. Unwillig legte ich die Zeitschrift beiseite. Das gleiche galt für *Cutis* mit einem lebensgroßen Farbfoto einer scheußlichen Hautkrankheit auf dem Titelbild. Dann waren da noch ein halbes Dutzend Hochglanz-Wirtschaftszeitschriften, die sich speziell an Ärzte als Zielgruppe wandten.

Während ich Umschlag auf Umschlag mit geschickt getarnter Papierkorbpost öffnete, sank mein Selbstwertgefühl so rasant dem Nullpunkt entgegen, dass ich glaubte, Nasenbluten kriegen zu müssen. Nie zuvor war es mir in den Sinn gekommen, dass es möglich wäre, einen Menschen, insbesondere *meine* Person, so gänzlich verschieden zu behandeln, je nachdem, welchen Arbeitsplatz man innehatte.

Mein ganzes Leben lang war ich wie Fräulein Extra-Klug-Spezial behandelt worden. Ich war davon ausgegangen, dass jeder, der mich anguckte, genau das in mir verkörpert sah. Nun aber erwies es sich, dass ich gut behandelt worden war, weil ich neben bekannten, klugen, machtgewaltigen Männern gestanden hatte: einem Bundesanwalt, einem Kongressabgeordneten, einem Senator. Hier jedoch fand ich bald heraus, dass sich mein Genie den Passanten, die mich in meiner 29-Dollar-Bekleidung von einem Holzhocker aus Telefonanrufe beantworten sahen, keinesfalls zu enthüllen schien.

Zugleich machte ich die Erfahrung, dass jemand, der in einer Arztpraxis das Telefon bedient, offensichtlich am untersten Ende der gesellschaftlichen Hack- und Beißordnung rangiert. Und dabei ist die Arbeit nicht nur undankbar, sondern auch noch anstrengend. Jeder, mit dem ich sprach, war entweder krank und mürrisch oder am Ende seiner Weisheit, weil er jemandem helfen wollte, der krank und mürrisch war. Natürlich gab es auch welche, die verrückt, senil, verärgert oder unausstehlich waren. Wann immer das Telefon klingelte, wurde man erneut zu dem Versuch herausgefordert, einem von Frustration, Verwirrung oder Panik geprägten Gesprächsverlauf zu folgen.

Freda Bolinger rief, offensichtlich verzweifelt, an und fragte, ob der Arzt bitte Nervenberuhigungstabletten für sie besorgen könnte.

«Worum geht es denn?», fragte ich etwas gelangweilt.

Freda sagte, dass sie sich gleich auf den Weg ins Krankenhaus machen und entscheiden müsste, ob ihr Vater abgehängt werden sollte oder nicht.

«Meine Güte!», sagte ich. «Das tut mir leid!» Ich wusste, dass mein Vater Patienten mit einem lebensbedrohlich erkrankten

Familienmitglied immer Beruhigungsmittel gab. «Machen Sie sich keine Sorgen, wir bestellen Ihnen welche.»

«Vielen Dank. Ich brauche wirklich etwas.»

«Was ist passiert?», fragte ich.

«Nun, er hat doch fünf Bypässe gekriegt und er hat sowieso nur noch zwei Drittel seiner Lunge und ein Emphysem. *Jetzt* hat er noch Lungenentzündung dazu. Sie geben ihm keine Chance mehr.»

«Das ist furchtbar. Es tut mir so sehr leid. Wie lange liegt er schon im Koma?»

«Er ist nicht im Koma.»

«Nun, dann eben bewusstlos.»

«Er ist nicht bewusstlos. Ich habe gerade mit ihm gesprochen.»

Ich sagte: «Hat *er* Sie darum *gebeten*, das zu tun?» Was für eine schreckliche Situation das war. Ich spürte, wie schlimm es für sie sein musste.

«Nein», sagte sie, «er bittet mich nicht darum.»

Das war verblüffend. «Redet er einfach wirres oder sinnloses Zeug?»

«Oh nein, er ist ganz klar im Kopf.»

«Nun, warum sollten Sie ihn dann abhängen?», sagte ich. «Das verstehe ich nicht.»

«Er hat immer gesagt, wenn er richtig krank sei, dann sollten wir ihn einfach sterben lassen. Dass er so nicht leben wollte.»

«Sagt er das *immer noch*?»

«Nein, aber früher hat er es *immerzu* gesagt. Ich möchte wetten, dass er mir das mindestens hundert Mal gesagt hat.»

Mir fiel auf, dass da zwei verschiedene Formulierungen gleichgesetzt wurden: «das Sterben zulassen» und «das Sterben veranlassen». Ich war verwirrt und schockiert und von Sinnen aus lauter Angst um Fredas Vater, aber ich riss mich zusammen und versuchte, so diplomatisch wie möglich etwas Vernunft in die Situation zu bringen. Schließlich hatte ich doch so etwas wie medizinische Berufserfahrung.

«Nun, Freda, ich glaube nicht, dass man das so zulassen wird. Wenn er noch sprechen kann, werden die Ärzte und das Krankenhaus *ihn* fragen, was er will. Und dann müssen sie sich an das halten, was *er* sagt. Man wird *Sie* nicht fragen, solange man *ihn* noch fragen kann. Verstehen Sie, was ich meine? Auf jeden Fall bin ich ziemlich sicher, dass es so ist. Aber warten Sie gerade einen Moment, ich frage den Doktor.» Guter Gott. Da sollte ein Mord geschehen.

Ich stellte Freda in die Warteschleife und ging nach hinten, um meinen Vater bei seiner Untersuchung eines anderen Patienten zu stören. Im Flüsterton erzählte ich ihm entsetzt von dem Gespräch. «Was meint sie denn eigentlich mit ‹ihn abhängen›?», sagte ich. «Der Mann ist gar nicht an ein Beatmungsgerät angeschlossen! Soll ihm vielleicht irgendjemand ein Kissen aufs Gesicht drücken oder sonstwas? Wir müssen etwas *tun*! Was *sollen* wir nur *tun*?»

Daddy konnte es nicht leiden, wenn man ihn bei einer Untersuchung störte. Mit müder Stimme und jedes Wort einzeln betonend fragte er: «Was … will … sie?»

«Oh», sagte ich, «sie möchte ein Nervenberuhigungsmittel.»

Daddy guckte mich mit seinem Kopf-schief-Augenbrauen-hoch-Blick an und sagte: «Carolyn, würdest du mir nicht zustimmen, dass dies ein Paradebeispiel für jemanden ist, dem ein Beruhigungsmittel wirklich helfen könnte?»

«Ach ja! Gutes Argument.» Der leichter zu behandelnde Fall war mir völlig aus dem Blickfeld geraten. Wie viele Leben mochten schon durch wohl abgewogene Verabreichung starker Beruhigungsmittel an gesunde Unbeteiligte gerettet worden sein? Ich rannte zum Telefon zurück. «Freda», sagte ich, «ich bestelle sofort ein Nervenberuhigungsmittel für Sie.» Und dann, dachte ich, würde ich ganz gerne auch so etwas für mich selbst bestellen.

neuntes kapitel

Ich lebte *Die göttliche Komödie*. Aber ich würde wohl ein paar von Dantes Bezeichnungen ändern müssen. In der oberen Hölle könnten sich weiterhin die Inkontinenten aufhalten, aber einige der Kreise würden für Hypochonder, Unfallgefährdete und Leute mit Husten und Triefnasen umbenannt werden müssen. Der Höllengrund könnte weiterhin den Gewalttätigen vorbehalten bleiben, doch einige Ringe wären mit Erbrechen und Durchfall neu zu benennen, und der besondere See in der Mitte sollte rektalen Beschwerden und Fußleiden aller Art vorbehalten sein.

Ich konnte es kaum erwarten, die Praxis in Richtung Zuhause zu verlassen – einem sicheren und ruhigen und vor unvorhersehbaren Zwischenfällen gefeiten Ort. Doch dann kam Daddy kurz vor Praxisschluss an meinen Empfangstisch und sagte so obenhin: «Carolyn, ruf drüben im Bergwerk an und frage Matt DeHaven, wie man am besten an genug Dynamit kommt, um drei Baumstümpfe aus dem Boden zu sprengen.»

So viel zu Sicherheit und Ruhe.

Mit neunzehn war Daddy bei der Marine zum Sprengspezialisten für den Koreakrieg ausgebildet worden. Und dann hatte er, wie so viele andere männliche Bewohner der Appalachen, die dabei erworbenen Fähigkeiten in sein Zivilleben integriert und die Farmarbeiten zu einer paramilitärischen Übung umfunktioniert.

«Was für Stümpfe?», fragte ich, um mir eine Vorstellung vom Ausmaß der geplanten Sprengung zu verschaffen.

«Die Eichenstümpfe bei der Holzscheune.»

Um die ging es also. Sie waren gewaltig groß. Mehr als einhundertundfünfzig Jahre lang hatten diese Eichen einer Holzscheune Schatten gespendet. Schließlich waren sie einem Blitzeinschlag zum Opfer gefallen, und die hohen Stümpfe standen nun verkohlt auf der Heuwiese und verrotteten langsam. Immer hatte er um sie herumgemäht.

Baumstümpfe mittels Dynamit zu entfernen war das übliche Verfahren in dieser Gegend, wenn sie zu groß waren, um mit dem Traktor herausgezogen zu werden. Daddy hatte das schon einige Male gemacht und sich dabei jedes Mal in irgendwelchen technischen Fallstricken verheddert und an den Rand des Todes gebracht. Nun machte er sich Matthews Schuldgefühle wegen einer kostenlosen Röntgenaufnahme für seine Ziege zunutze, um sich Dynamit zu ergaunern und genau das Gleiche wieder zu tun.

Ich wählte die Nummer vom Bergwerk. «Hallo Darla, hier ist Carolyn aus der Praxis von Dr. Jourdan, kann ich bitte mit Matthew DeHaven sprechen?»

«Hallo Carolyn. Matthew ist nicht für diese Schicht eingeteilt. Er kommt erst morgen früh wieder.»

Verflixt. Die Bergarbeiter arbeiteten in wechselnden Schichten, sodass man ihre Arbeitszeiten kaum vorhersagen konnte.

«Soll ich etwas ausrichten?», fragte sie. «Ich kann es aufschreiben und versuchen, so hinzulegen, dass er es findet. Aber er ist Vorarbeiter und die meiste Zeit unter Tage.»

Ich würde mich hüten, eine Nachricht mit der Bitte um Dynamit zu hinterlassen oder mit Matthew am Telefon im Zentralbüro darüber zu sprechen. Die Bergarbeiter wussten, wie sie an das Zeug herankamen, und mir war nicht daran gelegen, die Aufmerksamkeit auf eine nicht ganz legale Angelegenheit zu lenken. «Nein», sagte ich, «ist schon in Ordnung.» Ich bedankte mich bei ihr und legte auf.

Ich suchte seine Privatnummer heraus und wählte sie. Ich ließ das Telefon eine Weile klingeln, aber niemand antwortete. Wie frustrierend.

Dann erzählte ich Daddy, dass ich momentan nicht weiterkam.

«Nun, wenn du bei ihm vorbeifährst und nach ihm Ausschau hältst, fahre ich schon einmal nach Hause und füttere die Tiere», sagte er.

Ich nickte und schnappte meine Autoschlüssel.

Der Hof von Matthews Familie lag ungefähr fünf Meilen von der Praxis entfernt. Die Hofanlage war für diese Gegend eine Sehenswürdigkeit. Ein riesiges altes weißes Bauernhaus sowie einige große Scheunen lagen inmitten einer Fläche von einigen hundert Morgen sanft gewellten, lebhaft grünen Hügellandes, eingefasst von einem makellos weißen Holzzaun.

Noch bevor ich das Haus erreichte, hatte ich von der Straße aus einen Traktor auf einer Heuwiese erspäht. Ich fuhr auf den Seitenstreifen und schaute hinüber, bis ich Matthew auf dem Traktor erkannte. Er mähte in einem großflächigen Quadratmuster. Jetzt fuhr er gerade von mir weg in die entgegengesetzte Richtung. Ich stieg aus, stellte mich an den Rand des Feldes und schaute ihm beim Mähen zu. Als er um neunzig Grad wendete und parallel zur Straße weitermähte, sah er mich und winkte. Lange Beine und vierzig Jahre Übung verhalfen mir mit Leichtigkeit über den Zaun. Ich taxierte sein Fahrtempo und schlug eine Diagonale ein, auf der ich ihn nach seiner nächsten Wende auf dem Weg in Richtung Straße abfangen konnte.

Als ich dicht an ihn herangekommen war, ging er mit dem Fuß auf die Kupplung, sodass der Traktor nicht weiterrollte, aber der Lärm von Motor und Mäher war so laut, dass ich aus Leibeskräften hätte brüllen müssen, um mir Gehör zu verschaffen. Er reichte seine rechte Hand herunter, und, ohne nachzudenken, streckte ich ihm meine entgegen, und schon hatte er mich auf den breiten, abgerundeten Kotflügel dicht neben sich hochgezogen. Sofort löste er die Kupplung und mähte weiter. Ich lachte, denn genau so hatten wir beide als Kinder neben unseren Vätern auf dem Traktor gesessen. Bauernkinder verbringen viele genussvolle Stunden mit ihrem Daddy auf dem Traktor.

Der Traktor fuhr mit etwa fünf Meilen die Stunde dahin. Matthew schien vollkommen unbefangen, und eine Weile saßen wir schweigend nebeneinander und gaben uns ganz dem Lärmen und Rütteln und dem hellen Sonnenschein hin. So langsam über das Feld zu fahren und zuzuschauen, wie die Heuhüpfer aus dem Weg sprangen, hatte etwas Entspannendes. Ich bewunderte die Geduld, die man für das Mähen eines so großen Feldes aufbringen musste. Dann tauchte ich plötzlich aus meiner Versunkenheit auf und sagte: «Daddy hat mich geschickt, um zu fragen, ob du nicht etwas Dynamit hättest.»

Matthew warf mir einen fragenden Blick zu.

«Er will ein paar Stumpen auf der Heuwiese sprengen.»

Matthew nickte. «Wie groß?»

«*Riesen*groß. Drei Eichen, ein paar hundert Jahre alt.»

Er nickte wieder.

«Sag mir einfach Bescheid, wenn du's hast», sagte ich, «dann komme ich's holen.»

Er lächelte mich an und schüttelte den Kopf.

Ich fühlte mich von oben herab behandelt und war enttäuscht, dass er sich als einer von *der* Sorte Kerl entpuppte. «Ich fürchte mich nicht vor Dynamit!», sagte ich eingeschnappt.

«Das glaube ich wohl», sagte er, den Blick geradeaus gerichtet.

Das mochte in Ost-Tennessee hingehen, aber ich hatte einige Zeit in Washington verbracht. Und ich würde es niemandem –

auch nicht Matthew Wyatt DeHaven III – gestatten, mir etwas zu verwehren, nur weil ich zufällig eine Frau war. Obwohl ich mich tatsächlich davor fürchtete, mit ansehen zu müssen, wie Daddy fünfzig Jahre nach Absolvierung eines Kurzlehrgangs mit scharfem Sprengstoff hantieren würde, log ich und sagte: «Daddy weiß, wie man mit Dynamit umgeht. Und ich darf ihm immer bei allem helfen. Wir kommen schon zurecht damit.»

Matthew wandte den Kopf und schaute mir aus nächster Nähe direkt in die Augen. «Das glaube ich wohl, ich könnte mich vielleicht auch selbst zusammenflicken, wenn es sein müsste. Aber ich verdiene meinen Lebensunterhalt damit, Dynamit in die Luft zu jagen, Carolyn. Ihr bleibt bitte bei eurem Doktorn und überlasst diese Angelegenheit mir. Okay?»

Ich musste zugeben, dass das sinnvoll war. Nun ja, mir selbst konnte ich ein solches Zugeständnis vielleicht machen. Aber ihm gegenüber hätte ich es nie zugegeben, selbst wenn er mir eine Pistole an den Kopf gehalten hätte.

Dann sagte er: «In ein paar Tagen komme ich zu euch rüber.»

Der Traktor war inzwischen an dem Ende des Feldes angekommen, das an eine besonders reizvolle Koppel grenzte. «Komm mit», sagte Matthew und stellte den Motor aus.

Ein weiträumiges Gelände war mit einem gut zwei Meter hohen, hochelastischen Drahtzaun eingefasst. Das war eine sehr teure Umzäunung, was sie zu schützen hatte, musste also etwas ganz Besonderes sein. Neugierig ließ ich meinen Blick umherschweifen. Aber außer einer Gruppe niedlicher kleiner gefleckter Ziegen konnte ich nichts entdecken. Matthew öffnete das Gatter, und ich ging zu ihnen hin.

Als ich meine Hand vorstreckte, um die nächststehende zu streicheln, bewegte sie sich langsam von mir weg. Als ich ihr folgte, wurde ihr Gang merkwürdig steifbeinig. Gerade als ich so nahe an sie herangekommen war, dass ich sie hätte streicheln können, fiel sie seitwärts um. Ich war entsetzt. Zwei weitere Ziegen, die in unserer Nähe standen, folgten ihrem Beispiel. Ich drehte mich um und starrte Matthew mit offenem Mund erschrocken an.

«Keine Angst», lachte er, «es sind ‹Ohnmachts-Ziegen›. Du hast bestimmt schon mal davon gehört.»

Ich nickte kurz. Gehört hatte ich davon, diese Verhaltensspezialität jedoch noch nie mit eigenen Augen gesehen. Es handelte sich um eine seltene einheimische Rasse, die Tennessee-Ohnmachtsziegen. Bald hatte ich meine Verlegenheit überwunden und fragte mich verwundert, warum nur irgendjemand ein Tier haben wollte, das ohnmächtig wurde, wenn man sich ihm näherte. «Warum machen sie das?», fragte ich.

«Keine Ahnung. Es muss als spontaner Defekt in irgendeiner Zuchtlinie aufgetreten sein, aber weil dieser Defekt sehr nützlich ist, hat man ihn zum Zuchtziel gemacht, statt ihn zu eliminieren.»

«Nützlich?»

«Man lässt sie zusammen mit wertvollen Zuchttieren auf eine Weide. Als Schutz.»

«Was für einen Schutz bietet ein Tier, das in Ohnmacht fällt?»

«Der Kojote, Wolf oder ein anderes Raubtier frisst sich an den Ziegen satt. Und dann lässt er die wertvollen Tiere unversehrt.»

«Oh.» Das war herzzerreißend. Ich konnte meine Rührung angesichts dieser hübschen kleinen Geschöpfe, deren Sinn und Zweck darin bestand, als wirtschaftlich vorteilhaftes Beutefutter zu dienen, nicht verbergen. Unser Weg über die Weide war von einer Spur kleiner umgefallener Ziegen gezeichnet. Und bisher war auch noch keine von ihnen wieder aufgestanden. Wie lange mochten sie so liegen bleiben? Vielleicht log Matthew und sie waren tot?

Als Matthew mein Gesicht sah, sagte er: «Keine Angst. Denen fehlt nichts. Wirklich. Sie sind Haustiere. Ich werde sie nie verkaufen, und Lloyd sorgt dafür, dass ihnen nichts geschehen kann.»

«Wer ist Lloyd?»

Matthew deutete mit seinem Blick in Richtung eines ungefähr fünfzig Meter entfernten Baums. Außer dem Baum konnte ich nichts sehen. Auf einen Pfiff von Matthew rührte sich ein weißer Flecken. Ein weißer Hund stand auf. Der Hund war riesengroß und hatte das wolligste Fell, das ich jemals gesehen hatte.

«Lloyd ist hier draußen bei den Tieren und vertreibt Raubtiere.»

«Er sieht groß aus.»

«Einhundertundfünfundzwanzig Pfund. Pyrenäen-Berghunde schließen sich eher Tieren als Menschen an. Lloyd liebt diese kleinen Racker», Matthew wies mit der Hand über die gesamte Weide. «Selbst in der kältesten Nacht kann ich ihn nicht ins Haus locken. Er würde nie von dieser Weide weggehen. Es ist seine Aufgabe, und die nimmt er ernst. Außerdem ist er klug. Er bleibt geduckt ein ganzes Stück von den Tieren entfernt liegen, wo er nicht ins Auge fällt, und rührt sich nicht. Er steht erst auf, wenn er der Herde folgen muss. Das heißt, solange nichts hier eindringt. Es ist lustig zuzuschauen, wenn jemand versucht, sich den Tieren zu nähern. Er steht erst auf, wenn sie ganz dicht an ihn herangekommen sind. Und dann ist es *viel* zu spät, um davonzulaufen. Er kann einen ganz schön erschrecken.»

«Ist er gefährlich?»

«Nicht wirklich, aber er ist sehr fürsorglich. Er würde jedes Tier töten, das in sein Schutzrevier eindringt, unglücklicherweise sind Haustiere nicht davon ausgeschlossen. Und einen Menschen wird er am Boden festhalten. Aber alles, was außerhalb des Zauns bleibt, lässt er in Ruhe. Und er würde niemals eines der ihm anvertrauten Tiere verletzen. Manche der neugeborenen Jungen schlafen neben ihm.» Matthew zeigte in Richtung eines kleinen Hügels am Rand des Waldes und sagte: «Ich habe auch eine Herde Damwild auf dieser Koppel. Sie sind sehr scheu. Kaum zu erkennen.»

Erst als ich so etwas wie Bewegung wahrnahm, entdeckte ich

eine Gruppe zierlicher Rehe mit großen Geweihen. Sie sahen wie kleine Rentiere aus. Dann fühlte ich hinten etwas an meiner Hose zupfen und wirbelte herum.

Matthew lachte wieder. «Hab keine Angst. Das ist Phillip. Er tut dir nichts. Er ist einfach nur neugierig.»

Erschrocken wich ich beim Anblick eines prähistorisch anmutenden Tieres mit kleinem Kopf, spitzem Schnabel und einem großen Paar weit aufgerissener brauner Augen zurück, die auf gleicher Höhe *genau in meine Augen* schauten. Die Wimpern des Tieres waren mindestens fünf Zentimeter lang. Mir war recht unbehaglich zumute, bis mir klar wurde, was ich da vor mir hatte.

«Ein Strauß?», fragte ich.

«Emu. Sie eignen sich besser als Haustiere.»

Der lange, behaarte, gewundene Hals war ein wenig beunruhigend, doch Phillip schien sanft und freundlich zu sein. Ich streckte meine Hand vor, um seinen gefiederten Rücken zu streicheln.

«Tu das nicht!», beeilte sich Matthew zu sagen.

Aber da war es schon zu spät. Phillips Beine knickten bei der Berührung augenblicklich ein und er sank, flach wie ein Pfannkuchen, zu Boden. Ich schrie auf.

«Schon gut! Nur keine Angst», brachte Matthew lachend heraus. «Er ist nicht verletzt. Es ist ein Reflex. Das machen sie alle, wenn man ihren Rücken berührt. Es ist ein Schutzinstinkt, den ihre Mütter auslösen, um sie zu verbergen, wenn Gefahr im Anzug ist.»

Verwirrt schaute ich zu ihm hoch.

«Die Mütter berühren die Jungen am Rücken, damit sie sich platt machen und versteckt sind. Dann rennen sie selbst mit großem Getue davon, sodass das Raubtier ihnen hinterherjagt und das Junge nicht sieht.»

Offensichtlich unbeschadet, stand Phillip alsbald auf und schaute mir wieder aus allernächster Nähe ins Gesicht. Er schien keinerlei Groll gegen mich zu hegen. Was für ein liebes Tier.

Ein Dingo oder sonstwas fraß also die Emu-Mutter? Für meinen inneren Frieden schien hier alles ein bisschen zu dicht am nächsten speicheltriefenden Maul der Nahrungskette zu sein. Und dabei stand ihnen einzig und allein eine Art Opossum-Strategie zu Gebot. Das war keinerlei Schutz. Es war furchtbar. Das Mitleid für Phillips Situation überwältigte mich, und unbedacht war meine Hand schon wieder vorgestreckt, um ihn zu streicheln.

Wieder ein Fehlgriff.

Entsetzt starrte ich, zum zweiten Mal innerhalb nur einer Minute, auf seinen flach zu meinen Füßen niedergesunkenen Körper und spürte, wie sich mein Gesicht rötete. Tränen traten mir in die Augen. Diese ganze Umfallerei war ein bisschen zu viel für mich und zu dicht an dem, was Momma in meiner Vorstellung erlitten hatte. Das durfte nicht so weitergehen.

Als Matthew mein Gesicht sah, hörte er auf zu lachen, und ohne den wirklichen Grund meiner Aufregung zu ahnen, sagte er: «Oh, Carolyn, hör auf zu weinen. Ihm fehlt nichts. Du solltest mal sehen, wie er rennt. Emus können nicht fliegen, aber das brauchen sie auch nicht. Sie sind unglaublich schnell. Die kriegt keiner.»

Phillip stand wieder auf, er schien immer noch nicht vergrollt zu sein. Diesmal steckte ich die Hände in die Taschen, um weitere Zwischenfälle zu vermeiden.

«Hast du Lust, die Schafe anzuschauen? Ich ziehe drei bedrohte Rassen. Ich habe ein weißes Maultier und ein paar Esel auf der Koppel, die auf sie aufpassen.»

Meine Güte, er setzte Maultiere und Esel als Angriffstruppe ein? Bei der Vorstellung, dass ich Gelegenheit bekommen sollte, weitere Experimente zur Tüchtigkeitsauslese im Überlebenskampf leibhaftig mitzuerleben, wäre ich beinahe selbst zu Boden gesunken, aber ich gab mir Mühe, höflich zu sein, und sagte: «Ach, nein, danke, vielleicht später. Ich sollte lieber nach Hause gehen.»

Daddys Praxis schien mir plötzlich ein friedvolles, sicheres

Schlupfloch zu sein. Hier wollte ich ganz gewiss nichts mehr anrühren. Das ganze Gelände war ein unergründliches Wirrwarr von Räubern und Opfern.

Matthew nickte. «Nun, du kannst Forrest auf dem Rückweg kennenlernen.»

«Forrest?»

«Forrest Gump.»

«Wen?»

«Er ist ein Wasserbüffel. Er war in dem Film *Forrest Gump.*»

«Wie bitte?»

«Du kennst doch die Szene, in der Forrest davon erzählt, dass sie in Vietnam jeden Tag lange Spaziergänge gemacht haben?»

«Ja?»

«Nun, in dieser Szene gibt es einen Wasserbüffel. Die Soldaten kommen auf ihrem Weg an einem Reisfeld entlang genau an ihm vorbei.»

«Ja – und?»

«Ich habe ihn gekauft. Dort ist er.» Er zeigte auf ein urtümlich großes braunes Tier, das wie die Kreuzung zwischen einem Brahma-Bullen, einem kurzhaarigen Büffel und irgendetwas Afrikanischem mit seltsam geformten Hörnern aussah. «Ich habe ihn Forrest getauft.»

Dieser Mann hatte einen Wasserbüffel gekauft, weil er in dem Film *Forrest Gump* gewesen war. Das war mein Lieblingsfilm. Ich war schon beim Vorspann mit den Auszeichnungen in Tränen ausgebrochen und hatte bis zum Schluss geweint. Ich war in der Schule immer Außenseiter gewesen – die mit den orthopädischen Schuhen und dem Silberblick. Ich war, genau wie Forrest, von anderen gequält worden für das, was nicht in meiner Hand lag.

Lauf, Forrest, lauf!, dachte ich bei mir.

Aber der Wasserbüffel mit dem Namen Forrest sah nicht so aus, als wollte er vor irgendjemandem davonlaufen. Er war gewaltig groß und hatte riesige, nach hinten gebogene Hörner. Mir fiel auf, dass seine Koppel mit einem besonders stabilen Zaun eingefasst war. Als wir vorbeigingen, sah er uns an.

«Manchmal frag ich mich, warum ich ihn gekauft habe», sagte Matthew verlegen. «Ich glaube, jeder von uns ist mindestens einmal im Leben gerade so lange verrückt, wie es braucht, um die Hand bei einer Versteigerung seltener Tiere zu heben. Er war nicht besonders teuer, aber es hat ein Vermögen gekostet, ihn hierher zu bringen.»

«Aus Vietnam oder aus Hollywood?»

«Als ich ihn kaufte, war er in Iowa.»

Ich fragte mich, wie er nach Iowa gekommen war. War er in Iowa geboren und aufgezogen und für die große Szene nach Asien geflogen worden? Und dann nach Iowa zurückgeflogen? Oder war er in Asien geboren und aufgewachsen und, nachdem der Film gedreht war, nach Amerika gebracht worden? Wie herum auch immer – *warum*?

«Er ist ganz schön aggressiv», sagte Matthew. «Man kann nicht auf die Koppel zu ihm gehen.»

Hm, dachte ich, Starallüren. Dieser Büffel war in einem Film aufgetreten. Na, der Film hatte ja eine ganze Ladung Oscars gewonnen, aber der Büffel trat nur in *einer einzigen Szene* auf – und war nun für den Rest des Lebens ein Star.

zehntes kapitel

Seit einer ganzen Woche war ich nun in der Praxis und Jacob rief zur Feier des Tages an. «Wie geht es dir?», fragte er.

«Gut», log ich.

«Ich nehme mal an, dass es sich hier um eine tapfer vorgebrachte Höflichkeitsfloskel handelt», sagte er.

«Mit dieser Annahme liegst du ganz richtig», sagte ich. «Was gibt es Neues?»

«Hm, lass mich mal überlegen. Oh, du hast leider ein fantastisches Ereignis in der Residenz des französischen Botschafters verpasst», sagte er. «So etwas habe ich noch nicht erlebt. Er wollte wohl einen Eindruck von der Atmosphäre des französischen Hoflebens im 18. Jahrhundert vermitteln – und das ist ihm recht gut geglückt. Aber der Bursche ist ja von Adel und lebt vielleicht tatsächlich so. Das Diner wurde an so einer endlos langen Tafel in einem vergoldeten und verspiegelten Saal serviert, der von einer halben Million Kerzen beleuchtet war, und während des ganzen Essens stand ein Bediensteter hinter jedem Stuhl.»

«Du beliebst wohl zu scherzen. Lakaien in Livree? Haben sie weiße Handschuhe und gepuderte Perücken getragen?»

«Handschuhe ja, Perücken nein. Aber meiner schob mir den Stuhl zurecht, als ich mich setzte, und dann entfaltete er zu meiner Überraschung die Serviette und legte sie auf meinen Schoß. Ich dachte immer, dass man die Erledigung dieser Aufgabe einem Mann ab dem fünften Lebensjahr zutraut, in Frankreich ist es aber offensichtlich nicht so. Er blieb während des ganzen Essens *sehr* dicht hinter mir stehen, vermutlich um bei Missachtung der Tischordnung meinerseits umgehend einschreiten zu können.»

«Und – hast du dir was zuschulden kommen lassen?», fragte ich.

«Ich kann mit Stolz vermelden, dass es seines Einschreitens nicht bedurfte.»

«Gott sei Dank. Nun, du *bist* ja auch ein ungemein höflicher und weltgewandter Bursche.»

«Das nehme ich gerne für mich in Anspruch», sagte er. «Mehr Neuigkeiten gibt es nicht von hier. Der Senat ist noch immer beurlaubt, also passiert hier im Büro nicht viel.»

«Nun, die große Neuigkeit aus White Oak ist, dass Daddy und ich bei einem Patt in punkto Essen angekommen sind. Ich bin nicht bereit, Fleisch zu kochen, und er ist nicht bereit, Gemüse zu essen, also gibt's die ganze Zeit Fastfood für beide.»

«Das ist hart. Tut mir leid für dich. Oh, stell dir vor! Mir fällt gerade ein, dass bei der nächsten Anhörung eine faszinierende Frage zur Gewaltenteilung aufgegriffen werden soll.»

«Erzähl mir bloß nicht, dass du dich schon wieder in die *Federalist Papers* vergraben hast.»

«Föderalismus ist meine Leidenschaft», sagte Jacob.

«Bitte, Jacob, du wirst mir wohl nicht weismachen wollen», sagte ich, die Washingtoner Gepflogenheiten beklagend, «dass es nichts Anregenderes als einen Rechtsstreit zur Klärung der ursprünglichen Absichten der Gründungsväter geben sollte?»

Jacob war durch und durch Gelehrter. Seine Eltern waren beide College-Professoren. Wenn er einige Monate lang in einer Höhle, die mit verstaubten Papieren von jemandem wie James Madison vollgestopft war, herumwühlen und dann einen Artikel mit ein paar hundert Fußnoten für eine obskure Zeitschrift darüber schreiben konnte, war er der glücklichste Mensch der Welt.

Anlässlich der Zweihundertjahrfeier der Verfassung hatte er mich zu einer Veranstaltung mitgenommen, bei der wir uns, zusammen mit einer Million weiterer Menschen, die ganze Nacht lang zentimeterweise die Treppe zum Nationalarchiv emporgeschoben hatten, um etwas anzuschauen, was Jacob mit angehaltenem Atem als «einzigartiges Ereignis eines ganzen Menschenlebens» bezeichnete: die Ausstellung des *kompletten* Verfassungstextes der USA. Als Geschenk zu seinem dreißigsten Geburtstag hatte er sich von mir erbeten, mit ihm in ein vom Nationalarchiv angemietetes Warenhaus zu gehen und eine Sammlung von Nixon-Tonbändern anzuhören.

«Übrigens, wann kommst du eigentlich zurück?», fragte er.

«Das weiß ich nicht genau. Ich muss, glaube ich, noch mindestens eine Woche oder so hier bleiben und die Buchführung für diesen Monat erledigen. Macht das Schwierigkeiten?»

«Für mich nicht», sagte er.

«Jacob, du fehlst mir.»

«Du mir auch, Carolyn.»

«Mir fehlt *alles*.»

«Es wird schon gut werden, Carolyn.»

«Wann?»

Diplomatisch enthielt sich Jacob jeder Spekulation.

«Hier gibt's welche, die sich übergeben.»

«Hm.»

«Und manche bluten und haben rektal-»

«Vielen Dank. Das genügt fürs Erste.»

«Ich bin wirklich eine *miserable* Sprechstundenhilfe.»

«Dafür bist du eine wirklich gute Anwältin.»

«Ja, aber – », ich konnte nicht weitersprechen.

Nach einer peinlichen Pause sagte Jacob: «Carolyn, ich hab gestern Nacht etwas ganz Seltsames von dir geträumt.»

«Was denn?»

«Wir sind aufs Land gefahren, und als ich so dahinfuhr, hast du auf einer Weide an der Straße ein merkwürdig aussehendes Tier entdeckt. Ich sollte anhalten, damit du es dir anschauen konntest. An dem Zaun hing ein großes gelbes Schild, auf dem der Name des Tieres stand: ‹Weichschaliger Yak›. Auf dem Schild stand: ‹Bitte nicht streicheln›, aber das hat dir nicht gepasst. Du musstest es einfach streicheln. Ich wollte dich davon abhalten, aber du bist über den Zaun geklettert und zu dem Yak hinübergegangen und hast seinen Kopf gestreichelt. Er ist sofort auf die Seite gefallen. In dem Moment, als du ihn berührt hast, ist er *tot* umgefallen. Vermutlich war das der Grund, weshalb ‹weichschalig› auf dem Warnschild stand. Ist das nicht ein verrückter Traum?»

Ich wollte mich schon mit dem Hinweis verteidigen, dass der Yak vielleicht nur in Ohnmacht gefallen sei, so wie Matthews Ziegen, behielt es dann aber doch für mich. «Ja, verrückt», sagte ich.

Nach der ersten Woche hatte ich bewusst mein Zeitempfinden ausgeschaltet, andernfalls wäre ich sicherlich Gefahr gelaufen zu explodieren. Außerdem wollte ich mich nicht einmal in meiner Vorstellung wie eine Gefangene fühlen, die Kerben in die Wand kratzt, und so klinkte ich mich einfach aus.

Wir hatten Momma nach Hause geholt, aber sie war nicht mehr die Momma, die ich kannte. Sie war ein Schatten ihrer selbst, gedrückt und unsicher. Außerdem war sie oft verwirrt. Wir hofften, dass sich das wieder verlieren würde. Die Erwartungen wurden der Realität angepasst. Ich würde eine Weile länger bleiben müssen.

«Praxis Dr. Jourdan», sagte ich.

Keine Antwort, aber ich hörte etwas, das wie eine Mischung aus Wimmern und Keuchen klang. Irgendetwas rauschte im Hörer, und dann schrie eine weibliche Stimme: «Halt den Mund, ich telefoniere!»

«Ist da die Praxis Jourdan?», sagte die Frau.

«Ja», sagte ich.

«Hier is Opal Slimp. Er spielt verrückt und ärgert mich. Er will zu Ihnen, aber ich glaub nich, dass es nötig is.»

«Wer ist ‹er›?», fragte ich.

«Mein idiotischer Cousin, wer sonst?»

«Wie *heißt* er?», fragte ich.

«Adron.»

«Adron Breedlove?», fragte ich.

«Adron, sei still!», schrie sie wieder ins Telefon.

Das schreckliche Keuchen war im Hintergrund deutlich zu hören. «Macht Adron dieses komische Geräusch?», fragte ich.

«Was?»

«Dieses schreckliche Geräusch im Hintergrund. Das kann ich hören. Ist das Adron? Hat er Schwierigkeiten?»

«Er is unausstehlich. Er lässt mich einfach nich in Ruh.»

«Es hört sich an, als würde er ersticken. Sie rufen besser sofort einen Krankenwagen und lassen ihn nach Knoxville in die Klinik bringen. Es hört sich schlimm an. Er braucht Hilfe.»

«Aber *ich* will was ganz andres», sagte sie. «Der Arzt soll ihm Nervenberuhigungstabletten verschreiben, dass er aufhört, mich zu belästigen. Er brauch kein Krankenhaus nich.»

Mein Gott, was für ein Ungeheuer, dachte ich. Aber ich sagte: «Ich glaube, das sehen Sie nicht richtig. Er *belästigt* Sie, weil er nicht atmen kann. Beruhigungstabletten sind nicht das, was er im Moment braucht. Er braucht jemanden, der ihm hilft. Soll ich den Krankenwagen für Sie rufen?»

Sie knallte den Hörer auf die Gabel. Ich ging Daddy berichten, was geschehen war. Er schüttelte den Kopf. «Adron hat sein ganzes Leben lang stark geraucht. Das rächt sich jetzt. Ruf etwas später noch einmal an und vergewissere dich, dass sie ihn ins Krankenhaus gebracht hat.»

Eine halbe Stunde später bog ein Auto auf den Parkplatz ein. Eine riesige Frau in einem einmalig unvorteilhaften geblümten Hauskleid stieg auf der Fahrerseite aus. Adron schwankte vom Beifahrersitz und hastete in Richtung Eingangstür, dabei drehte er sich nach der Frau um, als sei sie der Teufel.

«Adron ist da», rief ich zu Daddy hinüber.

Adron schien keine Luft in seine Lunge hineinzubekommen. Nie zuvor hatte ich erlebt, dass ein Mensch so sehr kämpfen musste, um Luft zu holen. Unter großen Anstrengungen versuchte er, einzuatmen und seinen Brustkorb mit Luft zu füllen, aber außer Rasseln und Pfeifen tat sich nicht viel dabei. Sein Gesicht war bläulich grau, seine Lippen waren lila und die Augen panisch aufgerissen. Er klammerte sich an Daddy und verbarg das Gesicht an seiner Brust.

Daddy hielt ihn fest. «Es ist schon gut, Adron. Wir versorgen Sie gleich. Es ist schon gut.» Er schaute zu Alma hinüber und sagte: «Schalte das Sauerstoffgerät ein.» Dann schob er Adron ein wenig von sich und sagte: «Kommen Sie, Adron, wir gehen da hinüber und gleich bekommen Sie Luft, ja?»

Adron nickte, und Daddy führte ihn ins Zimmer Nr. 1. Gerade als Adron durch die eine Tür entschwunden war, trat die schnaubende, keuchende Hydra durch die andere Tür herein. «Wo zum Teufel is er hin?», sagte sie.

«Wer sind Sie?», sagte ich und versuchte, den gebieterischsten Ton meiner Mutter anzunehmen.

Ohne mich zu beachten, steuerte sie auf die Untersuchungszimmer zu.

«Sie bleiben sofort stehen», sagte ich. «Ich weiß nicht, wer Sie sind, aber entweder Sie setzen sich jetzt gleich im Wartezimmer auf Ihren Allerwertesten oder Sie gehen. Oder ich *helfe* ein bisschen *nach*, ganz nach Belieben.» Ich ging um den Empfangstisch herum und ließ meinem Zorn freien Lauf.

«Für wen halten Sie sich denn eigentlich?»

«Die Tochter des Doktors», sagte ich.

Wenn sie nicht augenblicklich umkehrte, würde ich mit Almas Holzschemel auf sie losgehen. Niemals würde ich es zulassen, dass diese Frau einen älteren, geistig behinderten Junggesellen, der bei uns Schutz suchte, tyrannisierte. Ich war ein Redneck reinsten Geblüts, Amerikanerin in der dreizehnten Generation, und das hitzige Blut unsäglichen Gesindels brodelte in meinen Adern. Mir war sie nicht gewachsen.

Sie machte kehrt und ging in Richtung Wartezimmer, wo sie stehen blieb und über die Schulter gewandt zu mir hinschaute. Ich blieb im Flur, in der Hoffnung, dass sie dumm genug sein möge, noch einmal auf mich loszugehen. Doch stattdessen verließ sie die Praxis und setzte sich ins Auto.

Cotton Barnard, der im Wartezimmer saß, sagte: «Alle Achtung, Carolyn. Der hast du's aber gezeigt – du warst das Ebenbild deiner Mutter. Ich hätte nicht gedacht, dass jemand der alten Sergeant das Wasser reichen könnte, aber du kriegst das tatsächlich hin. Das war wie ein Schaukampf von der World-Wrestling-Federation-Ringervereinigung.»

Ich lächelte, schwang den Schemel mit gespielter Drohgebärde in seine Richtung und nahm meinen Posten hinter dem Empfangstisch wieder ein.

Adron hatte schwer zu kämpfen. Er hatte irgendeine Spritze und ein paar Luftstöße vom Inhalator verpasst bekommen und atmete nun durch eine Sauerstoffmaske. Das Pfeifen war nicht mehr zu hören, aber der Mund öffnete und schloss sich noch immer wie bei einem ans Flussufer geworfenen Fisch. Armer Adron, an allen Ecken und Enden wurde er erniedrigt.

Ungefähr dreißig Minuten später kam Daddy und fragte mich, wer Adron gebracht hatte. Ich zeigte auf das Auto.

«Wer ist das?», erkundigte er sich misstrauisch.

«Seine Cousine, ein unangenehmeres Exemplar der Gattung Mensch ist kaum vorstellbar.»

«Sie sieht recht grobschlächtig aus», sagte er.

«Und teuflisch gemein ist sie dazu.»

«Nun, geh sie holen», sagte er, sich in sein Schicksal fügend. «Ich muss mit ihr über Adron sprechen.»

Ich teilte Mrs. Slimp mit, dass der Doktor mit ihr sprechen wolle. Schwerfällig stieg sie aus dem Auto und ging in die Praxis.

«Mrs. Slimp», sagte Daddy, «Adron muss ins Krankenhaus. Im Moment ist sein Zustand stabil, aber ich habe nicht die Geräte, die ich bräuchte, wenn er wieder einen schlimmen Bronchialspasmus bekommt. Er braucht künstliche Beatmung. Wenn Sie ihn jetzt gleich hinfahren, geht es viel schneller und billiger als mit dem Unfallwagen. In welchem Krankenhaus werden Sie behandelt?»

«Er brauch kein Krankenhaus nich», sagte sie.

«Das braucht er ganz gewiss», korrigierte Daddy. «Er war eben dem Tode nahe.»

«Verschreiben Sie ihm Nervenberuhigungsmittel, dass er mich in Ruh lässt.»

«Wenn Sie keine Luft bekämen, wären Sie auch nervös.»

«Er macht mich verrückt mit seiner Maulerei.»

Da riss Daddy der Geduldsfaden und er schrie: «Der Mann ist jetzt schon fast tot! Sehen Sie das etwa nicht? Er kann nicht atmen. Natürlich versucht er, Ihre Aufmerksamkeit zu kriegen. Er braucht Hilfe.»

Das schien sie zur Räson zu bringen. Daddy ging zusammen mit Adron zum Auto und schob den Sauerstofftank dabei vorsichtig neben ihm her. Dann sorgte er dafür, dass Adron sicher auf dem Rücksitz saß, und stellte den Sauerstofftank neben ihn. Er ermahnte Adron ein halbes Dutzend Mal, die Maske nicht von Mund und Nase zu nehmen. Es war ein erbärmlicher Anblick. Adrons Augen schauten groß über den Rand der Sauerstoffmaske.

Voller Vertrauen und Bewunderung hingen sie hilfesuchend an Daddy. Zwischendrin warf er seiner widerwillig helfenden Cousine, der übelwollenden Rettungsleine, immer wieder angstvolle Blicke zu.

Adron wühlte in seinen Taschen und zog einen Pollenschutz hervor. Er hielt ihn hoch, um ihn Daddy zu zeigen. «Nein, Adron, den brauchen Sie jetzt nicht aufzusetzen», sagte Daddy. «Behalten Sie diese neue Maske auf, bis Sie im Krankenhaus sind, okay?»

Und als zusätzliche Sicherheitsmaßnahme, die mir gar nicht in den Sinn gekommen wäre, griff er in Adrons Hemdtasche und zog eine geöffnete Schachtel Camel-Zigaretten hervor. «Auf dem Weg ins Krankenhaus wird nicht geraucht. Das wäre gefährlich, solange Sie diesen Sauerstofftank hier nötig haben. Haben Sie das verstanden?»

Adron nickte und beäugte den Sauerstofftank misstrauisch.

«Versprechen Sie mir, dass Sie auf dem Weg nicht rauchen, ja?», sagte Daddy.

Adron nickte wieder, aber ich war nicht sicher, ob ihm die Gefahr wirklich klar war.

Mrs. Slimp fuhr mit Adron auf dem Rücksitz davon. Daddy und ich standen auf dem Parkplatz und schauten ihnen nach.

«Wahnsinn», sagte ich. «Darauf wäre ich nicht gekommen, dass Adron versuchen könnte, unterwegs zu rauchen. Das wäre eine Katastrophe geworden.»

Dann fingen wir beide an zu kichern.

«Kannst du dir das ausmalen?», sagte ich. «Das Auto würde mit hinten herausschlagenden Flammen den Highway entlangrasen – wie bei einem Buck-Rogers-Einsatz mit seinem Rucksackraketenantrieb.»

«Einen so hohen Benzinverbrauch hatte Mrs. Slimp sicher noch nie», sagte Daddy und fügte dann kopfschüttelnd hinzu: «Sein Auge sieht jeden Spatzen, und ich weiß, dass er mich behütet.»

elftes kapitel

Momma verbrachte immer noch die meiste Zeit schlafend oder sie versuchte herauszufinden, wie sie die Gläser mit den Medikamenten öffnen und die neue Pillendose, die ich ihr bei Wal-Mart besorgt hatte, bestücken könnte. Dabei handelte es sich um einen grünen Plastikbehälter mit achtundzwanzig Fächern – sieben Spalten, für jeden Tag der Woche eine und vier Reihen für die Einnahmezeiten tagsüber. Bei dem Versuch, einen solchen Deckel aufzumachen, war ihr ein Fingernagel abgebrochen, und dann hatte sie über diesen Fingernagel mehr geklagt als zuvor über ihr Herz.

Ich fing an, über Gesundheitsgefährdungen nachzudenken, und über deren Relativität. In Washington musste ich oft Kopfschmerzen ertragen, die von greller Kamerabeleuchtung, Ohrklipps und straff hochgestecktem Haar herrührten. Und in einem Fuß hatte ich einen Ermüdungsbruch bekommen, nachdem ich zu lange in hochhackigen Schuhen auf Marmorboden gestanden hatte. Aber in dieser Gegend hier hatten viele Männer *wirklich* gefährliche Arbeitsplätze.

Am Mittwochmorgen trat ein Mann an den Empfangstisch und legte einen vollgestopften Packpapierumschlag auf die Theke. Mit traurigen braunen Augen sah er mich an, sagte aber nichts. Dann schob er mir den Umschlag zögerlich hinüber. Ich nahm ihn hoch und begutachtete ihn. Er war von der Personalabteilung des örtlichen Zinkbergwerks.

Daddy war seit über vierzig Jahren der für die Zinkmine zuständige Arzt. So war es mehr als eine bloße Vermutung, als ich ihn fragte: «Kommen Sie zur Untersuchung?»

Er nickte.

Dann fiel mein Blick auf einen Zettel, der an das oberste Blatt geheftet war und auf dem ein einziges gekritzeltes Wort stand: «Erwerbsunfähigkeit». Oh, es handelte sich um eine Untersuchung wegen Erwerbsunfähigkeit. Das war nun aber doch ein wenig unerwartet. Der Mann war jünger als ich und sah gesund aus. Die Papiere waren auf einen Mann namens Billy Fitzgerald ausgestellt. «Sind Sie Billy?», fragte ich. Er nickte wieder.

Ich trug seinen Namen, die Sozialversicherungsnummer, sein Geburtsdatum sowie weitere allgemeine Daten im Kopf eines halben Dutzends Formulare ein, und damit war alles für seine Untersuchung vorbereitet. Er machte einen nervösen und leicht depressiven Eindruck. Ich sah kurz seine Papiere durch. Ich überflog die Briefe eines Internisten, eines Psychologen und eines Psychiaters, die darlegten, dass Billy, nachdem er Zeuge eines Unfalls im Bergwerk geworden war, wegen Traumatisierung dauerhaft und vollständig erwerbsunfähig sei. Die Diagnose lautete: «Zwangsvorstellung, ausgelöst durch posttraumatisches Stresssyndrom.» Laut Prognose war er unheilbar krank.

Wie furchtbar. Ich fragte mich, was für ein Ereignis dies ausgelöst haben mochte.

Daddy nahm die Untersuchung hinten in Zimmer Nr. 3 vor. Als er fertig war, kam er und sagte, dass ich das Krankenblatt von einem der Brüder Sanders heraussuchen und als «verstorben» kennzeichnen sollte. Er meinte, dass es sich um Frankie handelte, war sich aber nicht ganz sicher. *Oh nein*, dachte ich. Ich kannte beide Sanders-Brüder.

Bei den Bergarbeitern war es Brauch, dass jeder von seinen Kumpeln irgendeinen fremdländischen Spitznamen zugewiesen bekam, der bei der Arbeit unter Tage galt. Oft kannten sich die Bergarbeiter untereinander nur mit diesem Namen. Billy hatte den Verstorbenen mit Possum benannt, einem Spitznamen, der Daddy unbekannt war. Es war nichts Ungewöhnliches, dass Daddy einen solchen Spitznamen nicht kannte, denn sie waren oft derb und manchmal sogar der eigenen Familie nicht geläufig. Aber es war doch *sehr* ungewöhnlich, dass Daddy nicht über einen Todesfall informiert war. Das war tatsächlich noch nie vorgekommen.

Das Personalbüro des Bergwerks war in vielen Fällen die einzige Stelle, die Auskunft über Namen und Spitznamen einer Person geben konnte. Ich rief dort an, um ausfindig zu machen, welches Krankenblatt ich heraussuchen sollte.

«Hallo, Darla. Hier ist Carolyn aus der Praxis von Dr. Jourdan. Billy Fitzgerald ist gerade zu seiner Erwerbsunfähigkeitsuntersuchung hier, und er hat uns erzählt, dass einer von den Sanders-Brüdern ums Leben gekommen ist. Das ist furchtbar. Wir haben gar nichts davon gewusst. Um welchen von beiden handelt es sich?»

«Hat er euch das gerade erzählt? Heute? Dass Possum tödlich verunglückt ist?», fragte Darla.

«Ja. Wir hatten gar nichts davon gehört. Was ist passiert?»

Aus Erfahrung wusste ich, dass es viele Ursachen gab: ein Sturz, ein Stromschlag, eine Explosion, ein Einsturz oder schweres Gerät.

«Nun, da ist *niemand* gestorben. Ich kann kaum glauben, dass er das immer noch erzählt.»

«Das verstehe ich nicht. Ich dachte, er wäre hier, weil er dabei war, als Possum verunglückte, und dass er sich schuldig oder sonstwas fühlt und nicht darüber wegkommt.»

«Meine Güte! Wir mussten überall hingehen, zu seinem Internisten, dann zu seinem Psychologen und schließlich zu seinem Psychiater. Und jetzt auch noch zu euch.»

Daddy stand am Tisch und wollte wissen, wer gestorben war. Er verzog sein Gesicht, weil ich ihm noch nichts gesagt hatte. Ich deckte die Sprechmuschel mit der Hand ab und sagte: «Niemand ist gestorben.» Aber das machte nur alles schlimmer, denn nun wollte Daddy wissen, was eigentlich los war, während Darla mir die Sache erklärte. Außerdem war im Hintergrund an Darlas Ende noch eine weitere Unterhaltung zu hören.

«Bleib gerade noch am Apparat, Carolyn», sagte Darla. «Matt DeHaven steht gerade neben mir. Er war dabei, als es passierte. Ich schick ihn zu euch, um die Geschichte zu erklären. Okay? In fünf Minuten ist er bei euch.»

«Okay», sagte ich.

Ein paar Minuten später fuhr Matthew bei der Praxis vor. Matthews Spitzname war Rambo, König der G.I. Joes. Ich wollte lieber nicht darüber spekulieren, wie er zu diesem Spitznamen gekommen war.

«Hallo, Doc. Hallo, Carolyn», sagte er. Er beugte sich zu Daddy und mir vor und flüsterte: «Wo ist Billy?»

«In einem der hinteren Zimmer, und die Tür ist geschlossen», sagte Daddy. «Er kann dich nicht hören.»

«Das ist eine total verrückte, schlimme Geschichte», sagte Matthew und schüttelte den Kopf. «Billy und Possum – Frankie wird Possum genannt – sind zusammen aufgewachsen und haben zusammen angefangen, im Bergwerk zu arbeiten. Jahrelang waren sie ein Team. Billy hat den Bohrer geführt, und Possum hat gesprengt und aufgeräumt.»

Ich war schon im Bergwerk gewesen und kannte diesen Ablauf. So mussten die beiden zusammengearbeitet haben: Billy bohrte immer ein paar Dutzend Löcher mit einem Durchmesser von etwa zweieinhalb Zentimeter und bis zu drei Meter Tiefe. Dann ging er weiter und begann in sicherer Entfernung mit einer neuen Bohrung, während Possum die Löcher mit Dynamit füllte und mit

Zeitzündern versah. Bill nahm die Bohrungen gewiss stets nach dem gleichen Diamantmuster vor und achtete sorgfältig darauf, niemals ein altes Loch anzubohren, weil sich darin eine nicht gezündete Ladung verbergen konnte. In dem Fall würde der Bohrer das Dynamit zünden und ihn töten. Und während Billy den nächsten Satz Löcher bohrte, sprengte Possum die Felsaußenseite an seiner Arbeitsstelle und lud die Felsbrocken auf einen Karren.

Matthew erzählte: «Billy war an der Felswand entlang weitergegangen und hatte mit der Bohrung eines neues Satzes begonnen, als sich an einer zuvor bearbeiteten Stelle ein Teil des Gewölbes löste und herunterfiel. Als Billy das Gepolter hörte, rannte er zurück, um zu gucken, was geschehen war, und sah Possum unter einem Steinhaufen begraben liegen. Er hatte den Helm aufgesetzt gehabt, aber sein Gesicht war gegen eine Ecke des Karrens für die Abfallbrocken geschlagen und hatte ihm ein Auge herausgedrückt. Billy grub ihn aus und rannte mit ihm zum Aufzug, und der Mann an der Winde rief einen Krankenwagen.

Es war erbärmlich. Billy ließ ihn nicht los, bis der Krankenwagen da war. Dann sagte einer der Sanitäter, dass Possum es vielleicht nicht bis zum Krankenhaus schaffen würde, und da ist Billy einfach zusammengebrochen.»

«Das muss furchtbar sein», sagte ich, «den Tod des besten Freundes mitzuerleben.»

«Er ist aber nicht umgekommen! Possum ist nicht gestorben. Er war schwer verletzt, und es hat fast ein Jahr gedauert, bis er so weit hergestellt war, dass er wieder arbeiten konnte, aber er ist wieder da. Er hat sogar heute Dienst. Aber Billy glaubt das einfach nicht. Man kann sagen oder tun, was man will, es ist ganz egal. Sein Psychiater hat sogar ein Zusammentreffen der beiden in seiner Praxis arrangiert, damit Billy sehen konnte, dass Possum lebt und in Ordnung ist, aber als Possum hereinkam, ist Billy verrückt geworden. Er glaubte, Possum wäre ein Gespenst oder sonstwas. Das geht nun schon seit über einem Jahr so und wir haben es aufgegeben, mit ihm darüber zu sprechen.»

«Nun, Matthew», sagte Daddy, «ich werde wohl bestätigen müssen, dass er arbeitsunfähig ist. Aber so etwas Seltsames habe ich noch nie gehört.»

«Ja», sagte Matthew. «Es ist eine Tragödie.» Schweigsam hing er seinen düsteren Gedanken nach und sagte dann: «Nach der Arbeit komme ich vorbei und sprenge diese Baumstümpfe, Doc. Bis später.»

Daddy schickte mich zu Billy, um zu sagen, dass er gehen könnte. Als er die Praxis verließ, beobachtete ich seinen vorsichtigen Gang und die hängenden Schultern und versuchte mir vorzustellen, wie es wäre, in einem Albtraum gefangen zu leben. Dann überlegte ich, was für eine Art von Dämon ein Mensch in sich tragen müsse, um so gestraft zu werden.

Daddy und ich waren draußen auf dem Hof und hämmerten lose Planken an den Zaunpfosten fest, als Matthew die lange Auffahrt hochgefahren kam. Mit einer unscheinbaren braunen Papiertüte in der Hand, die vermutlich genug Sprengstoff enthielt, um uns alle drei und wenigstens die Hälfte der Kühe auf dem Hof in die Luft zu sprengen, stieg er aus seinem Lastwagen aus.

«Hey, Matt!», rief Daddy ihm zu und winkte.

«Hey Doc, hey Carolyn», antwortete Matthew und lachte zu uns herüber. «Wenn ihr mir die Stümpfe zeigt, sprenge ich sie für euch.»

«Das brauchst du nicht, Matt», sagte Daddy. «Ich bin dankbar, dass du mir den Sprengstoff besorgt hast, aber das Sprengen übernehme ich. Das geht. Ich habe so was schon öfter gemacht.»

Wiederum beschloss ich, Matthew nicht über die Details von Daddys früheren Erfahrungen im Umgang mit Dynamit aufzuklären.

«Doc, wenn irgendjemand herausfindet, dass ich das hier aus dem Bergwerk mitgenommen habe, kriege ich große Schwierigkeiten, aber wenn ich irgendjemanden damit herumhantieren lasse, bekomme ich *größere* Schwierigkeiten.»

Daddy war sichtlich enttäuscht, dass er nicht die führende Rolle spielen durfte, aber doch froh, zugucken zu dürfen. Explosionen waren so ziemlich das Aufregendste, was sich an der White Oak Road ereignete, und somit von magischer Anziehungskraft für jemanden, der überzählige russische Militär-Nachtsichtbrillen für teures Geld kaufte, um damit nachts umherstreifende Beutelratten und Stinktiere zu beobachten, und der etwas so Sinnloses wie eine «Kartoffelkanone» ausgetüftelt hatte (eine waghalsig zusammengebastelte Kombination aus einem über einen Meter langen PVC-Schlauch, einem Zündmechanismus und einer Haarspraydose), einzig und allein, um damit rohe Kartoffeln herumzuschleudern.

Tatsächlich hatte ich aber kaum etwas dagegen einzuwenden, denn das Treiben der Nachttiere zu beobachten machte Spaß, und weil die Kartoffelkanone ohne Rückstoß funktionierte, bot sie mir die Möglichkeit, eine Wertschätzung für das Schießen mit einer Bazooka oder einer auf der Schulter angebrachten Raketenabschussrampe zu entwickeln. Zumindest wurde mir das so erklärt.

Daddy und Matthew stiegen vorne in unseren alten blauen Pick-up ein. Ich saß hinten auf der Ladefläche, während wir über die Heuwiese rumpelten, bis wir fast bei den Stümpfen angekommen waren. Matthew wühlte in der Tüte herum und förderte zwei in braunes Papier gewickelte Stangen zutage. Er fischte ein Taschenmesser aus seiner Jeans, schnitt die Stangen einmal durch und bohrte dann kleine Löcher in jeweils ein Stangenende. In die Löcher schob er kleine rote Patronen, an deren Enden jeweils eine Schnur von sechs bis neun Meter Länge baumelte. Daddy bat mich, den Wagen wegzufahren, also setzte ich ihn zurück, aber nur so weit, dass Matthew sich dahinter in Sicherheit bringen konnte, wenn er die Zündung in Gang gebracht hatte.

Matthew kratzte an verschiedenen Stellen unter den Bäumen kleine Höhlungen in den Boden und legte die Sprengladungen. Er ging an das freie Ende der Elektroschnüre und holte eine ganz normale faustgroße Batterie aus einer hinteren Hosentasche. «Haltet euch die Ohren zu», sagte er über die Schulter zu uns gewandt.

Ich bedeckte den ganzen Kopf, und ungefähr zwei Sekunden später hallte ohrenbetäubender Explosionslärm von allen Seiten der Senke wider. Die Explosion entlud sich mit einem scharfen Knall so außerordentlich laut, dass ich ihren Weg durch die Luft, rund um White Oak Hollow herum und an den Hängen des Tals hinauf- und abwärts wandernd, genau verfolgen konnte.

Als ich endlich aus meiner Kopfabdeckung hervorlugte, lagen die Bäume mit ihren großen gewundenen Wurzeln himmelwärts weisend verstreut umher. Erdklumpen waren im Umkreis bis zu zwölf Meter weit hinausgeschleudert worden. Daddy und Matthew strahlten einander an.

«Danke, Matt», sagte Daddy. «Jetzt kann ich sie leicht mit dem Traktor wegziehen.»

Ich dankte Matthew nicht ganz so überschwänglich, wie ich es gerne getan hätte, um Daddy nicht in Verlegenheit zu bringen mit einer solchen Andeutung, dass es ein außerordentliches Vergnügen war, eine Sprengung zu erleben, bei der weder Mensch noch Tier zu Schaden gekommen waren. Es war die erste Explosion in Daddys gesamter Sprengmeisterkarriere von seinem neunzehnten bis nunmehr zweiundsiebzigsten Lebensjahr, die, ohne Denkwürdigkeitsstatus zu erlangen, verlaufen war. Die *einzige* in dreiundfünfzig Jahren.

Am nächsten Morgen trat ein schockierend eingefallener Taylor Jackson mit verwirrtem Gesicht aus dem Untersuchungszimmer. Auf seinem Krankenblatt war mir aufgefallen, dass er in der letzten

Zeit einige Male da gewesen war und jedes Mal mehr Gewicht verloren hatte. Er war immer ein attraktiver Mann von über 1,80 m gewesen, schmal, mit einem kräftigen weißen Haarschopf und leuchtend blauen Augen. Er kam an meinen Schreibtisch, um seine Rechnung zu bezahlen, und als sich unsere Blicke trafen, sagte er: «Also, was Sie mir da gerade sagen, heißt so viel wie dass ich damit abgehen werde.»

Verwirrt schaute ich ihn an und dachte bei mir: *Ich habe dir gar nichts gesagt, Taylor.* Dann erst wurde mir der Sinn seiner Worte bewusst. Daddy musste ihm gerade mitgeteilt haben, dass er sterben würde. Gewiss hatte er es ihm in der Abgeschlossenheit des Untersuchungszimmers mitgeteilt und ihm Zeit gegeben, sich zu fassen. Taylor musste ganz benommen hinausgegangen sein, bevor ihm die Bedeutung klar wurde.

Ich schaute lächelnd in seine blauen Augen, aber innerlich war ich ganz erstarrt. Mir fiel kein angemessenes Wort ein.

«Ein Moment, Mr. Jackson, ich hole gerade den Doktor.»

Ich ging den Flur hinunter, um nach Daddy zu suchen.

«Dr. Jourdan», rief ich.

Daddy stand mit dem Gesicht zum einzigen Fenster in seinem Privatbüro – einem hohen, vergitterten Loch mit einer Fläche von vier Betonklötzen und mehreren kleinen Kaktuspflanzen auf dem Sims. Er sprach auf einen kleinen schwarzen Kassettenrekorder, den er in der Hand hielt, und diktierte Notizen.

«Er wirft sehr zähes weißes Sputum aus. Kein eitriges oder blutiges Sputum. Er sagt, dass er das jetzt Tag und Nacht ausspuckt. Das hat sich verändert gegenüber früher. Wenn er sich vorbeugt, hat er nun im Rücken, auf Höhe der Gürtellinie, Krämpfe. Er glaubt fest, dass dies von einer Zerrung rührt, die dieses Jahr wiederholt aufgetreten ist. Ich frage mich natürlich, ob es sich dabei um Läsionen von Metastasen handelt. Er besteht darauf, dass er zurzeit noch nicht zu einem Lungenarzt kann, um den Test machen zu lassen, der für eine Diagnose notwendig ist. Offensichtlich steht er derzeit unter finanziellem Druck.»

Ich wartete, bis Daddy seinen Bericht fertig auf Band gesprochen hatte. «Mr. Jackson ist vorne und ich glaube, er hat noch ein paar Fragen an dich», sagte ich.

«Gut, ich komme sofort.»

Ich ging zu meinem Schreibtisch zurück. Taylor saß auf einem harten Holzschemel, den Alma in der Nähe des Labors hingestellt hatte. Er hielt die beiden Flaschen für die Sputumproben umklammert, die er für einen Tuberkulosetest bekommen hatte. Die Fingerknöchel traten hart hervor, und er saß sichtlich verzweifelt zusammengesunken da.

«Vielleicht ist es Tuberkulose oder etwas anderes, das man mit Medikamenten behandeln kann», sagte ich.

Er wandte seinen Kopf zu mir und schaute mich zaghaft lächelnd an. Sein Blick ließ die Schwere seiner Gedanken ahnen. Er glaubte nicht, dass er gesund werden würde, und er wollte so still wie möglich sterben.

Als ich ihn nun so aufmerksam betrachtete, fiel mir auf, wie lose Hemd und Hose an seinem mageren Körper hingen. Die Haut über den aristokratischen Wangenknochen war grau-grün. Ich hoffte, dass dies nur auf die fluoreszierende Beleuchtung und die Farbe seines Hemdes zurückzuführen war.

Daddy kam heraus und sagte: «Taylor, wir können nicht mit Sicherheit sagen, was es ist, solange Sie nicht zustimmen, dass ein Spezialist ein Gerät in die Lunge einführt und sie von innen anguckt. Er kann dabei auch eine kleine Probe entnehmen und die zur Analyse schicken, damit wir wissen, womit wir es hier zu tun haben.»

«Nein», sagte Taylor und schüttelte den Kopf. «Ich will nirgendwo hingehen. Ich will das alles nicht. Lassen Sie es uns einfach mit diesem hier versuchen», sagte er und hielt die beiden Sputumflaschen hoch. «Das wird ausreichen.»

Wir standen hilflos da, jeder an seinem normalen Platz, aber alle Augen waren auf Taylor gerichtet. Ich schaute Daddy und Alma an, um herauszufinden, was zu tun wäre. Unsere Körperhaltung war ein abgestuftes Spiegelbild der vornübergebeugten Haltung Taylors mit dem gesenkten Kopf und den hängenden Schultern.

Taylor schaute zu Daddy hoch und wiederholte die mir zuvor gestellte Frage: «Also, was Sie mir da gerade sagen, heißt so viel wie dass ich damit abgehen werde?»

Taylor brachte das Wort mit dem *t* nicht über die Lippen. Also sprach Daddy es für ihn aus: «Taylor, wir müssen alle sterben.»

«Aber bei manchen geht's in erheblich schnellerem Gang bergab», entgegnete er.

«Ich bemühe mich darum, den langsamsten Gang bei Ihnen einzulegen», sagte Daddy ruhig, ohne sich dabei seine Enttäuschung darüber anmerken zu lassen, dass die Tests, die für eine Diagnose notwendig waren, nicht durchgeführt werden konnten. «Also machen wir diesen TB-Test. Das ist etwas, was wir behandeln können.» Dann gab er Taylor zwei Handvoll mit Probierpackungen von einem starken Antibiotikum. Er gab ihm alle, die wir da hatten – im Wert von ungefähr 500 Dollar. Taylor hätte sich das niemals leisten können. Vielleicht würde es helfen. Er stand langsam auf und kam wieder zu meinem Schreibtisch.

Oh, nicht das auch noch. Sollte ich nun etwa Bezahlung verlangen? Geld von einem armen Mann dafür verlangen, dass man ihm gesagt hatte, er müsse sterben?

Mit weit aufgerissenen Augen schaute ich zu Daddy hinüber. Er schüttelte verneinend den Kopf. Ich sagte: «Da ist diesmal nichts zu bezahlen, Taylor.»

«Okay», sagte er, ohne mich anzusehen. «Danke.» Dann ging er hinaus.

Vor meinen Augen hatte sich gerade der erschütterndste und

tiefste Moment im Leben eines Menschen abgespielt, und ich hatte nichts anderes tun können, als dabei zuzuschauen.

Ich sah auf die Uhr. Es war erst Viertel vor neun am Morgen. Mein Gott, was für eine herzzerreißende Arbeit dies war. Ich wollte mein eigentliches Leben wiederhaben: ein Leben, in dem die plötzliche, hautnahe Konfrontation mit einer Tragödie nicht ein wahrscheinlicher, wenn auch unvorhersehbar auftretender Teil des ganz normalen Arbeitsalltags war.

Auf diesem Platz verbrachte man jeden Tag damit, die persönlichsten und schwersten Momente im Leben anderer Menschen mit anzusehen, jedoch aus einer merkwürdig aus dem Zusammenhang gerissenen Perspektive. Es war so, als würde man nachts an einem Bahnübergang warten und einen vorbeischießenden Zug beobachten, dessen beleuchtete Abteilfenster eine aus ihrem Zusammenhang herausgerissene Bilderabfolge darstellten.

Ich war dieser Erfahrung nicht gewachsen. Eine oberflächliche Anteilnahme an dem, was für Taylor von so großer Bedeutung war, war unangemessen, aber ich wusste nicht, ob ich mit der Alternative dazu zurechtkäme. Ich hatte Angst davor, das Ereignis in seiner vollen Bedeutung ganz an mich heranzulassen, weil es wehtun würde. Sehr weh. Also versuchte ich, alles auf Distanz zu halten. Ich wartete auf den Moment, an dem ich von dieser Realitätsebene Abschied nehmen könnte.

Winter

zwölftes kapitel

Ich war nun seit fast einem Monat in der Praxis. Ich saß auf einem niedrigen Heuballen in der Scheune und dachte über schmerzliche Situationen und harte Entscheidungen nach. Das Leben glich in vieler Hinsicht einer Zwickmühle. Ich wollte unbedingt aus Dodge weg, konnte aber derzeit noch nicht gehen. Ich beobachtete die Staubkörner auf ihrem sanft wirbelnden Wanderweg zwischen den Lichtstreifen. Ich fühlte mich ausgehöhlt. Wie viel Mitgefühl und Anteilnahme wurden von mir erwartet? Was machte ich eigentlich?

Ich starrte über den offenen Futtertrog hinweg auf die Winterlandschaft. Es hingen keine Blätter mehr an den Bäumen, und die kahlen Zweige fuhren kratzend und klagend auf dem Blechdach der Scheune hin und her.

Fletcher tauchte in der offenen Tür auf und fragte: «Was machst du hier, Carolyn?»

«Ach, gar nichts. Ich verstecke mich wohl», sagte ich und versuchte zu lächeln.

Fletcher lächelte freundschaftlich. «Wovor versteckst du dich?»

«Vor meinem Leben.»

Er schaute mich verwirrt an.

«Schon mal versucht auszurechnen, wie viel man von jemandem dafür verlangen soll, dass man ihm sagt, er müsse sterben?»

Die Hände in den Vordertaschen seiner Jeans vergraben, stand Fletcher da und dachte nach. Er schüttelte den Kopf und sagte: «Das ist hart.» Er drehte sich um und starrte zur Tür hinaus. «Ich kenne niemanden, der so viel Mut hat wie dein Daddy und deine Momma. Das braucht man wohl, um diese Arbeit tun zu können.»

Die Tatsache, dass dieser Satz von dem Mann kam, der als Einziger in seinem Spezial-Maurertrupp den Schneid hatte, auf dem Rücken liegend und sich mit den Füßen vorwärtsstoßend durch die langen, dunklen, beklemmend engen Tunnelgänge der Giftmüllverbrennungsanlage von Oak Ridge zu schieben, um die brandsichere Unterfütterung zu reparieren, berührte mich tief.

Er drehte sich um und lächelte mich verständnisvoll an. Dann verdrückte er sich aus der Scheune.

Ich saß da und fragte mich, wie sehr ich «die guten Menschen im großartigen Staat Tennessee» wirklich liebte. War das einfach eine Wendung, die ich gerne in die Reden für den Senator einflocht? Ging es mir dabei tatsächlich um einen dieser Menschen? «Ja, aber nur aus einer Entfernung von 500 Meilen.» Das mochte eine passende Antwort sein. Und selbst dann wollte ich mich dabei noch fein kleiden und gut essen können.

Dann fragte ich mich, wie sehr ich meine Eltern wirklich liebte. Liebte ich sie so sehr, dass ich die mir gestellte Aufgabe erfüllen konnte? Es erschreckte mich, dass ich so angestrengt darüber nachdenken musste und doch die Antwort schuldig blieb.

In Washington konnte ich vor einer ganzen Nation mir unbekannter Menschen eine großartige Erscheinung abgeben. Hier war ich schlicht und einfach ein freundliches Gesicht für die Kranken einer kleinen ländlichen Gemeinde. Unbedingt wollte ich mich als einen Menschen von Bedeutung für diese Welt sehen und verstanden wissen. Das war es, was ich wirklich wollte. Gewiss war es mir bestimmt, bedeutendere Dinge zu tun, als in einer kleinen Landarztpraxis zu arbeiten. Oder etwa nicht?

Das Telefon klingelte bereits, als ich am nächsten Morgen in die Praxis kam. Mir wurde bewusst, dass es mein ganzes Leben lang fast ununterbrochen geklingelt hatte, den ganzen Tag, die ganze Nacht, das ganze Wochenende. Aber da hatte Momma es immer bedient. Mir war nie klar gewesen, wie gnadenlos das sein konnte.

Ich nahm den Hörer ab und sagte: «Praxis Dr. Jourdan.»

«Mein Rücken bringt mich um. Ich brauche etwas dafür.»

Es war einer der unzähligen Anrufe des charmantesten Drogenabhängigen der Gemeinde. «Hallo, Langston», sagte ich.

«Woher wissen Sie nur immer, dass ich es bin?»

«Vermutlich liegen mir Vermutungen.»

«Ich habe schreckliche, schreckliche Schmerzen.» Dabei hörte es sich aus seinem Mund wie «schröcklich, schröcklich» an und klang ungemein dramatisch.

«Haben Sie es mit Aspirin versucht?», sagte ich.

«Das hilft nicht.»

«Wie wäre es mit einem sanfteren, nicht steroidal wirksamen Mittel wie Aleve oder Motrin oder etwas Ähnlichem?»

«Die helfen nicht.»

«Tylenol?»

«Nützt nichts.»

«Wie wäre es mit einem Muskel-Relaxans?»

«Die kommen noch nicht einmal dran.»

«Sie tun was nicht?»

«Sie *kommen* erst gar nicht an den Schmerz *dran.*»

«Meine Güte, Langston. Das hört sich nach etwas Ernstem an. Vielleicht ist dieses Mal tatsächlich etwas gezerrt. Haben Sie schon mal überlegt, damit zum Orthopäden zu gehen?»

«Den brauch ich nicht. Ich brauche nur Dr. Jourdan. Und meine Darvocets.»

«Langston, ich fürchte, dass da etwas wirklich Schlimmes ist. Sie kommen besser her und lassen sich untersuchen.»

«Hab keine Zeit. Muss arbeiten. Können Sie nicht einfach was bestellen?»

«Ich frag ihn.»

«Gut. Tschüss.»

Zwei Tage später kam ein Anruf vom Krankenhaus. «Hier ist das Sprechzimmer von Dr. Jennings», sagte eine Frauenstimme. «Dr. Jennings wollte Dr. Jourdan mitteilen, dass wir gestern Mr. Breedlove verloren haben.»

«Adron?», fragte ich. «Adron ist gestorben?»

«Ach, nein. Entschuldigung. Ich hätte mich anders ausdrücken sollen. Was ich sagen wollte ist, dass er gegangen ist. *Verloren gegangen.* Wir vermuten, dass er weggelaufen ist. Auf jeden Fall können wir ihn nicht finden.»

«Guter Gott», stotterte ich. «Der Mann ist geistig zurückgeblieben. Er kann noch nicht einmal sagen, wer er ist und wo er wohnt.» Ich kämpfte gegen die in mir aufsteigende Panik an. «Er kann nicht Auto fahren, und sein Emphysem ist so schlimm, dass er nicht einmal weit gehen kann. Wohin kann er nur gegangen sein?»

«Das wissen wir nicht, aber er scheint nicht mehr im Krankenhaus zu sein.»

«Meine Güte. Er kann überall gelandet sein. Er kann sich verletzt haben.»

«Es tut uns leid.»

«Ich verstehe nicht, wie das passieren konnte. Adron macht keine Schwierigkeiten. Man möchte doch eigentlich glauben, dass er froh ist, seiner fürchterlichen Cousine entkommen zu sein.»

«Na, die ist wohl wirklich ein harter Brocken», sagte die Schwester.

»Sie erinnert mich an eines dieser Wildschweine, die in den Smokies herumlaufen und vor denen immer gewarnt wird.»

Die Schwester lachte. Dann flüsterte sie: «Adron ist weggelaufen, weil die Krankenpfleger ihn erschreckt haben. Irgendein Idiot hatte beschlossen, dass er einen Katheter gelegt bekommen sollte. Er hat nicht begriffen, was sie da machten, und es hat ihm nicht gepasst. Die haben drei Männer gebraucht, um den Katheter reinzukriegen.»

«Zum Teufel noch mal, Adron hat bestimmt gedacht, dass da überall Perverse unterwegs sind. Kein Wunder, dass er weggelaufen ist.»

«Genau. Aber erzählen Sie niemandem, dass Sie das von mir haben», sagte sie.

Ich übermittelte Daddy die Nachricht und die Erklärung dazu. «Was meinst du – wohin wird er gehen?», sagte er. «Was wird er tun?»

Ich schüttelte den Kopf und rang die Hände.

Allen fiel ein Stein vom Herzen, als Mary ein paar Stunden später anrief und uns mitteilte, dass Adron, offensichtlich unbeschadet, zu Hause aufgetaucht war. Keiner wusste genau, wie er dorthin gekommen war. Daddy hatte wieder einmal recht gehabt. Gottes Auge behütete den Spatzen … und Adron auch.

Das Telefon klingelte wieder.

«Praxis Dr. Jourdan.»

«Haben Sie's schon bestellt?»

«Nein, Langston.»

«Ich brauche neue Anweisungen für Mrs. Honeycutt», sagte Alma. «Ich glaube, ich sollte öfter bei ihr nachschauen gehen. Sie bekommt wunde Stellen vom Liegen, und ich kann das der Familie nicht begreiflich machen.»

«Wie ist es denn mit ihrem Mann?», sagte Daddy. «Stewart ist ein wirklich netter Kerl, kann er sie nicht auf die andere Seite drehen?»

«Mr. Honeycutt ist senil. Er weiß nicht, in welcher Welt er lebt.»

«Das ist wirklich schlimm. Er ist ein unheimlich netter Mann. Ich kenne ihn schon seit vielen Jahren.»

«Er ist gar nicht mehr nett», sagte Alma. «Jedes Mal, wenn ich dorthin komme, verfolgt mich der alte Schwachkopf durchs ganze Zimmer. Er fragt mich immerzu, ob ich ‹was sehen will›. Ich sag ihm jedes Mal: ‹Alter Mann, wenn du mir *irgendetwas* zeigst, nehm ich eine Bratpfanne und zieh dir einen über, dass du erst nächste Woche wieder aufwachst.› Könnt ihr euch das vorstellen? Und das in genau dem Raum, in dem die Frau liegt, mit der er seit über fünfzig Jahren verheiratet ist.»

«Was ist mit der Tochter?», fragte Daddy. «Ist die nicht da? Kann sie nicht helfen?»

«Die ist drogensüchtig», sagte Alma. «Die kommt nur vorbei, um zu gucken, ob sie sich die Schmerzmittel von ihrer Mutter beschaffen kann. Sie weiß nicht, dass ich die Tabletten immer abzähle, wenn ich da bin, und die meisten vor ihr verstecke. Sie setzt alles dran, dass ich gefeuert werde. Wenn ich nicht da wäre, würde sie alles, was da an Stoff im Haus ist, mitnehmen und ihre Mutter in ihrem Elend allein dort liegen lassen.»

Daddy war fassungslos. «Was ist nur los mit den Menschen?», fragte er. «Stewart ist wohl einfach alt geworden. So wie ich ihn kannte, hätte er etwas, wie du es da beschreibst, niemals getan. Wenn er sich selbst sehen könnte, wäre er zutiefst beschämt. Er war ein *guter* Mann. Und er liebte seine Frau. Sie waren sogar immer gleich gekleidet, im Partnerlook. Nun liegt sie da und stirbt und er hat den Verstand verloren und ihre Tochter ist drogensüchtig.» Er schaute Alma an. «Du machst das, was du für richtig hältst», sagte er. «Stell die Arbeitsanweisungen zusammen und ich unterschreibe sie dann.» Darauf ging er in sein Büro zurück. Auf halbem Weg blieb er im Flur stehen und sagte in einem merkwürdigen Ton über die

Schulter an Alma gewandt: «Du tust ein wirklich gutes Werk. Wenn sie es könnten, würden sie sich bei dir bedanken.»

Alma guckte mich grimmig entschlossen an.

«Aber das herzliche Dankeschön wird wohl noch eine Weile auf sich warten lassen», sagte ich.

«Ich werde nicht tatenlos drauf warten», sagte Alma.

Dann ging ich den Flur zu Daddys Privatbüro hinunter.

Er stand mit dem Rücken zu mir und schaute aus dem kleinen, hohen, vergitterten Fenster, das dem Raum das Aussehen einer Gefängniszelle gab. Seine Schultern waren herabgesunken. Als er sich nicht umdrehte, wurde mir klar, dass der Bericht über die Familie Honeycutt ihn sehr erschüttert hatte. Wieder musste er mit ansehen, wie eine Familie, die ihm nahe gestanden hatte, auseinanderbrach. Aus ganz verschiedenen Gründen – Krankheit, Drogenabhängigkeit und Senilität – war das Band zwischen ihnen genau in dem Moment gerissen, als sie einander am dringendsten brauchten.

Es war das erste Mal, dass ich eine schwache Stelle in Daddys Schutzpanzer zu sehen bekam. Das brachte mich aus der Fassung. Ich wusste überhaupt nicht, was ich sagen oder tun sollte, weil ich mich bisher immer an ihm orientiert hatte.

Ich stand in der Tür, nur wenige Schritte hinter ihm.

Unsere Familie war für ihre stoische Haltung bekannt – und das in einer Gemeinde, die wie keine zweite im Land stoische Menschen vereinte. Ihr Stolz gründete sich darauf, dass die Soldaten aus den Bergen Ost-Tennessees bei jeder Schlacht die meisten Auszeichnungen errangen und die höchsten Opferzahlen – sowohl Tote als Verletzte – davontrugen, und zwar in *jedem* Krieg. Schneid, oder zumindest ein undurchdringlicher Gesichtsausdruck, war unser Markenzeichen. *Niemals* ließen wir uns eine Verwundbarkeit anmerken, niemals baten wir um Hilfe, niemals durften wir eine Anspannung zeigen. Gegenüber gar niemandem. Niemals.

Schließlich sagte ich: «Wenn du mir versprichst, nicht senil zu werden, verspreche ich dir, drogenfrei zu bleiben.»

Dann klingelte das Telefon und ich ging zum Rezeptionstisch zurück. Nach einer Weile kam Daddy ruhig und gefasst nach vorne und nahm die Sprechstunde wieder auf.

dreizehntes kapitel

Trifft soeben ein», warnte ich.

«Wer?», fragte Daddy.

«Miss Hiawatha ist soeben auf dem Parkplatz angekommen.»

«Erbarmen», murmelte Daddy und zog einen Riegel Bounty aus dem Versteck hinter *Dorland's* medizinischem Fachwörterbuch hervor. In vier Bissen hatte er ihn verschlungen und ging dann ins Labor hinüber, wo er nach dem Glas mit den Tylenol-Tabletten griff, das auf dem Kühlschrank stand. Er nahm drei Stück.

«Bist du so weit?», erkundigte ich mich.

«Nein», sagte er, schüttelte den Kopf und starrte auf den Fußboden. Er blieb neben dem Kühlschrank stehen, wo Miss Hiawatha ihn bei ihrer Anmeldung nicht sehen konnte.

Als sie durch die Eingangstür trat, war sie gerade bei einem schwermütigen Erzählstrang angekommen. «... und sie wurden einfach aus der Herzstation rausgeworfen, weil man sie beim Sex im Wartezimmer erwischt hatte. Ihre Ma war dort, weil ihr Herz sie angefallen hatte. Sie waren noch nicht lange verheiratet gewesen.»

«Hallo, Miss Hiawatha», sagte ich. «Wie geht es Ihnen?»

Sie trat an meinen Tisch und sagte: «Es tut weh, dort, wo mein Schädel ist, wie ich das nenne, zwischen Arm und Hals, bei den Fingern, wegen meines Beins, drüben auf der anderen Seite. Es tut weh. So weh, dass man mit einer Nadel hineinfahren möchte.»

«Nun gut», antwortete ich, froh, dass es nicht meine Aufgabe war, mir einen Sinn darauf zusammenzureimen. «Einen Moment noch.»

Sie ließ sich neben der Frau des Pfarrers nieder, die sie heute gefahren hatte, und fuhr fort: «Meine Füße und Knöchel müssen geröntgt werden. Ich hab mir eine Grippe eingefangen, habe Durchfall, und es ist in die Füße gewandert. Dass mir noch ein Stück Holz draufgefallen ist, hat es auch nicht gerade besser gemacht.»

Die Frau des Pfarrers, die an Miss Hiawathas Gefasel gewöhnt war, nickte und nahm ihr Strickzeug aus der Einkaufstasche.

Dann sagte Miss Hiawatha: «Ich habe ihr gesagt, dass es gut für ihren Teint wäre, wenn sie sich so eine gelbe Insektenlampe besorgen würde, die sind billiger als die rosanen, und man sieht auch noch gut aus damit.»

Die Frau des Pfarrers nickte wieder.

Als Miss Hiawatha nach ihrer Untersuchung auf den Flur heraustrat, sagte sie gerade: «Ich habe ihr geraten, ihm zu sagen: ‹Wenn ich deine Liebe nicht haben kann, will ich deine verdammten Vidalia-Zwiebeln auch nicht haben!›»

«Beraten Sie unglücklich Verliebte, Miss Hiawatha?», fragte ich sie.

«Miss Hiawathas Magen- und Brustschmerzen gehen nicht weg, kannst du also bitte einen Termin beim Gastroenterologen für sie machen», sagte Daddy.

Unter normalen Umständen wäre dies ein Routineanruf gewesen, aber nun musste ich ins Hinterzimmer gehen und die Tür hinter mir schließen, um zu erklären, dass Miss Hiawatha nicht bezahlen konnte und auch nicht so ganz richtig im Kopf war. Das entsprach nicht gerade der Vorstellung des Gastroenterologen von einem Traumpatienten, aber er willigte ein, sie zu untersuchen, weil Daddy ihn darum bat. Dann gab ich den vereinbarten Termin an die Frau des Pfarrers weiter und sie versprach, dafür zu sorgen, dass Miss Hiawatha dorthin gebracht wurde.

Bevor Miss Hiawatha ging, schaute sie mich an und sagte: «Carolyn, letzte Nacht hab ich geträumt, dass Engel hinter mir her waren. Um ihnen zu entkommen, bin ich aus einer Wolke gesprungen. Ich bin immer tiefer runtergefallen, und als ich auf dem Boden auftraf, bin ich davon wach geworden. Ich lag auf dem Boden vor meinem Bett. Das hat mich ganz und gar wachgerüttelt. Danach hab ich dann die ganze Zeit darauf gewartet herzukommen, das war vor Sonnenaufgang. Während ich gewartet habe, hab ich den Medizinschrank aufgeräumt. Hab ein bisschen von allem genommen.»

«Wieso wollten Sie denn eigentlich vor den Engeln davonlaufen?», fragte ich.

«Weil's noch nicht an der Zeit für mich ist», sagte sie. «Wenn meine Zeit gekommen ist, werd ich's wissen und mit ihnen mitgehen, aber meine Zeit ist noch nicht gekommen.»

Als ich dem nachsann, froh bei dem Gedanken, dass ihre Zeit noch nicht gekommen war, sagte sie: «Außerdem will man bei so 'ner Familie nicht sterben.»

Verwirrt schaute ich sie an.

«Die Idioten sinken gerne in Ohnmacht und fallen dabei auf den Sarg. Freda fällt gerne genau in den Sarg. Bringt die Leiche in Unordnung. Und sie schreiben *Gedichte* für die Toten. Schreckliche Gedichte. Und wenn man dann im Frühjahr oder Sommer stirbt, haben sie Zeit, das Gedicht vertonen zu lassen, und dann haben sie bis Weihnachten ein Lied für die Toten. Ich fürchte mich schon seit April vor Weihnachten, weil ich weiß, dass sie dann ein schreckliches Lied haben werden, das sie in Erinnerung an den armen Vetter Wallace singen wollen. Ihm wär's gewiss lieber ohne so was.»

Als das Auto der Pfarrersfrau außer Sichtweite war, wählte ich die Nummer der Apotheke. «Frank, deine Schwester kommt gleich vorbei. Geschätzte Ankunftszeit: in dreieinhalb Minuten.»

«Um wen es sich auch handeln mag, *meine* Schwester ist es nicht», sagte er und legte auf.

Ein paar Sekunden später klingelte das Telefon wieder. «Praxis Dr. Jourdan», sagte ich.

«Schickst du mir schon wieder Miss Hiawatha vorbei?», ertönte Franks Stimme.

«Wird hiermit bestätigt», und bevor er wieder auflegen konnte, sagte ich: «Hey, Frank.»

«Was!», blaffte Frank zurück.

«Miss Hiawatha hat mir die Warzenbehandlung beschrieben, die sie von ihrem Daddy gelernt hat. Willst du sie hören?»

«Bloß nicht.»

«Nun, hör zu», sagte ich. «Ich habe sie aufgeschrieben, damit ich nichts vergesse. ‹Um Warzen zu heilen, zupft man an der Warze, bis sie blutet. Dann reibt man ein Maiskorn mit dem Blut ein und verfüttert das Korn an ein Huhn. Davon verschwindet die Warze. Man braucht das Huhn nicht zu essen. Oder du kannst die Warze mit einem fetten Fleischstück abreiben und das Fleischstück dann über deine Schulter werfen. Oder du knüpfst für jede Warze, die du hast, einen Knoten in eine Schnur und vergräbst die Schnur unter einem Felsbrocken oder einem Apfelbaum oder einem Pfirsichbaum.›»

Frank seufzte: «Weißt du, was sie inzwischen macht?»

«Ich hab nicht den leisesten Schimmer», sagte ich.

«Nun, zunächst einmal wollte sie, dass ich ihren Staubsauger repariere. Ich bin zu ihr rübergefahren und hab ihn mir angeguckt, und er roch wie – ich weiß nicht was – schlimm. Der Deckel von ihrem Dampfdrucktopf mit den grünen Bohnen war hochgegangen, und die Bohnen waren überall in der Küche verteilt, und sie hat die ganze Schweinerei *aufgesaugt!* Meine Güte! Ich hab ihr einfach einen neuen gekauft und den alten zum Müllplatz gebracht.

Und weißt du schon das Neueste? Jetzt müssen wir ihre Tablettenbeutel alle mit jeweils drei Heftklammern zusammenheften, nicht eine mehr oder weniger, und wir müssen jede Klammer dreifach abzeichnen, sonst nimmt sie ihre Medizin nicht ein. Außerdem nimmt sie immer nur ein paar Beutel mit, also müssen wir die ganze Prozedur mindestens einmal pro Woche durchexerzieren. Wenn ich versuche, sie dazu zu überreden, dass sie ein Monatsquantum mitnimmt, sagt sie: ‹Frankie, ich weiß nicht, wie lange ich noch hier sein werde. Ich werde kein Geld zum Fenster rausschmeißen. Ich kauf nicht mal mehr grüne Bananen! Ich will nicht, dass mein Schrank, wenn ich sterbe, mit Medizin vollgestopft ist, die ich dann nicht mehr brauch. Reine Geldverschwendung.› Und dabei kriegt sie alles von mir *geschenkt!*»

«Zahlst du ihre Medizin aus der eigenen Tasche?», fragte ich.

«Ja klar! Sie hat doch gar kein Geld!»

«Bei uns wird sie auch schon jahrelang umsonst behandelt», sagte ich und lachte. «Kein Wunder, dass die anderen alle so viel mehr Geld einnehmen als wir. Die sorgen dafür, dass die Leute *zahlen.*»

Diesen Einblick in Franks Geschäftspraktiken schrieb ich auf und legte den Zettel zu den Akten. Vielleicht könnte man sich damit ein bisschen Rückendeckung verschaffen, wenn Momma die Einträge in den Geschäftsbüchern für die Wochen nach ihrem Herzanfall durchsehen würde. Über Miss Hiawatha oder Adron und einige Dutzend andere, die seit Jahrzehnten kostenlos behandelt wurden, würde sie kein Wort verlieren, aber wenn sie herausfände, dass alle Brustkorb-Röntgenaufnahmen für die Diagnostizierung von Lungenentzündung umsonst gemacht worden waren, einfach weil ich die entsprechende Medicare-Kodenummer nicht kannte, würde sie außer sich sein. Vielleicht würde ich ja mit der Zeit den richtigen Kode für die Röntgenbilder ausfindig machen können, doch keine Macht der Welt würde Daddy davon abhalten, sich von Zeit zu Zeit einer skurrilen Laune hinzugeben und einen Freie-Donnerstags-Behandlung-für-Jedermann oder einen Heute-Kostenfreier-Diabetes-und-Verwandtes-Behandlungstag anzuzeigen.

Nein, darüber würde Momma sich gewiss nicht freuen. Sie war die Einzige in der Familie, die über hinreichend Verstand verfügte, uns vor dem Bankrott zu bewahren.

Sich selbst überlassen, würde Daddy niemandem etwas berechnen. Er brachte es einfach nicht übers Herz. Ich auch nicht. Es war erheblich einfacher, einen Gehaltsscheck vom Senat auf elektronischem Wege bei der Bank angewiesen zu bekommen, als bedürftigen kranken und verletzten Menschen ins Gesicht zu schauen und dreißig Dollar von ihnen zu verlangen. Insbesondere wenn man wusste, dass man bis zur Walnuss- oder Ginsengerntezeit auf die Zahlung warten müsste, weil das Sammeln die einzige Möglichkeit für sie war, an Geld heranzukommen.

Momma hatte mir nur eine einzige Arbeitsanweisung gegeben: Berechne den Leuten die von Daddy geleistete Arbeit. Es wurde erwartet, dass ich Daddy jedes Mal, wenn er aus einem Untersuchungszimmer kam, ausquetschte und dann alles noch einmal mit Alma durchging, um sicher zu sein, dass ich nichts vergessen hatte. Trotz ihrer schrecklichen Warnungen konnte man sich nicht einmal darauf verlassen, dass ich diese eine einfache Maßnahme befolgte. Doch Frank machte es ebenso.

Ich starrte durch das Fenster auf die großen, nassen Schneeflocken, die niederfielen, einen Moment festhingen und dann schmolzen und dabei große, nasse Flecken hinterließen. Es war Dezember und ich war inzwischen schon *zwei Monate* lang in der Praxis. Momma erholte sich langsam, las und spielte am Computer Solitär, aber sie war noch zu schwach, um ihre alte Arbeit wieder aufzunehmen. Unabhängig von Mommas Gesundheitszustand konnte Senator Hayworth aber kaum einen weiteren Aufschub entschuldigen. Mit

Engelsgeduld hatte er meine sich immer länger hinziehende Abwesenheit hingenommen. Dann schob ich diese Gedanken wie gewohnt beiseite. Ich hielt mich in einer Art Winterstarre, in der vagen Hoffnung, dass äußere Umstände eintreten würden, die mich aus meiner Zwangslage befreiten. Ich hatte nicht den Mut, selbst den entscheidenden Schritt zu tun.

Das Telefon klingelte, und ich wandte mich vom Fenster ab, um dranzugehen.

«Praxis Dr. Jourdan.»

«Haben Sie's schon bestellt?»

«Noch nicht, Langston.»

Während ich auflegte, hörte ich einen Spektakel vor der Tür. Ein lautes Meckern tönte vom Parkplatz herüber. «Määhmääh … Du wirst keinen Sündenbock nich aus mir machen! Määh … määh.»

Kermit Glover stritt sich mit seiner Frau Blendean, während sie durch die Eingangstür in die Praxis hereinkamen. Kermit humpelte, den einen Arm hielt er mit der anderen Hand umfasst, und Blendean folgte ihm auf den Fersen.

Ich konnte nicht sehen, was eigentlich los war, aber dem Lärm nach zu urteilen, war das kein trivialer Triefnasenfall. Und überhaupt drehte es sich hier um Kermit, was sehr dafür sprach, dass etwas Außergewöhnliches vorlag. Ich öffnete die Verbindungstür zum Wartezimmer und warf einen Blick auf ihn.

«Mein Gott, Kermit. Was ist passiert?», fragte ich und winkte ihm, mir nach hinten zu folgen. Regel Nummer 1 für Sprechstundenhilfen besagte, dass blutende Patienten sofort vorgelassen werden mussten. Und Kermit blutete nicht nur; er war obendrein verschmutzt und hatte überall aufgeschürfte Hautstellen. Die Haare standen büschelweise in alle Richtungen ab und die verbliebenen Kleiderfetzen sahen aus, als seien sie in einer Höllenwäscherei behandelt worden.

«Ich glaube, ich muss zum Doc», sagte er.

Blendean stellte sich auf die Zehenspitzen und ärgerlich rief sie von ihrem Platz hinter Kermit aus: «Doc, hören Sie sich mal die Geschichte an, die er zu erzählen hat, ich will wissen, ob Sie ihm das eher abnehmen können als ich!»

Ich hätte Kermit gerne geholfen, als er den Flur entlanghumpelte, aber ich konnte keine einzige Stelle entdecken, an der man ihn hätte stützen können, ohne ihm wehzutun. Kermit hatte in seiner Jugend in der Golden Gloves Boxerliga geboxt und seinem Gesicht war nicht erst seit heute anzusehen, dass Selbstverteidigung nicht gerade seine Stärke war. Aber jetzt sah er aus, als wäre ein Zug über ihn hinweggefahren – schon wieder.

Das erste Mal war das passiert, als ich ein Kind war. Er hatte im Werksgelände der Eisenbahn, wo er arbeitete, mitten auf einem Gleis gestanden und über ein Funksprechgerät gesprochen, als eine Lok ein paar Waggons «angehoben» und angestoßen hatte, sodass sie selbsttätig ein kleines Stück aus dem Weg rollten. Er hatte mit dem Rücken zu den langsam auf dem Gleis heranrollenden Waggons gestanden und sie nicht kommen hören. Sie hatten ihn in der Rückenmitte erwischt und der Länge lang umgeworfen.

Zum Glück war er mitten zwischen die Schienen gefallen. Dort lag er bewusstlos, während vierzehn Waggons über ihn hinwegrollten. Er hatte keine Gliedmaßen verloren, aber es bedeutete technisches KO für ihn, Frührente. In den gut zwanzig Jahren seit seiner Pensionierung hatte er sich mit seiner nicht unbeträchtlichen Kraft, mit Mut, Energie und der ihm eigenen Geistesabwesenheit und Unfallneigung dem Farmerdasein verschrieben.

Daddy kam den Flur herunter, erfasste die Situation und fragte dann beiläufig: «Was haben Sie denn nun schon wieder angestellt, Kermit?»

«Ich glaube, ich bin verletzt, Doc.»

«Sieht ganz danach aus. Kleine Balgerei mit Blendean?»

«Versuche immer, mich auf Armlänge von ihr fernzuhalten. 's war eher 'ne Rauferei mit dem verfluchten Traktor. Ich wollt ein paar Zaunpfosten setzen, um ein paar Morgen für die Pferde von meiner Tochter abzutrennen. Ich hab die Löcher mit dem Traktor gegraben.»

Oha. Ich wusste genau, um was es sich da handelte, denn wir hatten genau das Gleiche: ein teuflisch gefährliches Vehikel, das anderthalb Meter in die Luft ragt und wie eine Riesenschraube aussieht. Der Traktor versetzt es in eine Drehbewegung von hoher Geschwindigkeit, um Löcher in den Erdboden zu bohren. Angeblich geht es damit schneller und leichter, als von Hand zu graben, aber Erdbohrer sind berüchtigt für schwierige Handhabung, und sie sind gefährlich.

«Der Grabbohrer hat schräg gedrillt, also bin ich vom Traktor gestiegen.»

Das hieß wohl so viel wie: Ich bin vom Traktor gestiegen, habe den Erdbohrer bei ungefähr einer Million Umdrehungen pro Minute weiterlaufen lassen und mich hinterrücks zu einem Ringkampf an ihn herangemacht. Die Maschine sollte natürlich ausgestellt werden, bevor man sie anrührte, aber das wurde selten gemacht, weil es den Farmern zu lange dauerte.

«Als ich das Ding oben packen wollte, hat es den Stulpen von meinem Handschuh zu fassen gekriegt.»

Bingo.

«Ich wollte loskommen, aber bevor ich meine Hand rausziehen konnte, hat es sich auch noch den Ärmel von meinem Hemd geschnappt! Dann weiß ich nur noch, dass ich mich mit aller Kraft zurückgestemmt hab und der Ärmel von meiner Jacke mit allem Drum und Dran geradewegs reingezogen wurde. Ich hab gedacht, der bringt mich jetzt um oder reißt mir mindestens den Arm ab.

Es hat mich dann wohl umgehaun. Ich weiß nich, wie lange ich so bewusstlos dagelegen hab. Aber als ich zu mir gekommen bin, war ich immer noch dort auf dem Feld. Der Traktor lief noch, der verfluchte Grabbohrer ging noch, und mir war's, als wär ich am Brennen. Er hatte mich auf der einen Seite reingezogen und auf der andern rausgeschmissen.»

Mir tat schon beim bloßen Gedanken daran alles weh. Ich hätte nicht gedacht, dass zwischen dem Traktor und dem Erdbohrer auch nur annähernd genug Platz für einen Menschen war. Das also war der Grund für die vielen Schnittwunden und Quetschungen. Dass er überhaupt noch lebte, grenzte an ein Wunder. Ich dachte, dass die Geschichte damit zu Ende sei, und wollte mich schon umdrehen, aber irgendetwas hielt mich noch einen ganz kurzen Augenblick zurück. Warum nur wollte Blendean die Sache nicht glauben und warum war sie so außer sich?

«Ich bin aufgestanden und wollt mir den Dreck abklopfen, und da hab ich's dann gesehn», fuhr Kermit fort. «Ich weiß nich, wie's passiert ist – das schwöre ich!»

Kermit warf Blendean einen vorsichtigen Seitenblick zu und sie schaute ihn an, als ob sie ihm mit der Bratpfanne eins überziehen wolle.

«Na, erst hab ich gedacht, ich wär verstaubt, weil meine Sachen alle ganz braun aussahn, aber dann hab ich gemerkt, dass das nich stimmte. Ich wollte Hemd und Hose ausklopfen, dabei war's die nackte Haut! Meine Anziehsachen war'n weg! Bis auf den letzten Fetzen. Dieser Lump hatte sich Hemd, Hose, Jacke und alles andre Zeug geschnappt und war dabei, sie zu vergraben! Außer einem Stiefel hatte ich nichts mehr! Und da stand ich dann nackt wie 'ne Vogelscheuche mitten auf der Weide!»

Da sein Feld an einer stark befahrenen Straße lag, war das besonders peinlich.

«Ich hab gesucht, um meine Sachen wiederzukriegen, aber ich konnt rein gar nichts finden. Ich hob irgendwas auf und hab mich auf den Weg in Richtung Haus gemacht, aber mir tat alles weh und ich bin nur langsam vorangekommen. Und dann kam dieser verdammte Donnie Stipes die Straße lang und hat mich da draußen gesehn. Er hat sich vor Lachen bis auf die Hupe runtergebogen und ich konnte ihn bis aufs Feld raus hören. Es sind fast hundert Meter bis zu dem blöden Haus hinter! Erst als ich unterm Vordach stand, is mir wieder eingefallen, dass die Haustür bei uns immer abgeschlossen is. Ich hab angefangen zu klopfen, und diese alte Frau da, *meine Ehefrau*, is gekommen und hat mich durchs Fenster angeguckt und die verdammte Tür einfach nicht aufgesperrt. Ich musste hinters Haus gehn und dieses Bündel Lumpen anziehn, bevor sie auch nur ein Wort mit mir geredet hat. Sie wird mich erst in mein eignes Haus reinlassen, wenn ihr jemand klarmacht, dass ich nich irgendeinen Anfall hab.»

Blendean war strenggläubige Baptistin.

«Der Narr ist in seiner Originalgeburtstagsausstattung im Hof herumgelaufen! Ich lass keinen verrückten alten Mann nich in *mein* Haus rein.»

Kermit guckte Daddy an und sagte: «Es war die reinste Hölle, bis ich sie so weit hatte, dass sie mich hergefahrn hat, Doc.»

Ich hätte was darum gegeben, diese Diskussion mit anzuhören. Er hätte nicht selber fahren können. Sein Schultergelenk war aufgerissen und an der Seite hing alles Mögliche in Fetzen an ihm herunter. Daddy konnte ihn nur notdürftig versorgen und ein bisschen säubern, bevor er ihn ins Krankenhaus nach Knoxville weiterschickte. Außerdem versuchte er, Frieden zwischen den beiden zu stiften, indem er Blendean erklärte, dass Kermit gewiss nicht mehr am Leben wäre, wenn ihm seine Sachen nicht vom Leib gerissen worden wären. Das half ein wenig. Aber ich glaube, sie hat ihm nicht abgenommen, dass Kermit nicht wenigstens seine Unterhose hätte anbehalten können, wenn er es nur wirklich versucht hätte.

An einem kalten, grauen Tag kurz nach Weihnachten saß ich allein im «Familienzimmer» im Untergeschoss und schaute mir einen kalten, grauen Film an. Es war Franco Zeffirellis Film über Franz von Assisi, *Bruder Sonne, Schwester Mond*. Ich hatte ihn mir im Verleih besorgt, um die ganzen guten Argumente zu überdenken, die dafür sprachen, meinen Mercedes, meine Eigentumswohnung in Washington und mein sechsstelliges Gehalt gegen ein unbedeutendes Leben in Armut im Dienste anderer unbedeutender und verarmter Menschen einzutauschen. Da ich offensichtlich im Begriff war, genau dies zu tun, wollte ich es zumindest so kunstvoll wie möglich zuwege bringen.

In dem Zefirelli-Film schien äußerste Armut etwas Romantisches von großer Anziehungskraft zu sein und filmisch betrachtet äußerst reizvoll. Es war ein guter Film. Ich stellte mir vor, wie der Heilige Franziskus zu sein und meine ganze teure Kleidung wegzugeben und mich dem Dienst an den Armen zu widmen. Also versuchte ich, dies in ein kurzes Gebet zu fassen: «Nun gut, Gott. Ich habe die Botschaft, die du mir durch meine schonungslos geänderten Lebensumstände zukommen ließt, erhalten. Du forderst ein ziemlich großes Opfer von mir, aber ich werde es darbringen. Ich werde hierbleiben und als armer Niemand leben. Du hast mir ein Zeichen gesandt, und ich werde gehorchen. Ich werde diese schreckliche Arbeit zumindest noch eine kleine Weile länger tun.»

Genau in dem Moment, als ich meinen Probepakt mit Gott abgeschlossen hatte, sah ich aus den Augenwinkeln einen roten Blitz und hörte einen dumpfen Schlag gegen die Glasschiebetür, keinen Schritt von mir entfernt. Auf der Glasscheibe war der Umriss eines Vogels in vollem Flug im Staub- und Ölabdruck des Gefieders perfekt nachgezeichnet. Ich schaute hinunter und sah auf dem Boden unterhalb des Abdrucks ein herrliches Kardinalmännchen tot daliegen. Es war so hart gegen die Scheibe geflogen, dass es sich umgebracht hatte.

Sollte *das* ein Zeichen Gottes sein? Dieser schöne kurze Kamikazevogelflug?

Ich schaute den toten Vogel an, der dort im kalten, nassen Gras lag, und dann zurück auf den Bildschirm, wo ein überglücklicher Heiliger Franziskus große, schwere Felsbrocken barfuß durch den Schnee trug. Der Heilige Franziskus sah erheblich glücklicher aus als der Vogel und ich.

Es bedurfte noch mindestens eines weiteren Zeichens, um dies aufzuklären.

Aber, Gott, dachte ich, *lass bitte nie wieder ein Tier sterben, nur weil du mir etwas sagen willst. Sprich bitte einfach direkt zu mir beim nächsten Mal, abgemacht?*

vierzehntes kapitel

Übers Wochenende fuhr ich heimlich zum Büroausstatter OfficeMax, fest entschlossen, die antiquierte Büroeinrichtung gegen eine elegantere auszutauschen. Als Erstes musste das uralte Telefon dran glauben. Ich bekam ein neues mit einer NASA-ähnlichen Schalttafel, Rolodex mit Tastatureingabe, Wählautomatik, eingebautem digitalem Anrufbeantworter und Anruferkennung – damit würde ich ein paar Sekunden Zeit gewinnen, um mich innerlich auf einige eher unangenehme Patienten einzustellen. Daran schloss ich einen leichten Kopfhörer mit extra langem Kabel an, sodass ich an die Patientenordner und den Fotokopierer herankam, während ich den Patienten bei der Beschreibung ihrer Beschwerden zuhörte. Ich stellte ein Normalpapier-Faxgerät auf, damit ich nicht bei jeder empfangenen Sendung eine lange Papierrolle in Einzelseiten zerschneiden musste.

Ich tauschte den alten, von Hand einzulegenden Einblatt-Kopierer von der Sorte, die bei jeder Kopie einen halben Schritt seitwärts wandert, gegen ein effizienteres und weniger aufdringliches Gerät aus. Dann trug ich meinen ganzen Stolz herein – einen drehbaren Architektenbürostuhl mit hoher Rückenlehne, Fußstütze und ergonomischer Sitzabfederung als Ersatz für Mommas schlichten Holzhocker. Das war schon eher was. Von jetzt an würde sich hier einiges ändern.

Glücklicherweise konnte ich das alles mit meinem eigenen Geld beschaffen und ohne Momma Bescheid sagen zu müssen. Das Aufeinandertreffen üppiger Washingtoner Gehaltszahlungen und hinterwäldlerischer Vorsorglichkeit hatte für einen hohen Betrag auf meinem Sparkonto gesorgt. Ich hoffte nun, dass Momma nicht so bald von meiner Unternehmung erführe, weil sie sonst wahrscheinlich einen zweiten Herzanfall bekäme. Dass Daddy so viele Patienten umsonst behandeln konnte, war nur bei geringen Geschäftskosten möglich. Geringe Geschäftskosten aber bedeuteten Verzicht auf hohen Lohn und Luxus. Nun, die schamlose Hingabe an Annehmlichkeiten – wie z. B. den Ersatz aussortierter Skalpelle durch eine neue Schere – würde nicht so schnell ans Licht kommen, aber dafür sorgen, dass ich bei Vernunft und Verstand blieb, und dem Empfangsbereich sogar ein bisschen frischen Schwung verschaffen.

Momma war weiterhin durch hohe Medikamentengaben beeinträchtigt und so schwach, dass mein Tun auf jeden Fall noch eine ganze Weile unentdeckt bleiben würde. Bisher war sie nicht einmal auf einen Sprung in die Praxis gekommen und schien mit den allabendlichen Einsatzbesprechungen am Abendbrottisch vollauf zufriedengestellt.

Ich setzte meinen Kopfhörer auf und beantwortete den ersten Anruf des Tages: «Praxis Dr. Jourdan.»

«Haben Sie's schon bestellt?», klang eine vertraute Stimme an mein Ohr.

«Verdammt noch mal, Langston!», schrie ich und drückte heftig auf die Aus-Taste des Kopfhörers.

So viel zur Modernisierung. Die einzige Veränderung, die ich derzeit bewirkt hatte, war die, dass ich mich der Befriedigung, die das Aufknallen des Hörers verschafft, beraubt hatte.

Obwohl er nicht im Schlafanzug und ohne Häschen-Hausschuhe hereinkam, erkannte ich Joel LeQuire dieses Mal sofort, als er ein

Medusa-artiges Geknäuel schwarzer Gummischläuche auf die Theke fallen ließ. «Süße, ihr müsst die alle für mich prüfen und sicherstellen, dass die Anzeigen stimmen. Sie zeigen alle normalen Blutdruck an, aber ich bin ziemlich sicher, dass er wirklich hoch ist.»

Ich stocherte in dem Gewirr von Blutdruckmanschetten herum und fragte: «Wie viele hast du davon?»

«Vier», sagte er. «Ich verteile sie gern im ganzen Haus, sodass ich schnell an sie drankomme und meinen Blutdruck messen kann, wenn ich glaube, dass er mir hochschießt.»

Joels Nachbarin Mary Alice Reed saß im Wartezimmer. Als sie Joel hörte, sagte sie laut: «Süßer, wenn du irgendwas im Haus haben willst, das dir ein bisschen guttut, dann solltest du *die* Dinger da loswerden und dir ein paar *Gewehre* zulegen. Ich hab eine Pistole auf meinem Servierwagen, eine neben meinem Stuhl am Küchentisch, eine auf dem Klo und eine am Bett. Und natürlich hab ich eine hier drin», dabei klopfte sie auf ihre Geldbörse.

Da saß also eine hübsche, zurückhaltende Dame, die immer fünf Pistolen griffbereit hatte. Wahnsinn! In diesem Landstrich konnte man einfach nie wissen, wer gerade ein paar heiße Eisen dabeihatte. Na ja, eigentlich doch. Das war so ziemlich jeder.

«Wie kommst du darauf, dass dein Blutdruck hoch sein könnte, wenn alle vier Geräte einen normalen Blutdruck anzeigen?», fragte ich.

«Weil ich solche Kopfschmerzen hab und mir der Schädel juckt und meine Nasennebenhöhlen wehgetan haben. Meine Augen sind immerzu blutunterlaufen, und auf meiner Zunge ist so seltsam graues Zeug.» Er streckte sie heraus, damit ich selber sehen konnte, wovon er sprach, aber für mich sah sie ganz normal aus.

Joel schien ganz am Anfang einer langen Liste hypochondrischer Beschwerden zu sein, die sich vom Kopf bis zu den Zehen erstreckten. Bei dem Tempo würde ich ihm vielleicht, bis er bei der Brust angekommen war, einen Klaps verpassen. «Schon gut, schon gut», sagte ich. «Nimm mal Platz, und ich sage Alma, dass sie dir den Blutdruck mit einem unserer Geräte messen soll und dann diese hier überprüft.»

Joel suchte sich einen Platz so weit wie möglich von Mary Alice weg, aber die drehte sich einfach herum und nahm ihr Gespräch wieder auf. «Hör mal zu, Joel, lass dir bloß keine Automatikwaffen verkaufen. Die kriegen Ladehemmung. Besorg dir Revolver. Auf die kannst du dich immer verlassen.»

Ich packte mir den Haufen Blutdruckmanschetten auf den Arm und ging damit zum Labor hinüber. Als Alma frei war, zeigte ich darauf und sagte ihr, was Joel wollte. Sie verdrehte die Augen. Als Joel hörte, dass ich über ihn sprach, stand er wie aus dem Boden geschossen wieder vor mir am Empfangstisch.

«Süße, ich hab hier eine Liste mit den Messungen von heute Morgen mitgebracht, um euch ein bisschen zu helfen. Um 7.00 war er 130 zu 85. Um 7.15 war er 128 zu 80. Um 7.25 war er 132 zu 82. Um 7.30 …»

Alma unterbrach ihn: «Kommen Sie mit nach hinten, dann messen wir ihn.»

Joel eilte eifrig voran. Sie zeigte auf Zimmer Nr. 1, aber Joel blieb überrascht stehen und sagte: «Wollen Sie mich nicht wiegen?»

«Ich hab Sie erst gestern gewogen», sagte sie.

«Aber meine Waage könnte doch vielleicht ein bisschen anders eingestellt sein als eure hier.»

Zu seiner Befriedigung wog Alma ihn und sagte: «Einhundertundsiebenundvierzig. Genau wie gestern.»

«Aber ich hab doch andre Sachen an!», sagte Joel.

Resigniert sagte Alma: «Sind Sie nun so weit, dass Sie mit nach hinten kommen zum Blutdruckmessen?»

«Nur eine Sekunde», sagte er und zog einen kleinen Spiralblock hervor. Er trug etwas ein, sein Gewicht vermutlich.

Alma zufolge war Joels Blutdruck normal und die Angaben seiner vier Blutdruckmessgeräte stimmten mit unseren überein. Joel war niedergeschmettert. Er heftete sich an Daddys Fersen, als der am Zimmer Nr. 1 vorbeiging. «Doc, ich versteh das nicht. Ich fühl mich ganz benommen oder schwindlig, wenn ich schnell vom Stuhl aufsteh oder lange draußen in der Hitze gearbeitet habe. Und die Sonne schmerzt in meinen Augen, wenn sie so hell scheint, und wenn mir richtig heiß wird, fühl ich mich ganz furchtbar. Meine Beine machen mir auch große Sorgen. Und meine Fußknöchel. Meinen Sie nicht, dass sie geschwollen sind?»

Daddy ging mit Joel in das Untersuchungszimmer und schloss die Tür. Fünfundvierzig Minuten später kam er wieder heraus und sah erschöpft aus, während Joel frisch und zufrieden auftauchte. Alma signalisierte mit hochgerecktem Daumen, dass ich ihm einen höheren Preis berechnen sollte. «Achtundvierzig?», fragte ich lautlos.

Wieder hob sie den Daumen und meine Lippen fragten: «Zweiundfünfzig?» Ihr Daumen blieb hochgereckt und laut sagte ich: «Zweiundsechzig?» Das war der höchste Betrag, den wir im Laufe von vierzig Jahren für einen Praxisbesuch verlangt hatten.

Sie nickte. Dann warf Daddy mir einen Blick zu und nickte matt. Ich hatte gar nicht gewusst, dass er unsere Handzeichen je bemerkt hatte.

Bald darauf war Mary Alice Reed auch fertig. Während sie ihre Rechnung bezahlte, unterhielt ich mich mit ihr über Schusswaffen. «Ich habe schon mit drei Jahren angefangen zu schießen», sagte ich. «Meine Augen funktionieren nicht normal. Ich kann immer nur mit einem von beiden sehen, aber Daddy war der Meinung, dass dies ideal fürs Schießen sei, also hat er früh mit mir angefangen, damit mich die anderen Kinder nicht hänseln konnten, weil ich keine Sportskanone war.»

Ich fragte sie, wie lange sie schon eine Pistole mitnehme. Sie sagte, dass sie schon immer, solange sie denken könnte, eine dabeihätte, aber nachdem es beständig schwieriger würde, eine Genehmigung dafür zu bekommen, hätte ihr Mann dafür gesorgt, dass sie eine Lizenz beantragte und nun legal eine Waffe mitführen könnte.

«Ich musste so eine blöde Prüfung absolvieren, um zu beweisen, dass ich damit umgehen kann», sagte sie grinsend. «Ich musste auf solche kleinen weißen Papierstückchen schießen.»

Es stellte sich heraus, dass sie alle fünfundsiebzig aufgehängten Papierstückchen getroffen hatte. Sie hatte die höchste Punktzahl erreicht. Das war bisher niemandem gelungen, nicht einmal der Polizei.

«Der Polizist sagte: ‹Gnädige Frau, ich hätte nicht gedacht, dass Sie so gut schießen würden.› Ich sagte ihm: ‹Donnerwetter, ich auch nicht. Ich hab noch nie auf was geschossen, das sich nicht bewegt!›»

Michael kam am Dienstag wegen Flüssigkeitsretention wieder. Er hatte seine Medikamente nach Daddys Vorgaben neu eingestellt, aber es ging ihm nicht gut. Alma wog ihn und stellte eine Gewichtszunahme von neun Pfund fest. Das war ein sehr schlechtes Zeichen. Flüssigkeitsretention ist bei kongestivem Herzversagen tödlich.

Während Michael in einem der hinteren Zimmer saß, stand Daddy neben mir am Empfangstisch und konsultierte sein Krankenblatt und das PDR, ein riesiges Nachschlagewerk zur Dosierung von Medikamenten. Er schlug das große rote Buch zu und sagte: «Er ist bei allen Medikamenten an der Obergrenze.»

«Was bedeutet das?», fragte ich.

Daddy traten Tränen in die Augen.

Da wusste ich, was es bedeutete. Und auch meine Augen füllten sich mit Tränen.

Daddy schüttelte sacht den Kopf und sagte, mehr zu sich selbst: «Ich muss wieder zu ihm gehen und es ihm sagen.»

Aber er rührte sich nicht. Eine Weile stand er so und schaute mich dann an. «Eins könnte man noch probieren.»

«Was?»

«Eine Herz-Lungen-Transplantation.»

Gott im Himmel. Ich saß da und versuchte, mich in die Lage eines Menschen hineinzuversetzen, der den gesamten Inhalt seines Brustkorbs einem anderen Menschen spenden würde. Wie hart müsste es für Michael sein, das eigene Leben so zu erretten. Aber der Herz-Lungen-Spender würde es nicht als Verlust empfinden oder etwas dagegen einwenden können. Und die Spende würde einen guten Menschen am Leben erhalten.

«Kann das funktionieren?», fragte ich ohne einen Funken Hoffnung. Aber was ich eigentlich wissen wollte, war: «Wie kann etwas so Grausames überhaupt funktionieren, und wie soll ein Mensch, der so krank ist wie Michael, eine so gewaltige Operation denn überstehen?»

Daddy schaute mich nur niedergeschlagen und verzweifelt an.

Er nahm Michaels Krankenblatt und ging nach hinten, um mit ihm zu sprechen. Etwa fünfzehn Minuten später kamen sie gemeinsam heraus. Michael wirkte nüchtern, aber er sah nicht traurig aus. «Machen Sie sich keine Sorgen um mich, Doc», sagte er. «Ich bin in meinem ganzen Leben noch nicht einen Tag lang deprimiert gewesen.»

Michael sah auch meine Bestürzung. «Ach, weißt du, Carolyn, bis zu meinem achtzehnten Lebensjahr wusste ich nicht einmal, dass ich behindert war!», sagte er.

Ich versuchte tapfer zu lächeln.

«Ich weiß, dass es sich verrückt anhört, aber mir ist dieser Gedanke einfach nie in den Sinn gekommen. Als ich dann achtzehn war, sagte irgendjemand was von ‹behindert› sein zu mir. Ich hab mich verwundert gefragt, wovon er eigentlich sprach und über wen, und dann hab ich begriffen, dass er *mich* damit meinte.»

Er schaute mich an, streckte die Arme von sich und betrachtete sie von allen Seiten. «Mir war wohl klar, dass irgendwas anders war, aber mir war nie bewusst gewesen, dass ich ‹behindert› war.»

Versonnen schaute er vor sich hin. «Als ich vor einigen Jahren im Urlaub in New York mal im Gedränge an einer Straßenecke stand und darauf gewartet hab, dass die Ampel auf Grün sprang, sagte ein kleines Kind ganz laut : ‹Momma, was ist mit der Hand von diesem Mann los?› Und die Mutter des Kindes sagte, ohne auch nur einen Augenblick zu zögern: ‹*Gar nichts* ist los mit seiner Hand. Sie ist einfach anders erschaffen worden als deine. Das ist alles.› Für diese Antwort hab ich sie geliebt.»

Michael verfügte über den gleichen Heldenmut wie todkranke Kinder. Sein ganzes Leben lang schaute er nach *vorne*. Mit Zuversicht und Freude stürzte er sich vertrauensvoll ins Leben – und hatte nicht einmal wahrgenommen, dass es für ihn dabei etwas zu überwinden galt.

Ich betete, dass alles gut werden möge, konnte mir aber nicht vorstellen wie.

Dies ist auch ein guter Grund, Facharzt zu werden. Sie verdienen nicht nur mehr Geld und haben ein leichteres Leben, sie lernen ihre Patienten auch nie so gut kennen wie ein Hausarzt. Wenn man seine Patienten gut kennt, bleibt einem kein Kummer erspart. Man weiß schon im Voraus, dass die Patienten, um die man sich am meisten sorgt, dieses Leben als Erste verlassen werden, denn die Schwerkranken bekommt man am häufigsten zu Gesicht.

Das Telefon klingelte.

«Praxis Dr. Jourdan», sagte ich.

«Ich kann diese Krämpfe nicht mehr ertragen … ich meine

diese Kopfschmerzen.» Dieser Versprecher brachte Langston derart aus dem Konzept, dass er gleich auflegte.

Ein paar Minuten später rief er wiederum an, als sei vorher nichts gewesen.

«Praxis Dr. Jourdan.»

«Hier ist Langston Stuffel. Ich habe wieder meine Kopfschmerzen. Meinen Sie nicht, dass er mir irgendwas dagegen verschreiben könnte?»

«Was könnte Ihnen denn helfen?», fragte ich scheinheilig.

«Ach, ich weiß nicht. Einfach das, was er für richtig hält.»

«Ich weiß gar nicht mehr, was er Ihnen beim letzten Mal verschrieben hat. War es … hm … Was war es doch gleich?»

«Ich glaube, es fing mit *D* an, oder so ähnlich …»

«*D* … War es Deltasone?»

«Neiiin.»

«War es Diabenese?»

«Neiiin.»

«War es Demulen?»

«Ich glaube, es war so etwas wie Darvon oder Darvocet oder so ähnlich.»

«Nein», sagte ich, «das hört sich nicht richtig an. Könnte es …?»

«Nein, es war Darvocet. Jetzt erinner' ich mich. Ich bin ziemlich sicher, dass es Darvocet war.»

«Nun ja, wenn Sie meinen, dass es das war, werde ich fragen. Sind Sie sicher?»

«Ja. Tschüss.»

Ich legte auf und wählte Franks Nummer. «Frank, hier ist Carolyn. Könntest du bitte in deinem Computer nachschauen, welche Narkotika Langston Stuffel in der letzten Zeit verschrieben bekommen hat?»

«Klar. Lass mich mal sehen … oh, ah, … Langston war fleißig.

Von euch hat er Darvon verschrieben bekommen, Lorcet von Dr. Andrews am 3.1., 10.2., 15.4. – Perocet von Dr. Brandon am 2.6., 23.6., 20.7. …»

«So ungefähr hab ich mir das vorgestellt», sagte ich. «Weißt du, dass er jetzt versucht, mit Rückenbeschwerden Erwerbsunfähigkeit zu beantragen?»

«Ach, Mist, wahrscheinlich kommt er damit sogar durch», sagte Frank. «Du weißt doch, dass ich mir den Rücken vor Jahren gebrochen habe, und wenn ich lange stehe, tut es immer noch weh, aber ich würde nie auch nur einen roten Heller dafür kriegen! Ich bin froh, wenn ich Zeit finde, ein Aspirin dagegen zu nehmen.»

An dem Nachmittag platzte Jason Wolfe durch die Tür mitten ins Wartezimmer herein, fuchtelte mit seinem rechten Arm herum und stieß verworrene Fluchlaute aus. Ich schaute von meiner Horoskoplektüre hoch. Jason sagte: «Ich hab 'nen Splitter in meiner Hand.»

«Gut», sagte ich, «ich setze Sie auf die Warteliste», und wandte mich wieder meiner Lektüre zu.

Jason war Eigentümer und Chef eines lokalen Bautrupps. Er hatte dunkelbraune Augen, dunkle Haut und hohe Wangenknochen, die auf Cherokeeblut hinwiesen. Seine langen, glatten schwarzen Haare trug er zu einem Pferdeschwanz zusammengebunden.

Es folgte ein weiterer unverständlicher Ausbruch. Verwundert schaute ich wiederum hoch und sah Jason wild mit dem Arm herumfuchteln. Für einen Splitter schien das ein unangemessener Aufruhr zu sein. Als er meinen Gesichtsausdruck sah, schwang er die Hand zur Ansicht hoch, zunächst mit dem Handrücken zu mir, den Blick auf einen merkwürdigen Knubbel oberhalb eines Knöchels freigebend. Dann trat er näher heran, hielt die Hand auf meine Augenhöhe und drehte sie abrupt herum, sodass der Blick auf die Handinnenseite frei war.

Guter Gott. Ein Stück Holz von der Größe eines Steakmessers hatte seine Hand wie eine Speerspitze durchbohrt. Die gesamte Handinnenfläche war aufgespießt. Ein zersplittertes Ende stak mindestens sieben Zentimeter heraus. Das zerspaltene Holzstück war ansatzweise dreieckig und das spitze Ende steckte im Fleisch der Hand. Ungefähr zweieinhalb Zentimeter hoch schien es den Handrücken durchstoßen zu wollen, hatte jedoch die Haut nicht durchbohrt, sondern sie nur wie ein Zeltpfahl oberhalb des Mittelfingerknöchels angehoben.

Außerdem war das Holz nicht gerade eingedrungen. Es hatte mit einem Winkel von dreißig Grad einen längeren Weg genommen. Mit einer Länge von ungefähr sieben Zentimeter steckte es in der Hand fest. Schockiert schaute ich das Ding an.

Jason schüttelte die Hand kurz vor meinem Gesicht, begann dann wiederum damit zu wedeln und sagte: «Ja. Genau. Ich brauch *Hilfe*!»

Das fand ich auch. Ich sprang von meinem Stuhl hoch und sagte: «Kommen Sie mit nach hinten.»

«Irgendjemand muss etwas *tun*. Irgendjemand muss etwas damit *tun*», hörte ich eine Stimme sagen. Dann erst merkte ich, dass ich selbst gesprochen hatte. Ich ging nach hinten, um jemanden – irgendjemanden – zu Hilfe zu holen.

Daddy traf Jason auf halbem Wege im Flur, fasste sein Handgelenk und begann, die Hand zu untersuchen. Er drehte die Hand hin und her, schaute zuerst auf das rohe Holzende, betrachtete dann die entsetzliche zeltartige Ausbeulung über dem Knöchel. Mindestens ein Dutzend Mal drehte er sie so hin und her. Wahrscheinlich versuchte er, den genauen Verlauf des Durchstichs zu ergründen und sich vor Augen zu führen, welche Knochen, Muskeln, Sehnen, Bänder, Blutgefäße und Nerven betroffen sein mochten. Der Anblick war schwer zu ertragen. Es sah fast so aus wie einer von diesen dummen Kunsttrickpfeilen, die die Leute bei Partys auf dem Kopf trugen. Immer wieder drehte Daddy die Hand um. Er schien hier dem Trick auf die Spur kommen zu wollen.

«Ich hab dran gezogen», keuchte Jason, «aber ich hab ihn nicht rausbekommen. Dann hat Wormey es probiert. Er hat *fest* dran gezogen, aber er hat ihn auch nicht rausgebracht. Er *bringt* mich *um.*»

«Kommen Sie mit nach hinten und legen Sie sich hin, und dann schauen wir, was wir da machen können», sagte Daddy.

Er führte Jason am Handgelenk den Flur entlang und wies ihn an, sich auf den Operationstisch zu legen. Über die Schulter gewandt sagte er: «Alma, hol fünfzig Milligramm Demerol für ihn.»

Sie ging weg, um die Spritze mit dem Schmerzmittel aufzuziehen, während Daddy das Operationsbesteck zurechtlegte. Er legte eine Edelstahlschale mit einem wasserdichten Tuch aus und breitete dann eine Sammlung verschiedener Binden, Gaze und Edelstahlinstrumente mit Goldgriff darauf aus.

Alma gab Jason die Spritze, und Daddy nahm die Begutachtung der beiden Handseiten wieder auf, jedes Detail eingehend betrachtend. «Wie ist das passiert?», fragte er.

«Wir machen einen Erweiterungsanbau für einen Pferdestall. Ich war oben auf dem Gerüst. Das Brett, auf dem ich stand, ist durchgebrochen. Ich hab versucht, mich an irgendwas festzuhalten. Was ich da zu fassen gekriegt hatte, ist in meiner Hand abgebrochen.»

Schweißperlen standen auf Jasons Stirn. Sie sammelten sich und rannen die Schläfen entlang in sein Haar.

«Stell den Ventilator an», sagte Daddy.

Alma stellte den Ventilator so auf, dass er auf Jasons Gesicht blies. Wenigstens diese Handlung war Teil eines bekannten Ablaufs. Es geschah oft, dass Verletzte den Ventilator brauchten, während Daddy sie behandelte. Die Abkühlung linderte das Übelkeitsgefühl. Bei mir auch. Ich nahm einige Gazetupfer und wischte Jason vorsichtig den Schweiß vom Gesicht, um ihn zu trösten und abzulenken.

Mein Tupfen und der Ventilator schienen ein wenig zu helfen, aber als Jason mich anguckte, waren seine Pupillen weit geöffnet. So groß waren sie, dass ich nur einen ganz schmalen Rand der braunen Iris um das Schwarz herum ausmachen konnte. Das konnte unmöglich von einer einzigen Spritze Schmerzmittel kommen. Insbesondere da das Schmerzmittel noch nicht zu wirken schien.

«Nun, es hat keinen Sinn, Sie zu röntgen, denn Holz ist auf einer Röntgenaufnahme nicht sichtbar», sagte Daddy und ging aus dem Zimmer. Er ging in sein Privatbüro nebenan, und ich hörte ihn dort rumoren. Alma hörte ihn auch und machte ein besorgtes Gesicht. Was ging da vor? Worum es sich auch handeln mochte, sie wusste Bescheid, und es gefiel ihr nicht. Vielleicht sollte ich die Gelegenheit nutzen und mich aus dem Staub machen. In der Absicht, an meinen Empfangstisch zurückzukehren, versuchte ich, mich hinauszuschleichen. Als ich auf Zehenspitzen an Daddys Büro vorbeikam, warf ich einen Blick hinein und blieb wie angewurzelt stehen. Er hatte eine Werkzeugkiste hervorgeholt und kramte darin herum.

Es handelte sich dabei durchaus nicht um einen extravaganten Neiman-Marcus-Werkzeugkasten für Ärzte. Es war eine uralte, schmuddelige, zerbeulte Metallwerkzeugkiste. Er zog eine Zange daraus hervor. Ach, Mist. Ich drehte mich um und wollte gehen, aber Daddy hatte mich gesehen. «Carolyn», sagte er, «komm her, ich kann dich gerade kurz gebrauchen.»

Ängstlich folgte ich ihm zurück ins Zimmer Nr. 3. Nachdem er die Instrumentenschale um Jasons Kopf herum nach hinten geschoben hatte, sodass der sie nicht sehen konnte, legte er die Zange darauf. Dann schaute er sich Jasons Augen an und prüfte seinen Puls. Das Schmerzmittel sollte inzwischen gewirkt haben, aber selbst ich konnte sehen, dass dies nicht der Fall war. Daddy wies Alma an, ihm eine zweite 25-mg-Spritze Demerol zu geben.

«Wir geben Ihnen noch eine Spritze mit Schmerzmittel. Dann können Sie sich ein wenig entspannen», sagte Daddy. Ich hob die Augenbrauen und sah Daddy mit großen Augen fragend an, warum das Schmerzmittel nicht wirkte, und er antwortete stumm: «Adrenalin.» Ach so, die Angst und der Schmerz hatten Jasons Körper mit Adrenalin überschwemmt, und das blockierte die Wirkung des Schmerzmittels.

Die helle Operationslampe wurde eingeschaltet und ihr Lichtstrahl auf Jasons Bauch gerichtet. Dann nahm Daddy Jasons Hand und legte sie ins Zentrum des runden Lichtkegels auf Jasons Bauch. Mit einer Handbewegung wies Daddy mich an, zum hinteren Ende des Operationstisches zu gehen, dann zog er die sterilen Operationshandschuhe über, wobei jedem Handschuh ein Wölkchen Talkumpuder entquoll.

Daddy betupfte den Wundeingang mit leuchtend orangefarbenem Merthiolate. Dies nahm ich dankbar zur Kenntnis, denn das Rot des Blutes und das Rosa des aufgerissenen Fleisches traten hinter dem leuchtenden Orange des Desinfektionsmittels etwas zurück.

Dann sagte er: «Carolyn, du stehst dort drüben. Alma kann mir helfen, die Hand zu fixieren.»

Es war nicht gerade schwierig zu verstehen, worum es ihm dabei ging. Er wollte, dass ich die linke Seite und Alma die rechte niederdrückten.

Daddy schaute Alma und mich an. «Wenn wir angefangen haben, machen wir ohne Unterbrechung weiter, bis das draußen ist», sagte er. Dann schaute er Jason an. «Das könnte wehtun. Ich werde mich, so gut es geht, beeilen.»

Könnte wehtun? Mir war übel.

Ich hatte Jasons linke Hand schon mit meinen beiden Händen

umfasst und hielt sie mit dem Handrücken gegen meine Brust gedrückt. Nun lehnte ich sie gegen einen Busen, in der Hoffnung, ihn damit abzulenken. Mit überraschtem Blick drehte er mir seinen Kopf zu. Ich beugte mich über ihn und wischte ihm den Schweiß von der Stirn. Seine Augen waren hervorgetreten und seine Brust hob sich schwer mit jedem Atemzug. Er hatte Angst und große Schmerzen. Als ich sah, dass Daddy sich umdrehte und nach der Zange griff, beschloss ich, aufs Ganze zu gehen. Mit meiner Rechten hielt ich Jasons linke Hand fest im Griff und legte nun meine Linke auf seinen Oberschenkel, weit oben an der Innenseite, man hätte auch sagen können auf die Leiste. «Sind sie heiß?», fragte ich.

Jason riss seinen flatternden Blick von Daddy weg und schaute mich wieder schockiert an. «Was?», krächzte er.

«Diese Overall-Hosen», sagte ich und zupfte an einer besonders empfindlichen Stelle an dem Stoff. «Sind sie heiß, wenn man darin arbeitet?», fragte ich so unschuldig wie möglich.

Genau in dem Moment packte Daddy den Splitter mit der Zange und zog so heftig daran, dass er Alma auf die Zehenspitzen hob. Jason sog hörbar Luft ein und seine Füße schnellten in die Höhe. Dann war in nur zwei Sekunden alles vorüber. Daddy schwenkte ein siebzehn Zentimeter langes Stück blutverschmierten Holzes, das noch zwischen den gezackten, angerosteten Klemmbacken der Zange steckte.

Jasons aufgerissene Augen hefteten sich auf den Riesensplitter und wanderten dann zu der Zange weiter. Ganz offensichtlich fiel es ihm schwer, seinen Blick auszurichten.

«Verdammt noch mal, Doc, das sieht wie eine Zange aus, womit Sie mich bearbeitet haben!»

«So ist es», sagte Daddy, während er das Holzstück in einen Plastikbeutel fallen ließ und als Andenken auf Jasons Brust legte. Dann gab er mir die Zange. «Die kannst du jetzt in den Werkzeugkasten zurücklegen.»

«Doc», sagte Jason, «das ist eine billige chinesische! Ich hätte ein paar Craftsmans-Profi-Zangen draußen im LKW gehabt!»

Er sprach mit zunehmend schleppender Stimme. Nachdem der Adrenalinschub vorbei war, setzte nun die Wirkung des Schmerzmittels ein. Wormey würde ihn wahrscheinlich nach Hause tragen müssen.

Am nächsten Tag kam Jason in die Praxis, um seine Wunde kontrollieren und den Verband wechseln zu lassen. Als er mit der in einen unförmigen weißen Verband gewickelten, an der Brust lehnenden Hand hinausging, beugte er den Kopf herab, um mir «Sie haben mich ausgetrickst!» zuzuflüstern.

«Was?», sagte ich und versuchte wiederum, ganz unschuldig dabei auszusehen.

«Als ich gestern nach Hause gegangen bin, hab ich mich gefragt, ob Sie mich vielleicht mögen, aber als die Wirkung von dem Medikament nachließ, war mir klar, dass Sie nur nicht wollten, dass ich die Zange sehe.» In seinem Gesicht spiegelte sich eine Mischung aus Beschämung und Amüsiertheit.

«War ein Versuch, Ihnen zu helfen», sagte ich lächelnd.

«Das war ein schmutziger Trick.»

«Hat aber funktioniert, nicht wahr?», sagte ich.

«Ja, und wie», sagte er. «Aus Ihnen wird noch eine teuflisch gute Krankenschwester, Carolyn.»

Frühling

fünfzehntes kapitel

Ich schaute aus dem Fenster und betrachtete die zart grünen Blätter an den Bäumen. Die Judasbäume blühten am Saum eines jeden Waldfleckens. Die Farmer fuhren nun schon langsam mit ihren Traktoren über die Felder, pflügten und säten.

Es war April. Ich war seit sechs Monaten beurlaubt und sehnte mich danach, meine eigene Arbeit und mein eigenes Leben wieder aufzunehmen. Ich beglückwünschte mich dazu, dass es mir noch gelang, die Arbeit und das Leben in Washington als meine eigentliche Arbeit und mein wirkliches Leben zu betrachten. Offensichtlich verfügte auch ich über die Entschiedenheit, für die meine Familie berühmt war.

Momma war nicht mehr schwach, aber da sie zweiundsiebzig war und das Rauchen nicht lassen konnte, hielt der Arzt die Wiederaufnahme einer anstrengenden Vollzeittätigkeit nicht für ratsam. Und jeder, der als Ersatz für mich eingestellt würde, müsste erst einmal eine beachtliche Einweisungsphase absolvieren, weil die Abrechnungsschlüssel der Versicherungen und der staatlichen Gesundheitsfürsorge Medicare außerordentlich kompliziert waren. Ich war nicht sicher, ob Daddy es noch verkraften würde, jemanden neu anzulernen, Alma jedenfalls würde es gewiss nicht packen. Das größere Hindernis aber waren die Kosten: diese Praxis konnte sich eine in der Abrechnung versierte Kraft einfach nicht leisten.

Niemals könnte Daddy ein Gehalt zahlen, wie es fachärztliche Gemeinschaftspraxen boten. Wenn die neue Sprechstundenhilfe nennenswerte Bezahlung verlangte, würde er mehr Patienten auf Rechnung behandeln müssen. Ich konnte, glücklicher- und unglücklicherweise, bei Momma und Daddy leben und die Arbeit bei minimaler Anhebung der laufenden Geschäftskosten erledigen.

Als ich gerade damit beschäftigt war, Medikamente zu bestellen, sagte Oreda Brogden mitten aus dem Wartezimmer heraus: «Ich habe Chandler für ein Gespräch mit dem Doktor hergebracht.»

Ich nickte und winkte, damit sie Bescheid wüsste, dass ich sie gehört hatte, und schrieb Chandlers Namen auf die Tagesliste. Als ich meinen Monolog mit dem Anrufbeantworter von Kmart Pharmacy beendet hatte, stand ich auf und lehnte mich, übers ganze Gesicht strahlend, auf den Empfangstisch. Es war früh am Morgen und ich fühlte mich wunderbar. «Hallo!», rief ich laut. Da erst bemerkte ich, dass Oreda erschöpft aussah.

Chandler saß von mir abgewandt in der vordersten Stuhlreihe. Mit vorgebeugtem Oberkörper, die Ellenbogen auf die Knie gestützt, saß er da, die Hände fest umklammert haltend. Er trug wie immer sein weißes Unterhemd mit V-Ausschnitt und Bluejeans. Er drehte sich ein wenig herum, um meinen Gruß mit dem Anflug eines Lächelns zu beantworten, aber es glückte nicht recht. Er sah verzweifelt aus, ohne ersichtlichen Grund. Ich suchte sein Krankenblatt heraus und stempelte das Datum in Rot auf den linken Rand einer zerknickten gelben Seite. Er war schon lange Patient bei uns, kam aber nicht oft in die Praxis. Offensichtlich hatte er keine chronischen Beschwerden. Dann hörte ich ihn laut murmeln: «Da laufen Monster an mir rauf und runter.»

Ich lächelte über die Bemerkung, die ich für die witzig gemeinte Beschreibung eines juckenden Hautausschlags oder etwas Ähnlichem hielt.

Daddy stand am Empfangstisch und hörte die Bemerkung

ebenfalls. Abrupt unterbrach er seine Eintragungen in ein Krankenblatt. Durch die Verbindungstür ging er ins Wartezimmer hinüber, setzte sich neben Chandler und sprach eine Weile mit gedämpfter Stimme zu ihm. Als er zurückkam, schloss er die Tür hinter sich und schaute Alma und mich an. «Jetzt ist Vorsicht geboten, Mr. Brogden leidet unter Halluzinationen.»

Eine Warnung von Daddy hatte Seltenheitswert und beunruhigte mich deshalb, Alma hingegen schien das ungerührt zu lassen. Als ich zu ihr hinüberschaute, fuhr sie seelenruhig mit ihrer Arbeit fort. Wahrscheinlich weil wir Chandler alle seit vielen Jahren kannten. Chandler würde keiner Fliege etwas zuleide tun.

«Bring ihn jetzt nach hinten», sagte Daddy ruhig. Außer in Notfällen wartete er normalerweise nicht hier draußen, solange Alma mit den Vorbereitungen beschäftigt war, diesmal jedoch blieb er im Flur stehen, als Alma Chandler nach hinten rief und ihn bat, sich auf die Waage zu stellen.

Nun konnte ich ihn genau ansehen. Seine Augen waren stark blutunterlaufen und seine Nase war dunkelrot, aber darüber hinaus fiel mir nichts Ungewöhnliches an ihm auf. Er war in den Fünfzigern, hatte einen großen Hängebauch und einen ganzjährigen dunkelroten Sonnenbrand von seiner jahrzehntelangen Tätigkeit als Asphaltleger. Alles an seinem Gesicht hing schlaff herab und gab ihm das Ansehen eines Jagdhundes.

Während er gewogen wurde, drehte er den Kopf nach hinten, um über die Schulter mit Daddy zu sprechen. «Doc, Sie müssen mir helfen. Irgendjemand *muss* mir helfen. Diese Monster *hauchen* ihren *Atem* auf mich. Auf meinen *Nacken*. Ich kann sie *fühlen*.»

In leichtem, beruhigendem Tonfall sagte Daddy: «Wir werden sehen, was wir tun können, Chandler. Lassen Sie uns erst einmal die Temperatur und den Blutdruck messen, wie sonst auch immer, in Ordnung?» Dann machte er Alma ein Zeichen, ihn in das erste Untersuchungszimmer zu bringen.

Als Chandler außer Hörweite war, fragte Daddy Oreda: «Wie lange ist er schon in diesem Zustand?»

«Gestern Abend ist es schlimm geworden», sagte sie. «Wir schlafen in verschiedenen Zimmern an entgegengesetzten Enden von der Baracke. Mir war nichts aufgefallen, bis er mitten in der Nacht um Hilfe rufend angerannt kam. Noch bevor ich aus dem Bett aufstehen konnte, um nachzusehen, was los war, hatte er mit einem Stock alle meine Zimmerpflanzen kurz und klein geschlagen, dabei schrie er, dass die Ungeheuer hinter ihm her wären und über seinen ganzen Körper kriechen und ihren Atem auf ihn hauchen würden. Er wollte, dass ich bei ihm bleibe, damit er schlafen könnte. Er sagte, dass er Angst hätte zu schlafen, wenn ich nicht bei ihm wachen würde, sodass ihn keiner zu packen bekäme. Ich habe die ganze Nacht mit ihm im Wohnzimmer auf der Couch gesessen und gewartet, bis ihr aufgemacht habt.»

Daddy ging mit Chandler in das Untersuchungszimmer, ließ die Tür aber angelehnt. Wir konnten seine Fragen und die Antworten alle mit anhören.

«Haben Sie was getrunken, Chandler?»

«Nein.»

«Irgendwelche Drogen, Pillen oder sonst was eingenommen?»

«Nein.»

«Hat irgendjemand in Ihrer Familie schon einmal psychische Probleme gehabt?»

«Nein.»

«Haben Sie irgendwelche Pestizide benutzt?»

«Nein.»

«Dünger, Insektizide, Unkrautvernichtungsmittel?»

«Nein. Na ja, ich hab die Tabakpflanzen gegen Saugläuse gespritzt und ein bisschen gedüngt.»

Vielleicht hatte er sich dabei vergiftet.

«Warten Sie hier eine Minute, Chandler. Ich bin gleich wieder da.» Daddy kam heraus, um mit Oreda zu sprechen. Er stellte ihr die gleichen Fragen wie Chandler, und sie bestätigte alles, was Chandler gesagt hatte.

«Das ist wirklich rätselhaft», sagte er. «Schizophrenie ist etwas, was normalerweise in der Familie liegt, und sie kommt nicht erst in so fortgeschrittenem Alter zum Ausbruch.» Daddy sah verwirrt aus.

Er ging ins Untersuchungszimmer zurück. «Wir nehmen Ihnen jetzt ein bisschen Blut ab, und das wird uns helfen herauszufinden, was da eigentlich los ist. In Ordnung?»

Er bat Alma, ein großes Blutbild zu machen, und flüsterte mir dann zu, ich sollte den Brogdens nichts berechnen. Sie waren beide ohne Stelle.

Als Chandler an den Empfangstisch trat, um zu bezahlen, sagte ich ihm, dass es für heute keine Rechnung gäbe. Er schaute mich aus seinen stark blutunterlaufenen blauen Augen an. Die Augenlider hingen herab und die Augenwinkel schienen zu tränen. Bodenlose Angst und Not lagen in ihrem Blick. Solche Augen hatte ich noch nie gesehen. Obwohl dieser Anblick schmerzhaft war, konnte ich mich nicht davon losreißen.

Wie zur Entschuldigung dafür sagte ich: «Sie haben wunderhübsche blaue Augen.»

«Sie sind ganz rot, weil ich schon drei Wochen nicht mehr geschlafen habe», sagte er.

«Drei Wochen!», sagte Oreda erschrocken. «Chandler, du hast mir nicht gesagt, dass das schon so lange so geht!»

«Nun, so ist es aber», sagte er.

«Trotzdem haben Sie noch immer hübsche blaue Augen, und Daddy wird schon herauskriegen, was mit Ihnen los ist. Wollen Sie nicht versuchen zu schlafen, wenn Sie nach Hause kommen?»

«Ich werde es versuchen.»

Ich gab ihm seine Rezepte. Daddy hatte ihm ein paar starke

Beruhigungsmittel und Psychopharmaka aufgeschrieben, die ihm gewiss Erleichterung verschaffen würden.

Er schaute mich weiter mit seinem Bluthundblick an und sagte: «Ihr seid alle einfach *gute* Menschen. Ihr seid einfach so gut. Ich dank euch.»

Er blieb vor mir stehen, und wir schauten einander unverwandt in die Augen. Nie zuvor hatte mich jemand mit solch tiefer Verzweiflung angesehen. Ich streckte meine Hand aus und fasste seine. Im selben Moment schob Oreda ihren Arm auf der anderen Seite in seinen und zog ihn in Richtung Tür. Ich behielt seine Hand umfasst in meiner, und er ließ meine auch nicht los. Als er um den Empfangstisch herumging, hob ich unsere umklammerten Hände über die Bücherstapel und Ordnerhaufen hinweg und hielt seine Hand solange es ging in meiner gefasst. Es war wie ein Tanz.

Dann begann er zu weinen.

«Rufen Sie uns an, wenn Sie etwas brauchen», sagte ich und begann auch zu weinen.

Am nächsten Morgen bekamen wir das Ergebnis seiner Blutuntersuchung. Daddy hatte über dreißig Bluttests angefordert, die er alle aus der eigenen Tasche bezahlen musste. Die Untersuchungsergebnisse waren alle in Ordnung. Alle Werte lagen im Normalbereich, eine bemerkenswerte Leistung für einen vormals starken Trinker, der sich sehr fettreich ernährte.

Ich rief Oreda an, um ihr die Untersuchungsergebnisse mitzuteilen. «Wie geht es ihm?», sagte ich dann.

«Nun, er hat den ganzen Tag auf der Couch geschlafen, während ich bei ihm saß, aber in der Nacht musste er wegen der Ungeheuer wieder auf sein», sagte sie. «Ich durfte ihn keine Minute allein lassen, aber ich hab ihm gesagt, dass der Arzt mir aufgetragen hätte, in die Scheune zu gehen und nachzuschauen, was er den Tabakpflanzen verabreicht hätte.»

Sie sagte mir die Namen der Spritzmittel, die er für den Tabak genommen hatte, aber sie hatte nur die Handelsnamen, nicht die Angaben zur chemischen Zusammensetzung.

«Soll ich mich beim Giftnotruf erkundigen?», fragte ich Daddy. «Die werden wissen, was in diesen Sprays drin ist.»

«Nein», sagte er. «Frag Oreda noch einmal, ob er möglicherweise etwas getrunken oder Drogen oder Gift eingenommen haben könnte.» Das tat ich, und sie sagte: «Nein. Nichts. Gar nichts.»

«Nun», sagte Daddy, «dann werden wir einfach abwarten, ob die Psychopharmaka helfen.»

Am nächsten Morgen klingelte als Erstes, noch bevor ich mich zum Frühstück hingesetzt hatte, das Telefon. Es war Oreda. Sie weinte. «Chandler ist vergangene Nacht gestorben», sagte sie. «Er ist im Schlaf gestorben. Ich bin nur für einen *ganz kurzen* Moment eingeschlafen, nur fünf Minuten lang, und als ich aufgewacht bin, war er tot!»

«Ach, nein, Oreda. Das tut mir so sehr leid.»

«Ich habe nicht so gut auf ihn aufgepasst, wie er es gebraucht hätte», sagte sie. «Ich bin eingeschlafen und er ist *gestorben.*»

«Ach, Oreda, es war nicht Ihre Schuld. Warten Sie eine Sekunde. Ich will den Doktor holen. Er wird mit Ihnen sprechen wollen.»

Ich rannte den Flur entlang, um es Daddy zu erzählen. Sein Unterkiefer fiel für einen Moment hinunter, dann schloss er den Mund und verbarg seinen Schock hinter einer undurchsichtigen Miene. Er hob auf dem Apparat in seinem Büro ab. «Oreda? Was ist geschehen?», hörte ich ihn behutsam fragen.

Es blieb eine Weile still und dann konnte ich hören, dass er sie zu trösten versuchte. «Sie hätten nichts tun können. Davon, dass Sie kurz eingeschlafen sind, ist Chandler nicht gestorben. Sie hätten nichts tun können. So etwas geschieht manchmal und keiner weiß warum, aber es lag ganz gewiss nicht bei Ihnen.»

Chandler hatte bei uns Hilfe gesucht. Er war voller Verzweiflung gewesen und hatte uns gebraucht, und wir hatten nicht gewusst, wie wir ihm helfen konnten, hatten rein gar nichts tun können, um ihn zu retten.

Nachdem Daddy aufgelegt hatte, kam er zu meinem Schreibtisch und stand eine Weile dort. «Was glaubst du, wo Chandler nun ist?», sagte er. «Ich meine, glaubst du, dass er an einen schlimmen Ort gekommen ist?»

Überrascht schaute ich auf und sah, dass mein Vater unsicher und angstvoll war. So hatte ich ihn noch nie erlebt. Die tiefe Bedeutung der Frage beunruhigte mich ebenfalls. Es überraschte mich, dass er bei mir Antwort suchte.

«Was?», fragte ich, um Zeit zu gewinnen.

«Du weißt ja, dass er Ungeheuer gesehen und ihren Atem auf seinem Nacken gespürt hatte», sagte Daddy, dabei sah er aus, als würde ihn etwas verfolgen. Es war der Blick eines Mannes, dessen erste neunzehn Lebensjahre von den wüsten Drohungen einer ländlichen Südstaatenreligion geprägt waren und der diese Bedrohlichkeit dann bei seinem achtzehn Monate währenden Dienst als Marinesoldat im Koreakrieg gesteigert durchlebt hatte. Er war auf dem ersten Schiff gewesen, das in den Krieg hinausgeschickt wurde, und mit dem letzten Schiff aus Korea zurückgekehrt.

«Glaubst du, dass Chandler eine Vorahnung davon hatte, was auf ihn zukam, so etwas wie eine Vision? Von einem *Ort*?», fragte er, wobei er sich offensichtlich in einer Schreckensvorstellung verfangen hatte.

«Nein», sagte ich fest. «Das glaube ich nicht.» Und ich fügte hinzu: «Ich glaube nicht, dass Chandler eine Vision der Hölle hatte. Ich glaube nicht, dass er in die Hölle *gekommen* ist. Es gibt keinen solchen Ort. Ich *weiß* es.»

«Das *würdest* du gerne wissen», sagte Daddy.

Ich wusste, was die Kirche ihm beigebracht hatte, aber was

er damals im Krieg gesehen hatte, würde ich nie erfahren. «Gott würde keinen solchen Ort erschaffen», sagte ich in dem Wunsch, ihm zu helfen. «Es liegt kein Sinn darin. Er liebt uns. Ich weiß, dass Er uns liebt.»

Als er still blieb, fuhr ich fest und zuversichtlich fort: «Was zuinnerst im Kopf und Herzen eines Menschen vorgeht, kommt nirgendwo auf der ganzen Welt so deutlich zum Ausdruck wie in seiner Vorstellung von Gott. Wenn ich jemandem zuhöre, der seine Vorstellung von Gott beschreibt, kenne ich seine Vorstellung von der *ganzen Welt*. Unsere Vorstellungen von Gott kommen direkt aus unserem tiefsten Inneren. Ich bin ein optimistischer Mensch, also habe ich die Vorstellung, dass Gott gut ist und dass es eine Art Plan gibt, der alles erklärt. Ich kenne ihn nicht. Aber es stört mich nicht, dass ich ihn nicht kenne. Ich *brauche* es nicht zu wissen. Ich vertraue Ihm. Und ganz gewiss glaube ich nicht, dass ich eine Bauernfigur in einer Art Brettspiel bin. Solange wir leben, sollen wir uns darum bemühen, nach bestem Vermögen gute Menschen zu sein und das Beste für unsere Mitmenschen zu tun, und wenn wir sterben, kehren wir dorthin zurück, wo wir vor unserer Geburt waren. Und das ist kein brennender, feuerlodernder Ort mit Ungeheuern, die ihren Atem auf unseren Nacken hauchen.»

Daddy starrte mich unverwandt an. «Ist es so?», sagte er.

Dann drehte er sich um, ging in sein Büro zurück, schloss die Tür und kam lange nicht hervor.

An jenem Abend kam Fletcher herüber und wollte nach der Ursache für ein lautes Motorengeräusch bei meinem Mercedes suchen. «Ich weiß nicht, woher dieses Geräusch kommt, Carolyn, aber fahr bitte nicht damit, bis ich es herausgefunden habe. Es könnte irgendetwas kaputtgehen.»

«Also gut», sagte ich. «Dann werde ich mit dem alten Pick-up fahren.» Frustriert trat ich gegen einen der Reifen. «Weißt du, ich habe beschlossen, den Tatsachen ins Auge zu sehen: Ich bin eben einfach ein Redneck. Es war verrückt von mir, jemals etwas anderes zu glauben.»

«Mach dir keine Gedanken, Carolyn», sagte er, während er sein Werkzeug zusammenpackte, «es wird schon richtig auskommen.»

«In Washington wäre ich vielleicht übers Ziel hinausgeschossen, aber da habe ich mich an das gehalten, was scheinbar von mir erwartet wurde. Ich habe versucht, erfolgreich zu sein. Ich bin dazu erzogen worden, *erfolgreich* zu sein. Inzwischen weiß ich nicht mehr, was das eigentlich bedeutet.»

«Wenn du irgendjemanden hier fragst», sagte Fletcher, «wird er sagen, dass er deine Mutter und deinen Vater für erfolgreich hält.»

«Aber was würden sie über ihre Tochter sagen?»

«Dass sie eine gute Tochter ist und ihrer Familie dabei hilft, sich um die Menschen hier zu kümmern.»

«Aber ich kann mich doch gar nicht um sie kümmern!», sagte ich. «Ich sitze einfach auf einem Stuhl und schaue zu, wie sie sterben. Wusstest du das nicht?»

«Ich habe von Chandler gehört.»

«Wie kann man es nur aushalten, Tag für Tag an einen solchen Ort zurückzukehren? Die Vorstellung, Menschenleben retten zu können, ist schön und gut, aber wenn du das nicht mehr glauben kannst, wo liegt dann noch der Sinn?»

«Einfach da zu sein ist manchmal das Beste, was wir für jemanden tun können», sagte Fletcher, «und die traurige Wahrheit ist, dass es manchmal auch das Einzige ist. Und wenn wir einmal nicht wissen, wie wir etwas für andere tun können, können wir doch zumindest für sie da sein. Aber das braucht Mut. *Alles* braucht Mut. Man braucht Mut, wenn man sich um Menschen kümmert. Doch was soll man sonst tun?»

In dem Moment wurde mir klar, dass Fletcher uns soeben das Motto für ein Familienwappen gegeben hatte: WIR SIND DA.

Jeden Tag, komme, was da wolle, und überdies ertrugen wir das alles mit gelassenem Schweigen. Ich würde weiterhin zur Arbeit gehen müssen, ohne mich zu beschweren, weil es von mir erwartet wurde; und Daddy und Momma würden mich nicht mit Dankbekundungen überschütten. In einer anderen Familie hätte man offen darüber gesprochen, ob ich wieder gehen oder bleiben wollte, aber bei uns würde das niemand tun. Das war nicht unsere Art. Bei uns würde jeder seinen Part spielen, solange es ihm möglich war. Hoffnungslos frustriert starrte ich Fletcher an.

«Weißt du, man kann das auch anders sehen», sagte er.

«Und zwar?»

«Du weißt doch, dass dort, wo in den Geschichten der Bibel ein Engel auftaucht, der erste Satz immer lautet: ‹Fürchte dich nicht!›»

«Ja.»

«Nun, ich habe fast mein ganzes Leben dazu gebraucht, um schließlich herauszufinden, dass er uns mit diesen Worten unsere Angst nicht nehmen will. Er gibt uns einen Befehl. Es ist ein Befehl, der mehr als dreihundert Mal in der Bibel gegeben wird. Der Herr befiehlt uns, unsere Furcht nicht zuzulassen. Wir können es uns nicht leisten, Angst zu haben. Das würde uns einfach davon abhalten, unsere Aufgaben zu erfüllen.»

Ich war sprachlos. Eine solche Deutung war mir nie in den Sinn gekommen, und sie entsprach gewiss nicht dem, was in der Kirche gelehrt wurde. Furchtlosigkeit entwickeln wir nicht, wenn wir Trost erfahren, wenn Gott uns auf die Schulter klopft und uns ein Teil der Angst genommen wird. Vielmehr bedarf es der bewussten Entscheidung, unserer Schwäche nicht nachzugeben. Wir müssen den Spieß bewusst herumdrehen, so wie Virgil Dante davon überzeugte, dass man der Hölle am besten entrinnt, indem man an dem Teufel mit den haarigen Beinen hinaufklettert.

«Ich weiß nicht, ob ich diese Art von Mut habe», sagte ich.

«Aber genau darum geht es ja», sagte Fletcher. «Jeder bekommt Angst. Es ist ganz in Ordnung, Angst zu haben. Aber die Angst darf nicht dein Leben bestimmen. Wenn du dem Herrn nur in dieser *einen* Sache folgst, wirst du kaum Mut brauchen – noch nicht einmal Glauben.

Folge Ihm nur in diesem einen Punkt», sagte Fletcher.

sechzehntes kapitel

Also war ich am nächsten Tag wieder da. Als Kermit zum Empfangstisch geschlurft kam und einen Anblick bot, als wäre er bei einer Bombenexplosion im Ground Zero mit dabei gewesen, murmelte ich «Fürchte dich nicht!» vor mich hin.

Seine Haut war überall aufgeschürft. Seine Kleidung war staubig und zerfetzt, und sein Haar stand um den ganzen Kopf herum stachelborstig hoch. Das auffallend zerzauste Erscheinungsbild schien sich zu Kermits Markenzeichen zu entwickeln. «Haben Sie wieder Pfostenlöcher gebohrt?», fragte ich.

«Bloß nicht. Das hier wird keiner *mir* anhängen können. Das ist *sein* Verdienst», sagte er und zeigte auf seinen Freund Obie Snyder, der ihn hergebracht hatte. Obie stand mit beschämter Miene abseits.

Ich winkte ihnen, mir nach hinten zu folgen, und schickte Kermit in sein übliches Untersuchungszimmer. Obie folgte ihm. Daddy begegnete ihnen im Flur. «Guten Tag, die Herren», sagte er und nickte ihnen zu.

«Was ist jetzt passiert?», flüsterte er mir zu.

«Keine Ahnung», antwortete ich, «aber Pfostenlochbohrungen können ausgeschlossen werden.»

Weil ich unbedingt wissen wollte, was im Hinterzimmer erzählt wurde, machte ich etwas, wofür ich mich ein wenig schäme.

Ich stellte beide Telefonleitungen auf Warteschleife, um eventuelle ärgerliche Unterbrechungen zu verhindern, und postierte mich in der Tür, während Daddy Kermit untersuchte.

Daddy betupfte einige hundert rote Kratzer mit Merthiolate, systematisch arbeitete er sich von Kopf bis Fuß vor. Jedes unbedeckte Fleckchen Haut war wundgeschürft, als wäre Kermit durch ein Dornendickicht geschleift worden.

«Doc, das ist ganz allein meine Schuld», sagte Obie. «Ich wollte Kermit helfen, seinen neuen kleinen Black Baldie nach Hause zu führen.»

Kermit hatte offenbar ein neues Kalb gekauft, das gerne auf Wanderschaft ging. Es wollte einfach nicht zu Hause auf der wunderbaren Weide bleiben. Normalerweise lief es, wenn es entwischen konnte, nicht allzu weit, aber dieses Mal war es zwei Tage verschwunden gewesen. Kermit hatte es überall vergeblich gesucht, bis Obie ihn anrief und mitteilte, dass es in seinem Hof sei.

«Ich wusste genau, dass Kermit das Kalb nicht allein nach Hause zurückbringen konnte. Der kleine Kerl hat noch nicht gelernt, am Strick zu gehen, und es ist über eine Meile weit. Da kam mir eine Idee, wie man ihm den langen Fußweg ersparen könnte.»

Obie erklärte Kermit, dass er ganz langsam mit seinem Auto fahren würde, während Kermit im Kofferraum läge, den Kälberstrick fest in der Hand. Auf diese Weise würden sie das Tier leicht nach Hause schaffen können. Unglücklicherweise hatte das kleine 500-Pfund-Kalb diesen Plan nicht verstanden oder wollte einfach nicht mitspielen. Es hatte noch nicht gelernt, am Strick geführt zu werden, und verspürte auch keinerlei Neigung, einem Auto quasi auf dem Fuß zu folgen. Ein Hund wird einem Auto ganz von selbst hinterherjagen, ein Kalb aber offensichtlich nicht.

Kermit hatte den Strick um Hand und Handgelenk geschlungen, um das Kalb gut im Griff zu behalten. Aber damit hatte das Kalb Kermit ebenfalls gut im Griff. Selbst ein kleines Kalb hat enorme Kraft, und wenn es seine vier glänzenden, spitzen Hufe fest in den Boden stemmt, kann es eine unglaublich starke Bodenhaftung erzielen. Es würde mich nicht wundern, wenn die Kuh als Vorbild für den Vierradantrieb gedient hätte. Es mag auch eine Ziege gewesen sein, aber das Prinzip ist das gleiche.

Obie legte also den Gang ein und fuhr im Schneckentempo die geschotterte Auffahrt hinab.

«Vielleicht war's ja der Rauch, der dem kleinen Gesicht entgegenblies – Obies Auto verbrennt viel Öl –, es kann aber auch der Schotter gewesen sein, der beim Anfahren nach hinten wegspritzte –, irgendwas hat das Kalb auf jeden Fall erschreckt», sagte Kermit. «Und dann hat es gescheut. Hat sich einfach nicht vom Fleck gerührt. Ich wollte nicht losbrüllen, dass Obie anhalten sollte, das hätte den kleinen Kerl nur noch mehr verschreckt, und Obie konnte nicht sehen, was eigentlich los war, weil der Kofferraumdeckel hochstand. Also ist er weitergefahren und das Kalb hat weiter gescheut.»

Das Resultat war, dass Kermit plötzlich aus dem Kofferraum eines fahrenden Autos hinausgezogen wurde. Als Obie Kermit im Rückspiegel auf dem Weg liegen sah, hielt er an. Aber diese Männer waren nicht so leicht zu entmutigen, sie beschlossen, es noch einmal zu versuchen. Dieses Mal begriff das Kalb, was sie vorhatten, und rannte davon, noch bevor Kermit sich dem Auto genähert hatte, und dabei schleifte es ihn über den Schotterweg hinter sich her. Skilaufen auf felsigem Grund mit dem Gesicht nach unten.

Das Kalb frohlockte wahrscheinlich angesichts dieses Spiels. Ich könnte mir gut vorstellen, dass es, seiner Last ledig, nachdem Kermit sich endlich befreit hatte, noch meilenweit weitergerannt und nach hinten austretend davongesprungen ist. Wahrscheinlich war es inzwischen zu Obies Auffahrt zurückgekehrt, in der Hoffnung, das ganze Spiel von vorne zu betreiben.

Als die Lage sich wieder beruhigt hatte, rief ich Jacob an, in der Hoffnung, etwas Aufmunterndes zu erfahren. Weit gefehlt.

«Was verpasse ich gerade?», fragte ich.

«Das möchte ich dir diesmal lieber gar nicht sagen.»

«Oh nein», sagte ich argwöhnisch. «Was denn?»

«Du weißt doch, dass die Marine den Senator zu einer Fahrt mit dem Atom-U-Boot eingeladen hatte?»

«Die Fahrt, die unter der Polkappe entlangführen sollte?», sagte ich, und mir schwante schon etwas.

«Ja. Nun, er will nicht mitfahren. Er sagte: ‹Lassen Sie mich das einmal in klare Worte fassen. Die wollen mich mit hundert Kerlen, ohne eine Frau und ohne Schnaps in eine Blechbüchse einschweißen und eine Woche lang ins Eiswasser tunken? Die sind nicht ganz bei Trost.›

Und dann hat er gesagt, dass du an seiner Stelle fahren könntest.»

Diese Fahrt war seit Jahren mein Traum gewesen. «Oh Gott», sagte ich. «Was hab ich hier bloß verloren?»

Das habe ich mich auch schon gefragt», sagte Jacob. «Warum kannst du ihnen nicht einfach helfen, jemanden einzustellen, und dann hierher zurückkommen? Oder bist du etwa auf einem *Erlösungstrip*?»

«Nein», sagte ich. «Da ist mehr dran.»

«Carolyn, wirst du jemals zurückkommen? Irgendwann? Bitte komm zurück.»

Ich konnte nicht antworten.

«Du fehlst mir», sagte er, «die Weltherrschaft will einfach kaum noch Spaß machen ohne dich.»

«Du fehlst mir auch. Du kannst dir gar nicht *vorstellen,* wie sehr. Auf jeden Fall kannst du dich mit allen, die da sonst noch in Washington sind, unterhalten. Hier interessiert sich niemand dafür, was die *Washington Week in Review* über die Ereignisse der Woche berichtet. Gegrilltes Schweinefleisch ist hier feine Küche. Nichts von dem, was ich hier tue, wird jemals im C-Span[3] gesendet werden. Selbst wenn ich jemandem das Leben retten würde, wäre das hier keine Meldung wert!

Aber ich kann auch nicht einfach weglaufen. Ich habe Verpflichtungen, Verantwortung, gegenüber Daddy, gegenüber Momma, gegenüber den Menschen hier. Ich will ja zurückkommen, glaub mir das. Aber irgendetwas hat es auf sich mit diesem Ort und dem, was ich hier tue. Ich versteh's selbst nicht.»

«Für jemanden wie dich ist es einfach absurd, diese lächerliche Arbeit zu tun.»

«Wenn ich mich nicht drum kümmere, bedeutet das im Endeffekt, dass ich es zwei über Siebzigjährigen überlasse, hier die Stellung zu halten, und einer davon ist definitiv nicht in der Lage dazu. Wenn ich nicht auf diesem Stuhl sitze, wird die Praxis geschlossen. Das hier ist so etwas wie eine Ikone für die ganze Gegend. Und wenn ich weggehe, verschwindet sie unwiderruflich. Daddy ist seit Urzeiten mit den Gesetzen vertraut, kein anderer könnte zu so geringen Kosten tätig sein. Und wenn die Behandlungspreise steigen, werden Hunderte von Menschen es sich nicht mehr leisten können, zum Arzt zu gehen – und zwar die guten, die, die arbeiten, die, die nicht in die staatliche Gesundheitsfürsorge übernommen werden, weil sie eine Arbeitsstelle haben, dort aber keinerlei Versicherungsschutz erhalten.»

Mir war gar nicht bewusst gewesen, was da alles in mir rumorte.

«Wenn ich hier nicht mehr auftauche, bedeutet das so viel wie, dass *mir mein* Wunsch wichtiger ist als die Not Hunderter anderer Menschen. Du weißt genauso gut wie ich, wer das ist – all jene Leute, die den Politikern angeblich am Herzen liegen – die sogenannte ‹arme Arbeiterschaft›. Menschen, die sich halb tot arbeiten und trotzdem nicht genug zum Leben verdienen. Und das muss ich schon sagen, so eine Entscheidung würden meine Eltern wirklich missbilligen.» Ich hielt inne und fügte dann hinzu: «Und ich auch.»

Darauf folgte ein langes, quälendes Schweigen. Dann zitierte ich eine unserer Lieblingsstellen aus *Heinrich V.*, aber es war das erste Mal, dass ich es ohne Zynismus tat. ‹Und was haben Könige den einfachen Soldaten voraus – außer dem Pomp – außer allgemeiner Zeremonienfeierlichkeit?›»[4]

Jacob schwieg noch immer. Wir hingen beide unseren Gedanken darüber nach, wie sehr wir selbst Pomp und prachtvolles Zeremoniell genossen.

Dann fügte ich hinzu: «Und das ist das wirklich Erschreckende an der ganzen Sache, Jacob. Du weißt ja genau, dass wir immer davon reden, im öffentlichen Dienst arbeiten zu wollen, um den Menschen zu helfen.»

«Natürlich», sagte er.

«Nun, hier habe ich manchmal das Gefühl, *tatsächlich* Menschen zu helfen. Echten Menschen. Das ist mehr als eine Vorstellung. Es ist *nicht viel*, was ich für sie tun kann. Und es hat auch nichts Glamouröses, aber manchmal kommt es mir so vor, als würde ich hier mehr Gutes tun als bei aller Senatsarbeit, indem ich einfach nur Körperflüssigkeiten aufwische und den Leuten mit einem freundlichen Gesicht begegne.»

Es folgte ein noch längeres Schweigen. Dann sagte Jacob: «Es ist peinlich, das zugeben zu müssen, aber du magst recht haben. Gestern brachte ein Senatsmitglied eine Profi-Baseball-Mannschaft mit ins Hart Building. Die Leute kamen aus ihren Büros und standen auf den Balkonen im Innenhof, um sie zu sehen. Zu dem Burschen neben mir bemerkte ich scherzhaft, dass die Regierung ihre Tätigkeit eingestellt habe, um einigen herumlaufenden Baseballspielern zuzuschauen, und dass ich gerne wüsste, wie viel es das Land wohl koste, dass wir alle untätig herumstanden. ‹Umgekehrt wird ein Schuh draus›, meinte er, nämlich dass es billiger und besser für das amerikanische Volk sei, wenn die Senatsangestellten freigestellt seien.»

Ich lachte.

«Vielleicht hatte er recht, Carolyn. Und trotzdem möchte ich, dass du zurückkommst. Ich liebe dich nun mal.»

«Ich weiß. Und ich liebe dich auch.»

Ich legte auf und brach in Tränen aus. Dem besten Freund, den ich je hatte, der besten Arbeitsstelle und der Traumreise meines Lebens standen meine Eltern gegenüber, die mich dringend brauchten, und die Gelegenheit, den Menschen hier, mit denen ich groß geworden war, wirklich helfen zu können. Die Kraft, mit der es mich in beide Richtungen zugleich zog, schien mich zerreißen zu wollen.

«Praxis Dr. Jourdan», sagte ich.

«Hier ist Langston. Ich brauche meine Darvocets. Sie haben irgendwas anderes bestellt, irgendwas, das Ultram heißt. Als ich meine Darvocets abholen wollte, haben sie mir dieses Zeug gegeben. Ich bring das zurück. Dafür bezahle ich nicht.»

«Warum nicht? Es ist ein neues Schmerzmittel, das nicht narkotisierend wirkt.»

«Haben Sie die Liste mit den Nebenwirkungen gelesen? Ein Mittel mit solchen Nebenwirkungen kann ich nicht nehmen. Da bleib ich lieber bei meinen Darvocets.»

Ich startete den Versuch, ihn zu einer wichtigen, wenn auch wohl wirkungslosen Einsicht zu bringen. «Langston, haben Sie jemals darüber nachgedacht, dass Sie von diesem Medikament süchtig werden könnten?»

«Ich bin nicht abhängig. Auf der Flasche steht, dass man alle acht Stunden eine Tablette nehmen kann, und ich nehm nur alle zwölf Stunden eine.»

«Aber das heißt nicht, dass man *sein ganzes Leben lang* alle acht Stunden eine nehmen kann, Langston! Das gilt nur für ein paar Tage nach einer Verletzung.»

«Aber ich hab *Schmerzen*, ganz schreckliche Schmerzen.»

Die hatte ich auch.

Den Telefonkopfhörer aufgesetzt, kreiselte ich auf meinem Architektenstuhl hin und her, während ich Walker Eskridges bis ins kleinste Detail gehender Beschreibung seiner perianalen Dermatitis zuhörte. Gespräche dieser Art gehörten zum normalen Arbeitsalltag und gewöhnlich machten sie mir nichts aus. Doch als ich dann meinen Kreisbogen etwas weiter schlug, sah ich, dass jemand am Empfangstisch zum Wartezimmer stand. Mein braunes und mein grünes Auge fingen sich in den beiden himmelblauen Augen von Matthew. Er schien sich großartig zu amüsieren. Es verschlug mir die Sprache, und das Ende der recht anschaulichen Frage, zu der ich schon angesetzt hatte, blieb mir im Halse stecken.

Matthew bemühte sich sehr, nicht laut loszulachen. Ich spürte, wie mein Gesicht heiß wurde. Ich nickte, damit er Bescheid wusste, dass ich ihn gesehen hatte und auf die Liste setzen würde. Er nickte zurück und setzte sich, um einen Artikel in der Zeitschrift *Farm and Ranch* zu lesen.

Zusammengesunken saß ich auf meinem Stuhl und versuchte, meine Würde wiederzugewinnen, als ich auf einen anhaltend lauten, nervenaufreibenden Summton aufmerksam wurde. Ich schaute suchend nach der Ursache herum, bis ich schließlich bemerkte, dass das Dröhnen von Walkers Stimme kam, die immer noch über den Kopfhörer an mein Ohr drang. Walkers Ausschlag hatte ich über meiner eigenen peinlich empfundenen öffentlichen Bloßstellung ganz vergessen.

Daddy kam gerade aus einem der Untersuchungszimmer und ich besann mich, dass ich ihm Walkers Symptome beschreiben musste, um zu klären, was geschehen sollte. Ich legte Walker in die Warteschleife, drehte mich mit dem Rücken zum Wartezimmer und sagte so leise wie möglich: «Ich muss dich etwas zu Walker Eskridges Ausschlag fragen.»

«Gut», sagte er.

«Er hat eine Reihe rezeptfreier Salben und Puder ausprobiert, aber die helfen alle nicht. Was soll er tun?»

«Wo ist der Ausschlag?», fragte er, während er sich umdrehte und zu seinem Mikroskop hinüberging.

«Er ist, oh, am hinteren Ende», murmelte ich.

«Was flüsterst du da herum?», beschwerte sich Daddy ungeduldig über die Schulter gewandt.

«Er ist an seinem Allerwertesten.»

«Was?»

Da gab ich's auf. «Walker Eskridge hat einen Ausschlag am Po, der nicht weggeht. Was soll er tun?»

«Ach, das Problem hat er seit Jahren», sagte Daddy ruhig. «Nichts scheint ihm auf Dauer zu helfen. Ruf Dr. Davis an und vereinbare einen Termin zur Hautuntersuchung für ihn.»

Na wunderbar. Nun musste ich in Dr. Davis' Praxis anrufen und der Sprechstundenhilfe die Höhepunkte erneut beschreiben. Ich warf Matthew heimlich einen kurzen Blick zu. Er hielt sein Gesicht über die Zeitschrift gebeugt. Die Artikel über fortschrittliche Düngerausbringungsmethoden mochten recht spannend sein, aber von der Seite sah es ganz so aus, als würde er grinsen.

Ich bekam einen Termin für Walker und rief ihn zurück, um ihm Zeit und Ort mitzuteilen. Er bestand darauf, dass ich diese Information auch an seine Frau weitergab.

Warum strafte Gott mich so?

Während ich auflegte, sagte Matthew, immer noch scheinbar lesend über seine Zeitschrift gebeugt: «Wo ist dein Auto?»

«Aufgebockt.»

«Was?»

»Es ist ins hohe Gras davongerollt!»

Matthew schlug seine Zeitschrift zu und schaute mich an. «Harter Tag?»

Ich nickte.

Eine Weile saßen wir stumm da, dann sagte ich verdrossen: «Es läuft nicht richtig, und ich werd den Teufel tun und es zu Mercedes nach Knoxville bringen. Das sind Gauner. Die haben den 600-Dollar-Ölwechsel erfunden.»

Mitleidig lächelnd schaute er mich weiter an.

«Ich kann hier sowieso nicht immer mit so einem Auto aufkreuzen. Ich brauche ein etwas schlichteres Gefährt.»

Fragend hob er die Augenbrauen. «Vielleicht so was wie einen Traktor», sagte ich.

«Da kann ich dir vielleicht aushelfen», sagte er.

«Hast du einen Traktor übrig?»

«Ich hab mehr Traktoren, als du mir zutrauen würdest, aber das meinte ich nicht. Wann hast du Feierabend?»

«Gegen halb fünf.»

«Dann komme ich um halb fünf wieder.» Und damit ging er.

«Halleluja!», sagte Alma hinter mir. Ich hatte nicht gemerkt, dass sie so dicht hinter mir gestanden und gehört hatte, was Matthew sagte. Ich drehte mich um und schaute sie verständnislos an.

«Endlich», sagte sie.

«Was?»

«Ein Rendezvous.»

«Mach dich nicht lächerlich», wehrte ich ab. «Ich kenne Matthew seit jeher.»

«Dann bist du dümmer, als ich gedacht habe.»

«Er ist nicht hergekommen, um mich einzuladen», sagte ich verwirrt.

Alma schaute mich an, als wäre ich nicht ganz richtig im Kopf. «Hat er so getan, als ob er krank wäre? Wollte er mit dem Doktor sprechen?»

Er war hereingekommen, hatte mit mir gesprochen und war dann gegangen. Vielleicht hatte Alma nicht ganz unrecht. Ich radierte seinen Namen auf der Warteliste aus.

Um halb fünf kam Matthew in seinem BMW-Oldtimer, um mich abzuholen. Für die fünf Meilen von der Praxis zu seiner Farm brauchte er ungefähr dreieinhalb Minuten. Er donnerte mit achtzig Meilen die Stunde über die Landstraße und bog dann plötzlich scheinbar ungebremst in einem Neunzig-Grad-Winkel auf einen kaum erkennbaren Feldweg ab. Er bretterte mit dem BMW über den schmalen Weg, der sich gewunden am Rand des Farmgeländes hinzog, rauschte durch ein nur verschwommen wahrnehmbares Wäldchen und mit spritzenden Fontänen quer durch einen kleinen Bachlauf.

«Da wohn ich», sagte er, als wir an einer Hütte mit Blechdach, die geduckt am Waldrand stand, vorbeirasten.

«Sie ist hübsch», sagte ich.

«Hab ich selbst gebaut.»

Als wir vorbeifuhren, stob ein Rudel Hunde hervor und rannte freudig bellend hinter dem Auto her. Matthew schoss über ein offenes Feld und an ein paar schönen, gelangweilt schauenden Pferden vorbei. In eine Staubwolke gehüllt rutschte das Auto mit quietschenden Reifen auf drei hintereinanderstehende Metallbauten zu und kam vor dem ersten zum Stehen.

Wir stiegen aus und er schob eine über vier Meter hohe Tür langsam von einem Ende seitwärts auf. Im einfallenden Tageslicht war zunächst nur eine Wolke von Staubkörnern erkennbar, dann tauchte das Gebäudeinnere langsam wie die Mondscheibe mit den auf sie treffenden Sonnenstrahlen aus dem Dunkel auf. Das Gebäude war ganz und gar vollgestopft, aber womit, konnte ich auf den ersten Blick nicht ausmachen. Ich trat über die hohe Schwelle in einen Gang, der so schmal war, dass ich nur seitwärts gedreht darin gehen konnte. Ich brauchte eine Weile, bis ich begriff, was ich da eigentlich sah. Es waren die Karosserien von fünf sehr alten Militärjeeps, die in einem leichten Winkel hochkant aneinandergereiht wie ein Satz olivgrauer Bücher auf einem Regal standen. Die Reifen und Motoren fehlten.

Als Nächstes kamen ein Feuerlöschwagen in Originalgröße, leuchtend rot mit goldenem Schriftzug, und ein Unfallwagen, nein, *zwei* Militärunfallwagen, beide mit altmodischen grünen Planendächern, auf die ein rotes Kreuz aufgemalt war. Hingerissen ging ich den Gang entlang. Es gab noch einen weiteren Oldtimer-Jeep, der funktionstüchtig und fahrbereit aufgestellt war. Er war ungefähr halb so groß wie ein normaler Jeep.

«Der gefällt mir», sagte ich.

«Der ist ganz selten», sagte Matthew. «Es ist ein besonderer Marine-Jeep, der ‹Maus› genannt wird. Ein M-422 Mighty Mite. Er ist so klein konstruiert worden, damit man ihn von einem Hubschrauber abwerfen konnte. Er war nur für eine Strecke von 500 Meilen gedacht und sollte dann weggeworfen werden. Er hat eine Aluminiumkarosserie wie ein Land Rover, aber es ist eine Magnesiumlegierung, und wenn man sie löten will, entzündet sie sich und verbrennt.»

«Eine Art ‹Mission Impossible›-Auto», sagte ich. «Was ist das?», fragte ich und zeigte auf ein Fahrzeug ohne Karosserie, bei dem lediglich ein Sitz, Pedale und ein Lenkrad auf einer Platte angebracht waren.

«Das ist auch sehr selten. Es ist ein besonderer Marine-Lastwagen, der für Vietnam gebaut wurde. Er heißt ‹Muli›. Mit ihm kann man Ausrüstungsgegenstände bis zu einem Gewicht von tausend Pfund an jeden beliebigen Ort schleppen. Das Lenkrad kann gekippt werden, sodass man zu Fuß nebenhergehen und ihn führen oder bei Beschuss dahinter in Deckung gehen kann. Er schafft eine 60-Prozent-Steigung, sogar im Rückwärtsgang. Er arbeitet sich auf einen Hügel hinauf, den man zu Fuß nicht bewältigen kann.»

Merkwürdig, eine motorisierte Maus und ein mechanisches Muli. Dann kamen wir zu einem gewaltigen Metallungeheuer, das so seltsam aussah, dass ich nicht ausmachen konnte, was vorne und was hinten war. «Was ist das?», fragte ich.

«Ein gepanzerter Personentransporter aus dem Zweiten Weltkrieg. Dieser hier fährt auf Rädern. Der andere dort hinten», sagte er und zeigte ins Dunkel, «läuft auf Ketten wie ein Panzer.»

«Meine Güte, Matthew! Was machst du mit dem ganzen verrückten Zeug?»

«Gefällt es dir?»

«Ja, riesig! Es ist sagenhaft. Aber auch ein bisschen unheimlich. So was hab ich noch nie gesehen.»

«Das sind nur die Militärfahrzeuge. Das meiste davon habe ich als eine Art Schrotthaufen in Einzelteilen bekommen. Ich habe sie dann wieder zusammengebaut. Im nächsten Gebäude sind überwiegend deutsche Autos, BMWs und Mercedes, und in dem anderen sind Farmgerätschaften.»

In einer Ecke des Gebäudes stand ein kleiner, quadratischer Post-Jeep. Er war in ziemlich schlechtem Zustand, trug aber immer noch das rot-weiß-blaue Abziehbild wie einen Gürtel rund um seine Mitte herum. Er sah irgendwie unternehmungslustig aus. Und tapfer.

«Verkauf mir diesen Jeep», sagte ich.

«Nein.»

«Warum nicht?»

«Weil's Schrott ist.»

«*Bitte*, verkauf ihn mir», beharrte ich.

«Wofür willst du ihn haben?»

«Ich will damit zur Arbeit fahren.»

«Du hast einen 50.000-Dollar-Wagen, die beste Reiselimousine der Welt, und willst stattdessen mit so was fahren?» Er schüttelte den Kopf. «Ich hab dich immer für klug gehalten», sagte er lächelnd.

Irgendetwas an diesem rauflustigen Jeep schien «Passt schon» zu sagen. Es war das perfekte Fahrzeug für mich: Ein rot-weiß-blaues Auto, das mich an Washington erinnern und zugleich meine Ambitionen belächeln würde.

«Verflixt, das ist ein Rechtslenker, Matthew. Autos mit Rechtslenkung kriegt man nicht unter 30.000 Dollar. Das ist der Land Rover des armen Mannes», sagte ich. «Und überhaupt hat genau dieses Auto den Land Rover Defender bei Steigungs-Traktions-Tests geschlagen.»

Er starrte mich überrascht an. Dieses kleine Insider-Detail hatte ihn beeindruckt. Jetzt wusste er, mit wem er es zu tun hatte. Mit einem weiteren Autofreak. «Okay», seufzte er. «Du kannst ihn haben.»

«Für wie viel?»

«Sagen wir mal als Gegenleistung für die Röntgenaufnahme von der Ziege.»

«Du kannst doch kein Auto verschenken!»

«Guck dich mal um, Carolyn», und er wies mit seinen Armen nach links und rechts in den Raum. «Nimm ihn. Du tust mir einen Gefallen damit.»

«Danke, Matthew.»

«Hast du Lust, eins auszuprobieren?», fragte er.

«Was fährt denn eigentlich?»

«Die fahren alle.»

«Meine Güte», sagte ich. «Ich weiß nicht. Ich kann mich wirklich nicht entscheiden. Was meinst du, welches könnte denn am meisten Spaß machen?»

«Na ja, mir gefällt der gepanzerte Amphibien-Personen-Transporter am besten. Der fährt mit sechzig Meilen die Stunde über die Weide und dann können wir damit durch den Teich fahren. Er bleibt nicht an der Wasseroberfläche, aber er ist wasserdicht, man kann also die Luken verschließen und unter Wasser am

Teichgrund entlangfahren und auf der anderen Uferseite wieder auftauchen.»

So einen verrückten Menschen gibt es wohl nur einmal auf der Welt, dachte ich.

Matthew hob die Flügeltür des Transporters an und auf einem genau passenden unteren Flügel kam eine kleine Treppe zum Vorschein. Er zeigte auf eine runde Plattform, die in der Mitte des Transporters vom Wagendach herabhing. Sie hatte einen kleinen Sitzplatz eingebaut. «Wenn du willst, kannst du auf dem Schützenplatz sitzen. Du kannst deinen Kopf oben hinausstrecken, der Sitz wird dann eine 360-Grad-Drehung machen. Ein Gewehr gibt es leider nicht mehr. Sie werden nicht mit Gewehr verkauft.»

Ich stieg auf den untersten Tritt und steckte meinen Kopf hinein. Allein der kurze Blick in den dickwandigen Metallcontainer mit seinen zwei schmalen Sehschlitzen ließ Platzangst in mir aufsteigen. «Lieber nicht gar so wild. Wie wäre es mit einer Fahrt in der Maus oder dem Muli?», schlug ich vor. «Und du fährst.»

«Gut», sagte er.

Wir fuhren mit dem Maus-Jeep über das Farmgelände. Auf einem Hügel mit wunderschönem Blick auf die Bergkette der Smoky Mountains hielt er an.

«Ich geh oft abends mit den Hunden hier hoch und mach ein Lagerfeuer. Ich schlaf gerne hier oben», sagte er. «Und manchmal parke ich den Pick-up mitten im Bach und schlaf hinten auf der Ladefläche. Ich hör das Wasser so gerne.»

Dann brach Matthew wieder in unbekannte Gefilde auf, und wir rumpelten und kurvten durch die grüne Hügellandschaft. «Was hast du mit dem Post-Jeep vor?», sagte er.

«Der gefällt mir», sagte ich. «Ich mag ihn, weil er quadratisch ist. Wider jede Aerodynamik. In meinen Augen hat dieser Jeep eine richtige Hochfrequenz-Schönheit, die die meisten Menschen nicht wahrnehmen können, wie bei einer Hundepfeife – oder bei einer

Blume, die für unser Auge einfach nur weiß ist, die aber mit den Augen eines Käfers betrachtet, der Infrarotstrahlung wahrnimmt, ganz großartig aussieht.»

«In meinen Augen sieht er recht mitgenommen aus», sagte er.

«Ich werde ihn ‹Lack ab› nennen.»

«Du wirst neuen Lack *auftragen* müssen, wenn er nicht weiter vor sich hinrosten soll.»

«Ich weiß nicht, wie man ein Auto lackiert.»

«Willst du's lernen?»

«Ja und *wie*», sagte ich und war ganz überwältigt davon, dass ein Mann tatsächlich einer Frau anbot, sie in die geheime, geheiligte und gegen jegliches Eindringen von Weiblichkeit wild verteidigte Autowerkstattbastelwelt einzuführen. So etwas hatte es noch nie gegeben. «Ich wüsste gar zu gern, wie man Autos lackiert», sagte ich im Brustton der Überzeugung.

«Dann werd ich es dir beibringen», sagte er und schaute mich lächelnd an. «Michael und ich werden es dir zeigen. Du kennst doch Michael Mayshark, oder nicht?»

«Klar.»

«Der ist der beste ›Lack nach Kundenwunsch‹-Lackierer, den es gibt. Hat die meisten Spezialisten für Sonderanfertigungen von Hand in Knoxville angelernt. Ich werd mal mit ihm reden. Er hat auch einen tollen Platz zum Lackieren.»

«Da müssen wir uns aber beeilen», wollte ich sagen, ließ es jedoch, um nichts auszuplaudern, was der ärztlichen Schweigepflicht unterlag. Es schien mir, als wüsste Matthew, dass es nicht viel Zeit für dieses Vorhaben geben würde, aber er sagte auch nichts weiter dazu.

«Welche Farbe gefällt dir?», fragte er.

Ich überlegte eine Minute. «Es gibt eine traditionelle Farbe für Land Rover, die ich über alles liebe. Sie heißt Marineblau, und wenn sie ausbleicht, hat sie genau den gleichen Grau-Blau-Ton wie der Dunst über den Smokies. In der Farbe würde ich ihn gern lackieren. Sodass er ganz mit der Landschaft verschmilzt, quasi tarnfarben. Selbst draußen im Hof wirst du ihn dann nicht entdecken können.»

Matthew nickte. «Also Marineblau. Aber du musst mich dann auch einen Blick auf den Mercedes werfen lassen.»

«Abgemacht», sagte ich.

siebzehntes kapitel

Am Freitagnachmittag kam ein völlig Unbekannter in die Praxis. Es war ein hochgewachsener, dunkelhaariger Mann, der seine Frau zur Untersuchung brachte. Über dem rechten Auge trug er eine schwarze Augenklappe und er hatte ein wundervolles Lächeln. Er sah wie ein Pirat aus.

Als seine Frau nach hinten ging, um mit dem Doktor zu sprechen, war er der Einzige im Wartezimmer. Ich war neugierig wegen der Augenklappe, aber ich wollte ihn nicht mit zudringlichen Fragen in Verlegenheit bringen. Um Diskretion habe ich mein Leben lang ringen müssen. Aber nachdem einige Zeit verstrichen und keiner außer uns beiden da war, siegte schließlich meine angeborene Neugier.

«Was ist mit Ihrem Auge passiert?», fragte ich ihn. Er murmelte, dass es eine alte Kriegswunde sei, und schaute mit abgewandtem Gesicht zum Straßenfenster hinaus in Richtung Parkplatz. Ich betrachtete sein Profil. Es musste Vietnam gewesen sein. «Vietnam?», sagte ich.

Er nickte.

«Granatsplitter?» Ich war ein richtiger Quälgeist.

«Nein», sagte er und wandte sich zu mir, um mich anzuschauen und herauszufinden, warum ich ihm diese ganzen Fragen stellte.

«Ich will Sie nicht belästigen», sagte ich, «aber ich hatte selbst zwei Augenoperationen und musste mein Leben lang zeitweise eine Augenklappe tragen. Trotzdem schiele ich noch und kann immer nur mit einem Auge sehen.»

Er nickte mir zu und wandte sich dann wieder ab. Kurz darauf sagte er: «Ich wollte auf einen Kerl schießen … aber er war schneller. Seine Kugel traf die Zielscheibe meines Gewehrs und die Splitter sind mir ins Gesicht geflogen. Dabei ist mein Auge getroffen worden.»

Ich schwieg, um eine Antwort verlegen. Dann wurde mir bewusst, dass er von einer Zielscheibe auf seinem Gewehr gesprochen hatte. In dieser Gegend hier wusste jeder, was das bedeutete: Er war kein normaler Soldat gewesen. Er war Scharfschütze gewesen. Seit vielen Generationen hatte unsere Gegend dem Militär den Hauptanteil der Scharfschützen für viele verschiedene Kriege gestellt. Die Einheimischen waren bekannt für ihren erstaunlich gekonnten Umgang mit Schusswaffen, den sie sich durch ausgiebigen Gebrauch von früher Jugend an erwarben.

Es tat mir leid für den Mann, dass er ein Auge verloren hatte, trotzdem konnte ich dem anderen Kerl keinen Vorwurf daraus machen, ebenfalls geschossen zu haben. Und ich konnte nicht umhin, einen so treffsicheren Schuss zu bewundern. Ich saß einfach da und versuchte, mir dieses unfassbare Drama vorzustellen, bei dem sich zwei Scharfschützen gegenseitig ins Visier genommen hatten und belagerten, bis einer von ihnen den Drücker abzog.

Nach einer Weile drehte er sich herum und fragte: «Woll'n Sie die Geschichte hören?»

«Ja», sagte ich, stand auf und lehnte mich über den Empfangstisch vor, um ihn besser sehen und verstehen zu können.

«Nach diesem Gesichtsschuss fiel ich in ein Koma. Die Armeeärzte haben alles ausprobiert, was ihnen nur einfiel, aber sie schafften es nicht, mich aufzuwecken. Sie haben mich zu den verschiedenen VA-Armeekrankenhäusern dort geflogen, aber ich blieb bewusstlos. Schließlich waren sie es leid, an mir herumzudoktern, und ließen meiner Familie mitteilen, dass ich nicht mehr aus dem Koma aufwachen würde. Dann haben sie mich einfach entlassen und nach Hause geschickt.»

Das Bild eines verloren gegangenen Gepäckstücks, das plötzlich vor der Haustür liegt, trat mir vor Augen. Nur dass es sich bei dem Gepäck in diesem Fall um einen Leichensack handelte, den man nicht ganz verschließen konnte.

«Als mich der Schuss traf, waren meine Frau und ich noch nicht ganz ein Jahr verheiratet gewesen», sagte er, «aber sie ist trotzdem dageblieben und hat sich um mich gekümmert. Obwohl sie ihr sagten, dass es aussichtslos sei. Und als sie dann eines Morgens neben dem Bett stand, in dem ich monatelang wie ein Stück Holz gelegen hatte, fragte ich sie ganz plötzlich: *Wie spät ist es*?

Sie muss fast verrückt geworden sein vor Schreck, als ich so plötzlich anfing zu reden, aber sie antwortete mir trotzdem, dass es sieben Uhr dreißig sei. Daraufhin sagte ich: *Oh nein! Ich werde zu spät zur Arbeit kommen!*

Und sie sagte: *Nein, wirst du nicht.* Ich sagte: *Warum nicht?* Sie sagte: *Weil du gar keine Stelle mehr hast.* Ich fragte sie: *Wieso?* Sie sagte mir: *Weil du mehr als zwei Jahre im Koma gelegen hast!*»

Der Mann und ich lachten, dann saßen wir, diese merkwürdige Angelegenheit bedenkend, da und schauten einander versonnen an. Schließlich sagte er: «Soll ich Ihnen erzählen, was mir Unheimliches passiert ist?»

Unheimlicher als von jemandem beschossen zu werden, den man selbst erschießen will, dachte ich bei mir, *oder unheimlicher als plötzlich nach zwei Jahren im Koma aufzuwachen und zur Arbeit gehen zu wollen?* «Ja, natürlich», sagte ich.

«Während ich schlief, ist Jesus zu mir gekommen.»

«Tatsächlich?»

«Ja. Vor der Verletzung hab ich so geträumt wie jeder andere auch. Aber als ich im Koma lag, hatte ich während der ganzen zwei Jahre keinen einzigen Traum. Und in den ganzen Jahren seit dieser Zeit hab ich auch nicht mehr geträumt. Aber während ich schlief, sah ich doch etwas.»

«Was?»

«Jesus. Er kam herab und hat auf einem Zaun mit drei Querlatten gesessen und zu mir gesprochen. Ich habe vergessen, was Er gesagt hat, aber an Ihn erinnere ich mich ganz klar und deutlich, und ich wusste, wer Er war, und Er saß einfach dort auf diesem Zaun und hat mir Gesellschaft geleistet, bis ich aufwachte.

Glauben Sie mir das?», fragte er. «Die meisten Leute glauben mir nicht.»

«Ich glaube Ihnen», sagte ich. «Wie sah Er aus?»

«Er sah einfach wie ein Mann aus, und doch hab ich genau gewusst, wer Er war.»

In einvernehmlichem Schweigen saßen wir da und hingen unseren Gedanken nach. Er lächelte versonnen vor sich hin. Dann tat er einen tiefen Atemzug und sagte: «Ich weiß, dass ich heute nicht hier sitzen und Ihnen dies erzählen würde, wenn nicht der Herr selbst dort auf dem Zaun gesessen hätte. So viel ist gewiss.»

Ich war geneigt, ihm zuzustimmen.

Während ich so über das seltsame Mysterium des Komas und der verschwommenen Grenzlinie zwischen Leben und Tod nachdachte, fiel mir ein, wie ich als junger Teenager einmal in den frühen Morgenstunden jäh aufgewacht war. Es dauerte eine Weile, bis ich begriff, dass es das Klingeln von Daddys Telefon gewesen war, das mich geweckt hatte. Seine gedämpfte, verschlafene Stimme war durch die Wand kaum zu hören. Ich horchte und versuchte, den undeutlichen Geräuschen zu entnehmen, ob sich das Problem am Telefon lösen ließ und er weiter schlafen könnte oder ob er in die Stadt fahren müsste, um jemanden ins Krankenhaus einzuweisen.

Er musste oft abends zum Krankenhaus fahren, manchmal mehrfach in einer einzigen Nacht. Wenn der nächste Tag schulfrei war, durfte ich ihn begleiten.

Ich öffnete die Tür, um über den Flur hinüberschauen zu können. Plötzlich leuchtete ein Lichtspalt unter Daddys Tür auf. Schnell zog ich mich in der Kälte an und war in kaum fünf Minuten fertig. Daddy brauchte ein wenig länger, weil er einen Schlips anziehen musste.

Ich liebte diese Fahrten zum Krankenhaus. Wir standen in der Dunkelheit auf und waren dann, abgesehen von den Lastwagenfahrern, als Einzige auf der Straße unterwegs. Wir hörten Countrymusic im Radio und Daddy sang mit seiner großartigen Baritonstimme, während ich ununterbrochen plapperte.

Nachts war einfach alles anders. Wir machten Sachen, die tagsüber nicht möglich waren. Wir konnten bei Krispy Kreme vorbeifahren, dem einzigen Geschäft, das die ganze Nacht geöffnet hatte, und eine Schachtel mit ofenwarmen Schokoladen-Donuts kaufen. Und in klaren Winternächten blieben wir manchmal eine Weile im Hof stehen, schauten in den leuchtenden Sternenhimmel hinauf und versuchten, die Namen der Sterne zu nennen.

An jenem Abend begleitete ich Daddy auf dem Weg zu einem Patienten, der mit Brustschmerzen ins Krankenhaus eingeliefert worden war. Ich folgte ihm zum Schwesternzimmer auf der Herzstation, wo man ihm eine Akte aushändigte. Er überflog die Seiten, und dann gingen wir den Flur hinab und in ein Zimmer.

In dem Zimmer lag ein Mann in einem Bett, sein Körper war bis auf mittlere Brusthöhe mit einem Laken bedeckt. Er trug kein Hemd. In seinem Hals stak eine Röhre und er war an ein Atemgerät angeschlossen. Ich hatte dieses Geräusch noch nie gehört, erkannte es aber sofort und war mir sicher, dass ich es nie vergessen würde. Es war sehr laut und ernüchternd. Wuusch-klick. Wuusch-klick.

Ich stellte mich in eine Zimmerecke und schaute zu, wie Daddy den Mann untersuchte. Mit dem Daumen schob er das Augenlid des Mannes hoch und leuchtete mit einer kleinen Taschenlampe zunächst in das eine, dann in das andere Auge.

Er murmelte eine Anweisung für die Krankenschwester. Hatte ich richtig gehört? Eiswasser und eine Stecknadel?

Eiswasser und eine Stecknadel? Ich hätte ihn zu gerne gefragt, wofür er sie brauchte, aber ich wagte nichts zu sagen. Es war das erste Mal, dass ich ihn auf die Herzstation begleiten durfte.

Ich betrachtete den Mann genau. Seine Haut hob sich rosabraun gegen das blütenweiße Laken ab. Seine Brust hob und senkte sich. Er schien bewusstlos zu sein, abgesehen davon sah er aber wohl aus. Die Krankenschwester brachte ein kleines, mit Eiswasser gefülltes Trinkglas und eine gerade Schneidernadel herein und tat beide auf den Nachttisch neben dem Bett.

Daddy trat ans Fußende des Bettes und zog das Laken hoch, sodass die Füße des Mannes freilagen, und zwickte fest in den großen Zeh. Davon wurde der Mann nicht wach. Dann nahm er die Nadel und stach damit zunächst in die Handflächen und dann in die Fußsohlen, wiederum ohne Reaktion. Dann drehte er das Gesicht des Mannes sanft auf eine Seite und goss ein wenig von dem Eiswasser in sein Ohr. Nichts geschah. Ich war verblüfft.

Eine Weile stand Daddy da und betrachtete den Mann, dann ging er zum hinteren Ende des Bettes und drückte auf einen Schalter. Plötzlich war es still im Raum. Ich begriff, dass er das Atemgerät abgeschaltet haben musste!

Überrascht schaute ich zu Daddy hoch. *Du hast ihn getötet!,* dachte ich. *Wie konntest du einfach so seine Atemluft abschalten?* Aber da ich nie respektlos mit meinem Vater sprach, sagte ich: «Kann er jetzt selbst atmen?»

«Nein», sagte Daddy.

«Ist er …?»

«Er ist tot.»

Panische Angst stieg in mir auf. «Warum hast du seine Atemluft abgeschaltet?»

«Weil sie ihm nicht geholfen hat. Sein Herz schlägt nicht. Man konnte es nicht mehr zum Schlagen bringen. Elf Mal hat man ihm einen Elektroschock versetzt. Er ist seit fast einer Stunde tot. Aber eine Krankenschwester darf das Atemgerät nicht abschalten. Das verstößt gegen die Richtlinien. Dafür muss ein Arzt kommen.»

Schrecken und Abscheu stiegen in mir hoch und ich dachte: *Er ist tot! Ich stehe neben einem toten Menschen!*

Verwirrt starrte ich den Leichnam an und wich zurück, bis ich plötzlich gegen die kalte Fliesenwand stieß. Ich versuchte herauszufinden, was das bedeutete: tot. Dies war der erste tote Mensch, den ich aus der Nähe sah.

Jetzt erst fielen mir die kleinen roten Punkte in der Brustmitte auf, wo die Herznadeln die Haut durchstochen hatten. Irgendetwas in mir verstand vage, was das bedeutete. Vor weniger als einer Stunde war er noch von Menschen, Maschinen und Lärm umgeben gewesen, und man hatte ihn immer wieder gestochen, seinen Brustkorb niedergedrückt und Elektroschocks gegeben.

Aber die Menschen waren fort und die Geräte weggeräumt, und nun lag er so friedlich dort. Er sah würdevoll und erhaben aus – ja, schön.

«Weiß die Familie Bescheid?», fragte Daddy die Krankenschwester.

Sie schüttelte den Kopf.

Er zog das Laken bis zur Schulter hoch, damit die bloße Brust bedeckt war, und rückte das Bett gerade. Mit seinen Fingern kämmte er das Haar des Mannes und brachte ihn vor dem Eintreffen der Familie ein wenig in Ordnung, während er sich innerlich darauf vorbereitete, die schreckliche Nachricht mitzuteilen.

Ich folgte ihm aus dem Zimmer heraus, blieb dann aber bei der Tür stehen und sah zu, wie er den Flur hinabging, um mit den aufgeregt beieinanderstehenden Menschen zu sprechen, die im Familienbesuchsraum auf ihn warteten.

Ich konnte hören, was sie sagten. «Wie geht es ihm? Wird er gesund werden?»

Daddy verharrte einen Moment mit reglosem Gesicht und sagte dann sanft: «Sein Leben ist abgelaufen.»

Einen Moment lang herrschte absolute Stille.

Sie versuchten, diese Worte zu begreifen. Verwirrt schauten sie Daddy an und versuchten, das, was er ihnen gesagt hatte, zu deuten.

Nicht «tot» oder «gut», sondern «abgelaufen», wie eine Parkuhr. Wie ein Coupon. Wie eine Garantie.

Ich konnte ihm keinen Vorwurf daraus machen. «Tot» hätte so unbarmherzig, so abrupt geklungen. So mochten sie sich langsam an die Bedeutung herantasten.

Solange Daddy die Familie tröstete, wartete ich im Flur, denn ich wollte nicht bei dem toten Mann im Zimmer bleiben und auch nicht näher zu der trauernden Familie hinübergehen. Während ich dort stand und meine Augen auf der Suche nach einem beruhigenderen Anblick umherschweifen ließ, fiel mein Blick auf eine an der Wand befestigte Karte. «Bewertung der Komatiefe» stand darüber, darunter war eine sechsteilige Abfolge von Tests aufgelistet, mit denen die Hirnaktivität eines Patienten im Koma festgestellt werden kann. *Ahhh … dies* war der Schlüssel zu dem seltsamen, von Daddy durchgeführten Ritual.

Ich stellte fest, dass er den ersten Punkt: «Person reagiert auf Ansprache», übersprungen hatte und gleich zu Nummer 2 übergegangen war: «Pupillen reagieren auf Licht». Ohne nachzulesen, war er die Punkte der Reihe nach durchgegangen.

Einem Menschen kaltes Wasser ins Ohr zu gießen, war der sechste und letzte Test. Wenn noch ein Rest Leben im Menschen verblieben war, würde das Eiswasser die Augäpfel mittels einer primitiven Nervenreaktion zu einer Rechts-links-Bewegung anregen. Das ist *seltsam*, dachte ich, und *fühllos*.

In jener Nacht blieb das Radio auf dem Heimweg ausgeschaltet und wir hielten nicht an, um Donuts zu kaufen. Doch wir sprachen auch nicht über Philosophie oder Theologie. Aber als wir zu Hause angekommen waren, blieben wir noch eine Weile im Hof stehen und betrachteten den leuchtenden Sternenhimmel und versuchten, die Namen der Sterne zu nennen.

achtzehntes kapitel

Mommas Genesung machte gute Fortschritte. Sie hatte ihren Zigaretten- und Goldfisch-Cracker-Konsum stark reduziert, aber es ging ihr noch nicht so gut, dass ich statt meiner virtuellen Tätigkeit für Washington meinen Platz wieder an Ort und Stelle ausfüllen konnte. Es war seltsam. Ich war weder ganz in Tennessee noch ganz in Washington. Dabei hatte ich weder den einen noch den anderen Ort endgültig verlassen. Ich war ein Geist in zwei Welten.

Ich nahm einen Anlauf, mich den lokalen Gepflogenheiten anzupassen, und brachte den Post-Jeep zu Michael, damit er prüfen konnte, ob irgendwelche größeren Reparaturen notwendig waren, bevor wir mit der kosmetischen Bearbeitung begannen. Als ich mit schlappen, brüchigen Reifen vor dem Haus vorfuhr, stand Michael mit einigen Männern dort, die mit Pokermiene in Richtung Jeep schauten.

«Jetzt machen wir einen Torture Test, Carolyn!», sagte Michael mit, wie mir schien, übermäßig zur Schau gestelltem Vergnügen. Aber natürlich war Michael versessen auf ein besonderes Vergnügen. Er hatte nicht mehr lange zu leben, und das war uns beiden bewusst. Mir war auch klar, dass es aufgrund dieses Zustandes für ihn schwierig war, jemanden zu finden, mit dem er Spaß haben konnte. Er brauchte einen Menschen, der seine gesundheitliche Situation beurteilen konnte und in einer ausweglosen Lage ähnlich heftig reagierte wie er selbst. Zusammen würden wir zwei uns mit Volldampf in ein wildes Abenteuer stürzen.

Mit einer kalten Zigarre zwischen den Zähnen und einem Deckelglas mit destilliertem Wasser stieg Michael auf den Fahrersitz. Er schaute sich nach einem sicheren Platz für sein Glas um und als er keinen Becherhalter fand, drückte er es mir in die Hand. «Ist dieser Sitz verstellbar?», fragte er.

«Das ist nicht vorgesehen», sagte ich, «aber der Halterungsbolzen sitzt nicht richtig fest, somit gibt es genug Bewegungsspielraum, um die Angelegenheit interessant zu gestalten.»

«Perfekt», sagte Michael. «Steig ein.»

«Wo?», fragte ich.

In einem Post-Jeep gibt es nur einen Sitzplatz. Der Rest ist offene Stapelfläche für die Postkisten. Es war mir nicht in den Sinn gekommen, dass ich Michael bei seiner Probefahrt begleiten sollte.

Er schaute über die Schulter in den Laderaum. «Einen Moment», sagte er. Er ging in seine Garage und kam mit einer roten Vorratskiste aus Plastik zurück. Er warf sie nach hinten in den Jeep. «Da kannst du dich draufsetzen.»

Mir war klar, dass Michael irgendwelche bewusstseinsverändernden Drogen einnahm. Er war, selbst für seine Verhältnisse, ein bisschen zu «high». Aber ich war es zufrieden, den Filmpart der Thelma mit ihm als Louise zu übernehmen. Er war Spezialist für Sonderanfertigungen von Hand und hatte Geländerennen gefahren, deshalb vertraute ich seiner Fahrkunst. Außerdem war ich sicher, dass er noch nicht sterben wollte.

Einen «Torture Test» hatte ich noch nie erlebt. Auf dem harten Plastikwürfel rutschend, suchte ich mir einen Platz in der Mitte des Laderaums. Nicht gerade gemütlich. Der Jeep war schon ein rollendes Risiko an sich, und nun würde ich ohne Sicherheitsgurt und ohne irgendeine Halterungsmöglichkeit darin herumrutschen. Ich tat ganz cool, obwohl mir nicht danach war, und vertraute mich Michaels beachtlichen Fahrkünsten und dem Schutz des Himmels an. Die Tatsache, dass eine Frau in meiner Lage sich mit einem Sterbenden herumtrieb und dabei noch an den Schutz des Himmels glauben konnte, hätte ein hinreichender Wink sein sollen, dass ich nicht ganz bei Verstand war.

«Auf geht's!», sagte Michael und raste los. Der Jeep schoss wie ein Kaninchen über den Hof und ich flog kopfüber nach hinten.

«Hups», sagte er entschuldigend.

Ich kämpfte mich auf meine Kiste zurück. Das Aufprallen meines Podex auf die Aufschläge des Jeeps abzustimmen, der offensichtlich keine besonders guten Stoßdämpfer hatte, stellte eine echte Herausforderung dar. Mit der Eleganz eines Planwagens rumpelte er Michaels Auffahrt hinab.

Als es auf den Highway ging, fuhr Michael mit «Gib Gummi» drauflos. «Der Bursche hat Feuer im Hintern!»

Diesmal fiel ich seitwärts von der Kiste. Jetzt versuchte ich es erst gar nicht mehr, meinen Platz wieder einzunehmen. Ich klammerte mich verzweifelt fest und sagte kein Wort, um den Fahrer nicht abzulenken. Ich probierte verschiedene Positionen aus und kauerte mich schließlich hinter Michaels Sitz auf den Fußballen nieder. Offensichtlich versuchte er, die Spitzengeschwindigkeit des Jeeps herauszufinden, dabei wusste ich, dass Kastenwägen bei hohen Geschwindigkeiten für ihre instabile Straßenlage berüchtigt sind. Die Reifen hielten schon bei niedrigen Geschwindigkeiten kaum die Spur. Michael fuhr einen zweispurigen Highway entlang und schoss nun auf einem Straßenabschnitt dahin, der sich über eine Kette kaum einsehbarer, steiler Bergrücken hinzog.

Ich verlagerte meine Position direkt hinter seinen Sitz, damit ich mich mit beiden Händen festhalten konnte. Die Rückenlehne war so hoch, dass ich mich hinknien musste, um darüberschauen zu können. Als ich mich gerade an meinem neuen Platz eingerichtet hatte, sagte Michael: «Halt dich fest, wir testen jetzt die Lenkung.»

Als er an einer Stelle mit freiem Blick auf die Fahrbahn war und nichts entgegenkam, riss er das überdimensionale Lenkrad nach links und trat voll auf die Bremse. Mitten auf dem Highway machte er in dieser Schrottkiste eine Hochgeschwindigkeits-Kehrtwende. Ich versuchte, mein Gesicht hinter dem Sitz in Sicherheit zu bringen, aber stattdessen traf mein Kopf auf die rechte Innenwand und prallte zurück.

Über die Schulter gewandt schrie Michael: «Ich muss schon sagen, Carolyn, für einen Einarmigen ist dein Lieblingsfahrzeug ein harter Brocken.»

Darum also hatte er die Wendung nach links vorgenommen. Rechts herum wäre es ihm mit seiner kaum einsatzfähigen rechten Hand gar nicht möglich gewesen. Ich verzichtete darauf, mir auszumalen, wie er das glatte Lenkrad mit seiner halben brauchbaren Hand in den Griff kriegte. Und dazu kam noch, dass es sich hier nicht um ein gewöhnliches Lenkrad mit einem normalen Radius handelte – dieses Steuerrad hatte einen gewaltigen Durchmesser, wie bei einem Piratenschiff. Der Bewegungsaufwand am Lenkrad stand in keinem Verhältnis zum erzielten Resultat. Was für einen im 5-Meilen-Tempo langsam an einen Briefkasten heranfahrenden Postboten eine praktische Einrichtung war, war für einen Hochgeschwindigkeits-Highway-Stunt denkbar ungeeignet.

Die ganze Situation war so grotesk, dass Angst schlicht und einfach sinnlos war. Ich konnte sie ebenso gut über Bord werfen und mich amüsieren. Bald jauchzten und johlten wir beide närrisch drauflos, während Michael den kleinen Lieferwagen die Hügel hinauf- und hinabjagte und Kringel auf dem Highway fuhr. Er zumindest konnte zu seiner Entschuldigung vorbringen, dass er Schmerzmittel einnahm und dem Tod entgegenging. Ich war einfach ein Narr. Aber, bei Gott, es war ein großartiges Vergnügen.

Als er schließlich wieder auf seinen Hof fuhr, lag ich hinten atemlos ausgestreckt auf dem Rücken. Die Männer, die in der Nähe der Werkstatt herumstanden, sahen belustigt aus. Michael brachte den Jeep genau vor ihnen zum Stehen und ich rief, so laut, dass alle es hören konnten: «Das machen wir wieder. Und dann fahre ich.»

Michael schnappte sich sein Wasserglas vom Boden, wo es herumgerollt war, und stieg aus. «Du bist wohl verrückt zu glauben, dass ich jemals wieder in dieses Ding einsteige. Wir haben Glück, dass wir jetzt lebendig aussteigen können.» Dann zwinkerte er in seiner verrückten Art.

Über den Zustand der Mechanik hatten wir nicht gesprochen, also ging ich davon aus, dass der Jeep seinen Straßentest bestanden hatte. Als ich nach Hause fuhr, fragte ich mich sogar, ob dieser Straßentest wirklich auf den Jeep beschränkt gewesen war. Möglicherweise war das Ganze eher ein Test für *mich* gewesen, eine Art Zulassungsritual für Möchtegernautolackierer. Um festzustellen, ob ich Mut und Ausdauer hätte. Um festzustellen, ob es mir gelingen würde, aus einer schwierigen Situation das Beste herauszuholen. Die Fähigkeit, das Gegebene von seiner Sonnenseite her zu betrachten, stand hoch im Kurs in einer Gegend, in der das Leben immer unerbittlich gewesen war.

Aber vielleicht hatte er auch nur sicherstellen wollen, dass ich mich darauf verstand, dem Tod lachend ins Gesicht zu sehen. Das ist zumindest etwas, worauf sich jeder verstehen sollte, denn, ob wir uns dessen bewusst sind oder nicht, befinden wir uns doch alle immer auf dem Weg in den Tod. Und trotzdem versuchen die meisten, dies so gut es geht zu vergessen.

Langsam kam ich Michaels Lebensphilosophie auf die Spur und machte sie mir nach und nach zu eigen. Was uns nicht umbringt, ist kein Problem.

Inzwischen war ich ausgeflippt. Und Matthew und Michael steckte ich damit an.

«Carolyn, du musst drei Autos lackieren, bis du weißt, wie es richtig geht», sagte Michael. «Und dann musst du diese ersten drei Autos ganz schnell loswerden, bevor sie irgendjemand zu sehen kriegt. Das vierte wird dann gut aussehen.»

Matthew ging um den Jeep herum und betrachtete ihn genau von allen Seiten. «Diese rot-weiß-blauen Streifen müssen weg.»

«Aber die sind das Beste an dem ganzen Auto!», sagte ich.

«Ich versteh nicht, was sie überhaupt an dem dummen Ding findet», sagte Matthew. «Es hat mehr als 400.000 Meilen auf dem Buckel.»

Michael schaute mich leicht lächelnd an und sagte: «Es handelt sich da um ein sogenanntes ‹Liebhabermodell›.»

«Was bedeutet das?», fragte ich.

«Das ist unter Autosammlern die Bezeichnung für Autos, die aus den üblichen Kategorien herausfallen. So etwas, wie man es in der Zeitschrift *Hemmings Motor News* für Autoliebhaber findet, wo man exotische Modelle und seltene Autoteile kaufen kann. Dieser Jeep ist ein Liebhabermodell, so etwas wie Piaggio-Motorkarren, Politessenautos und französische Minis. Es gibt verschiedene kleine LKW-Modelle in dieser Kategorie. Post-Jeeps werden ab und zu im *Hemmings* zum Verkauf angeboten.

Man muss sich nicht dafür entschuldigen, dass einem etwas gefällt», fügte er hinzu. Stolz betrachtete ich das verbeulte quadratische Gefährt.

Michael hatte einen fabelhaften Raum zum Lackieren von Autos. Es war ein speziell abgedichteter Betonraum, der an seine Garage angebaut war. Aus einer umlaufend an der Decke angebrachten Befeuchtungsanlage tropfte ständig Wasser auf die Seitenwände und bildete so einen Feuchtigkeitsfilm, der den Staub aufnahm.

Ein großartiger Packard belegte derzeit den mittleren Platz in der Hauptbucht. Mein bescheidener Post-Jeep war in respektvollem Abstand zu der Spezialwerkstatt auf dem Rasen abgestellt.

Matthew und Michael hatten eine beeindruckendes Sortiment von Geräten ausgebreitet. Es gab einen Satz Geräte, die wie Schmiedewerkzeuge aussahen, Hämmer und Instrumente zur Metallformung, mit denen man Beulen ausbessern konnte. In dieser Einführungsstunde würden wir die Geräte kurz anschauen. Außer den Geräten für die Metallbearbeitung gab es die verschiedensten Arten und Ausführungen von Sägen, Schleif- und Schmirgelmaschinen. Wir setzten Masken und Schutzbrillen auf. Matthew schaltete den Luftkompressor an, mit dem die Geräte angetrieben wurden, und dann zeigte er mir der Reihe nach, wie die Geräte funktionierten. Meine Güte, was für ein Lärm. Selbst wenn man draußen in zwei Meter Entfernung von dem Kompressor arbeitete, war es ohrenbetäubend.

Sobald wir ernsthaft in unsere Arbeit vertieft waren, hätten wir keinen Bombeneinschlag wahrgenommen, unsere Sicht war auf Armlänge begrenzt und Atmen war nahezu unmöglich. Es war laut und gewaltsam und kreativ. Es war so, als würde man ein 2.000 Pfund schweres Schmuckstück erschaffen.

Matthew und ich schmirgelten wie verrückt an dem linken vorderen Kotflügel herum. Die oberste Schicht war offensichtlich mit Anstrichfarbe und einem breiten Pinsel dick aufgetragen worden. Wir schmirgelten uns durch diese und ein halbes Dutzend weitere Schichten weißer Farbe hindurch, bis wir endlich zu der wunderschönen ursprünglichen rot-weiß-blauen Emaillackierung vorgedrungen waren. An einigen Stellen schliffen wir sogar die graue Grundierung ab, legten das blanke silberne Metall frei und polierten es. Es war wie eine archäologische Ausgrabung. Der Kotflügel verwandelte sich in ein Regenbogenrund und die verschiedenen Farbstreifen schimmerten wie ein Ölfleck auf nassem Asphalt.

Michael hatte uns von seinem Seitensitzplatz aus beim Schmirgeln zugeschaut, aber als wir ein kleines Stück Rohmetall für die Grundierung vorbereitet hatten, übernahm er die Bestückung der Spritzpistole selbst, um mir zu zeigen, wie man damit arbeitet. Er benutzte eine rote Oxid-Grundierung, die den Farbton von eingetrocknetem rotem Lehm hatte. Das war nicht unbedingt die beste Wahl, da sich diese Farbe mit der des Deckanstrichs beißen würde, aber nachdem es sich um ein Übungsstück handelte, bekam ich billige Reste dafür. Es machte mir nichts aus. Die für diese Gegend typische Erdfarbe passte irgendwie ganz gut dazu.

Obwohl ich direkt neben Michael stand, kriegte ich nicht heraus, wie es ihm gelang, die Spritzpistole so fein und genau zu handhaben. Immer wieder gab er sie mir in die Hand, und ich versuchte unbeholfen, seine Bewegungen nachzuahmen. Was bei ihm ganz leicht aussah, war durchaus nicht einfach. Es kam mir vor, als würde ich neben einem freundschaftlichen Olympiaathleten einherstolpern.

Wir trugen alle Atemschutzgeräte, trotzdem konnte ich spüren, dass ich Farbdämpfe einatmete. Ich mochte das. Wenn ich der Typ für Freizeitdrogen gewesen wäre, hätte ich Farbschnüffler sein können, das wusste ich, denn frischer Farbgeruch machte mich high. Als ich Michael gegenüber eine Andeutung dazu machte, sagte er: «Das mag jetzt vielleicht ganz lustig sein, aber morgen wird es wehtun. Wenn du morgen aufwachst, wirst du ein Brennen in deiner Brust spüren.»

Michael konnte nicht lange stehen und musste bald von seinem motorisierten Rollstuhl aus im Sitzen weitermalen. Als wir den Kotflügel fertig grundiert hatten, führte er mit seinem Rollstuhl ein beschwingtes Tänzchen vor. Ich war wohl nicht der einzige Schnüffelanwärter in dieser Runde.

Als wir endlich fertig waren, war ich erschöpft. Ich saß in einem Klappstuhl, knotete mein Kopftuch auf und schälte mich aus

Kopftuch, Atemmaske und Schutzbrille heraus. Auf den Hautstellen, die nicht sorgfältig abgedeckt gewesen waren, konnte ich die Grundierungsfarbe spüren. Ich hoffte, dass ich nicht ganz so idiotisch wie Matthew und Michael aussah. Während ich mir mit der Hand durch die plattgedrückten Haare fuhr, sagte ich: «Ich hatte keine Ahnung, dass man so viel Ausrüstung braucht, um ein Auto zu restaurieren.»

«Ich hab ein Vermögen mit dem Schrotthandel verdient», sagte Michael. «Eigentlich sogar zwei. Das erste ist draufgegangen, als ich versucht habe, etwas darzustellen, was ich gar nicht selber bin. Ich hab mir von einem Mann an einer Cadillac-Verkaufsstelle, den ich für einen Freund hielt, über Beteiligungen einige Millionen abknöpfen lassen. Ich bin da eigentlich nur eingestiegen, weil ich dachte, dass es etwas Vornehmes wäre. Als ich jünger war, wollte ich unbedingt zur Nobelklasse gehören, das war das Wichtigste überhaupt. Diese Sehnsucht ist mir nach ein paar Millionen Dollar vergangen, und dann bin ich wieder auf den Schrotthandel zurückgekommen.»

Er beugte sich zu mir. «Ich musste das akzeptieren. Ich bin ein Schrottmensch. Einfach ein Schrottmensch. Zu was andrem werd ich es nie bringen.»

Ich lächelte ihn an, immer noch berauscht von den Farbdämpfen. Dann fuhr er ein paar Kringel mit seinem Rollstuhl und führte uns einen «Gib Gummi»-Start damit vor. «Ich mag nur ein Schrottmensch sein», sagte er, «aber ich bin ein verdammt guter!»

Irgendetwas in mir verstand, was er damit sagen wollte. Ich war nur noch nicht so weit, dies für mich anzuerkennen.

Ich saß in der Scheune, und nachdem das Heu im Winter an die Kühe verfüttert worden war, diente mir dabei nun ersatzweise ein umgedrehter Eimer als Direktorenstuhl. Ich hatte Dokumente dort untergebracht, weil ich im Haus nicht an Washington erinnert werden wollte. Und außerdem saß ich gerne in der Scheune.

Hinter mir waren Kisten aufgestapelt, und ich hatte ein paar gebrauchte Aktenschränke gekauft, um die Sachen, die ich von Jacob geschickt bekam, ordentlich zu verstauen. Angeblich half ich ihm bei der Vorbereitung zu einer Anhörung über Bestechung und Korruption in Bezug auf die Sicherheit von Atomkraftwerken, aber meine Arbeit taugte nicht viel. Tatsächlich war ich auch nur noch zum Schein in der Warteschleife, einfach weil Jacob so ein guter Freund war. Jeder andere Kollege hätte dieser Farce schon vor Monaten ein Ende gesetzt.

Ich konnte nicht umhin, das Haus und die Hofnebengebäude mit der kunstvollen Unterwelt des Kapitols, der Parlaments- und Senats-Bürogebäude und der Kongressbibliothek zu vergleichen. Wenn man vom Haus zur Scheune ging, musste man Wind, Schnee, Regen, Hitze oder auch den schwarzen Kühen, die im nächtlichen Dunkel dastanden, die Stirn bieten. Solche Probleme waren in der Hauptstadt der Nation unbekannt, wo man tagelang in dem unterirdischen Labyrinth unter dem Capitol Hill herumirren konnte. Dort war die Temperatur exakt so reguliert, dass Übermantel oder Regenschirm überflüssig waren und weder scharfer Wind noch ein launisches Lüftchen eine Frisur, die allzeit kamerabereit sein musste, durcheinanderbringen konnten.

Die Scheune konnte ich betreten, ohne vorher einen Metalldetektor zu passieren, und ich musste nun auch keinen Spurt in hochhackigen Schuhen riskieren. Jetzt machte ich einen Bogen um Kuhfladen. Statt mit John Glenn anlässlich der Jahresfeier seines historischen Weltraumflugs zu plaudern, tröstete ich nun Witwen am Todestag ihres Mannes und bestellte Beruhigungsmittel für sie.

Ich schaute zur Sonne hinaus, um die Tageszeit abzuschätzen, und dachte dann an Jacob. Mithilfe einer eleganten Uhr und eines exklusiven, ledergebundenen Terminkalenders sorgte er dafür, dass er und sein Chef ein dicht gedrängtes Terminprogramm genau einhielten.

Obwohl ich inzwischen offiziell von meiner Stelle in Washington beurlaubt war, versuchte ich doch noch, daran festzuhalten. Aber mein Plan funktionierte trotz Jacobs kühner Hilfsangebote nicht besonders gut. Im Laufe des Tages hatte er angerufen, um zu fragen, ob ich für einen Auftritt im CNN-Nachrichtenprogramm zur Verfügung stehen würde. Ich hatte ablehnen müssen – nein, ich würde nicht zur Verfügung stehen, um mal eben im Studio in Atlanta vorbeizuschauen und ein Interview aufzunehmen. Und noch einmal nein, ich würde nicht für eine Kreuzfahrt unter den Polkappen zur Verfügung stehen. Nein, ich stand einfach nicht zur Verfügung.

An diesem Abend musste Momma mein Zaudern gespürt haben, denn sie sagte: «Ich weiß es zu schätzen, dass du mich vertrittst. Dein Vater und ich brauchen dich ja. Es gibt niemanden, den wir sonst darum bitten könnten.»

Als ich später im Bett lag, dachte ich darüber nach, dass es doch seltsam war, nun vor der gleichen Frage zu stehen, der sich meine Eltern vor so langer Zeit stellen mussten. Ich hatte zu entscheiden, ob ich in der Praxis bleiben oder mich verbessern wollte. Nur mit dem mich zur Verzweiflung treibenden Unterschied, dass wir als gänzlich verschiedene Menschen in ganz und gar anderen Lebensumständen an diesen Punkt gekommen waren. Hier zu bleiben, würde für mich jetzt ganz andere Folgen haben als damals für sie. Mit ihrer Wahl, hier zu arbeiten, hatten meine Eltern sich Unabhängigkeit, ein respektables Einkommen und Ansehen und Achtung in der Gemeinde erworben. Aber vierzig Jahre danach kam es mir so vor, als würde ich mit derselben Entscheidung so gut wie alles verlieren.

Sommer

neunzehntes kapitel

Nachdem ich nun schon neun Monate in der Praxis war, lief ich Gefahr, von meiner vorübergehenden Identität als Sprechstundenhilfe völlig vereinnahmt zu werden. Um nicht ganz zu vergessen, was ich einmal dargestellt hatte, lieh ich mir den Film «Mr. Smith fährt nach Washington» aus. Eine andere Form der Annäherung an Washington würde mir in absehbarer Zukunft verwehrt bleiben. Es waren viele Jahre vergangen, seit ich den Film zuletzt gesehen hatte. Und als dann die Stelle kam, an der Mr. Smith sich darauf vorbereitet, zum ersten Mal den Senatssaal zu betreten, schaute ich angespannt fiebernd zu und erinnerte mich, dass ich vor genau einem Jahr Jimmy Stewart persönlich an eben jener Stelle hatte vorbeigehen sehen, wo er nun in dem Film stand. Meine Begegnung mit Mr. Smith hatte fünfzig Jahre nach den Dreharbeiten zu dem Film stattgefunden, aber der leibhaftige Jimmy Stewart hatte sogar noch eindrucksvoller auf mich gewirkt als im Film – mit seiner überraschend hohen, kerzengeraden Gestalt und den leuchtend blauen Augen. Es war atemberaubend gewesen.

Jimmy Stewart würde nie an Daddys Praxis vorbeigehen. Niemals.

Nach dem Film lag ich auf der Couch und schaute durch die Terrassentür auf den Hof. Ich erinnerte mich an eine Anhörung, die vor einigen Jahren stattgefunden hatte. Die Nation hatte versucht, einen Lagerplatz für Atommüll zu finden, irgendwo, wo auch immer. Der Staat Washington wollte ihn nicht haben. Nevada wollte ihn nicht haben. Niemand wollte ihn haben. Niemand außer der kleinen Stadt Wartburg in den Bergen von Tennessee. Wartburgs Begehren, das Atommülllager zu übernehmen, hatte eine Welle des Entsetzens im gesamten restlichen Staat ausgelöst, aber die kleine Gemeinde wollte sich nicht davon abbringen lassen. Die Stadt hatte von einem einzigen Unternehmen gelebt, dem Hochsicherheitsgefängnis Brushy Mountain (wo früher James Earl Ray, der Mörder von Dr. Martin Luther King Jr. untergebracht war). Und das war geschlossen worden.

Ebenso wie in Alcatraz wäre es in Brushy Mountain keinem Gefangenen, der den Absperrungszaun überwunden hatte, gelungen, lebend in besiedeltes Gebiet vorzudringen. Dafür war das ganze Gelände mit den steilen Bergen, meilenweiten, undurchdringlichen Dickichten und der darin prosperierenden Klapperschlangenpopulation insgesamt zu gefährlich. Aber selbst seine für Strafzwecke paradiesische Lage konnte Wartburg nicht retten. Als Brushy Mountain geschlossen wurde, blieben Generationen scharfer Gefängniswärter, ihres Bewachungsgegenstandes beraubt, in der unberührten Abgeschiedenheit der Berge zurück. Ein Endlager für Atomsprengköpfe schien ein würdiger Ersatz zu sein und genau die Finanzspritze, der Wartburg bedurfte. Ich konnte ihren Standpunkt durchaus verstehen.

Abgesandte aus den Bezirken der verschiedenen potenziellen Lagerstätten waren auf eigene Kosten aus dem ganzen Land angereist, um bei der Anhörung auszusagen. Leidenschaftlich für oder gegen das Lager entflammt, hatten sie viele Stunden für die Anhörung geprobt, sich für diesen Anlass eine neue Ausstattung zugelegt und ihre Familien als Zuschauer mitgebracht.

Unglücklicherweise hatte die Presse keinerlei Interesse an dieser Anhörung gezeigt, und die fehlende Medienberichterstattung hatte einen Dominoeffekt. Das oberste Gesetz in der Politik lautet: Ohne Presse keine Politiker. Die Senatoren würden ohne Aussicht auf laufende Kameras selbst zu einer Aussage der eigenen Mutter nicht erscheinen. Ohne Presse würde ihr Name nirgendwo erwähnt werden. Ohne namentliche Erwähnung konnten sie nicht das notwendige Geld aufbringen, um weitere Pressevertreter für Berichterstattungen zu gewinnen. So kam es also, dass die verschiedenen Komitee-Mitglieder kurz hereinschauten, um zu prüfen, wie viele Pressevertreter anwesend waren, und sich dann schnell wieder aus dem Staub machten, um andernorts nach mehr Pressepräsenz zu suchen. Schließlich ertönten die Summer und riefen alle Senatoren zur Stimmabgabe ins Kapitol, und urplötzlich war niemand mehr da, um die Aussagen der Stadt- und Gemeindevertreter anzuhören.

Es war traurig. Was ein Höhepunkt im Leben dieser Menschen hätte sein können, wurde ihnen genommen. Offensichtlich würde nicht nur ihr Auftritt in den abendlichen Fernsehprogrammen entfallen, sondern man mutete es ihnen auch noch zu, ihre Aussagen vor leerem Saal vorzubringen. Diese Menschen waren nicht versiert im Umgang mit Kongressanhörungen und sie wussten nicht, wie sie auf das Verschwinden der Mitglieder reagieren sollten. Genau genommen wusste das niemand. Wer sollte auch wissen, wie man sich bei einer Senatsanhörung zu verhalten hatte, wenn keine Senatoren anwesend waren? Da war keiner, der ihnen eine Frage gestellt hätte, keiner, den sie hätten ansprechen können. Der arme Schwachkopf, der als führender Zeuge geladen war und sich tapfer durchgekämpft hatte, wusste ganz offensichtlich nicht, ob er weitersprechen oder aufhören sollte.

Ich schaute zu, wie einer nach dem anderen aus dem Mitgliederstab verschwand und die Zuhörerschaft dahinschmolz, bis ich es nicht länger ertragen konnte. Während die Leute den Saal verließen, schlugen sie die Türen an beiden Enden geräuschvoll zu, da sie sich in schönster Washingtonmanier mit *ihrem* Abgang keinen Deut mehr um den Geräuschpegel kümmerten. Eine Art umgekehrter Dominoeffekt. Ich musste unbedingt etwas tun. Mich in einen der ledergepolsterten Senatoren-Drehstühle zu setzen, hätte ich nicht gewagt, aber ich schob meinen schweren Holzstuhl mit der geraden Rückenlehne zum Rand des Podiums vor, nahm Blickkontakt zu dem Zeugen auf und ermunterte ihn durch Kopfnicken, mit seiner Aussage fortzufahren.

Als er fertig war, stellte ich ihm einige Fragen. Ihm war anzumerken, dass ihn mein offensichtlich gediegenes Hintergrundwissen beunruhigte. Wahrscheinlich hatte er gedacht, dass die Senatoren die Experten wären und ich nur für das Auffüllen ihrer Wassergläser zuständig war. Er hatte ja keine Ahnung. Es war ein wenig ungewohnt, bei einer Anhörung selber zu sprechen, aber ungemein zeitsparend, da ich die Fragen nun nicht aufschreiben und an meinen Vorgesetzten weiterreichen musste.

Als der erste Zeuge seine Argumentation für abgeschlossen hielt, rief ich den Namen des nächsten Zeugen auf. Nach diesem Muster nahm ich die Aussagen aller nachfolgenden Zeugen auf. So etwas wäre in einem Film nie vorgekommen; niemals hätte Mr. Smith sich davongemacht und eine Gruppe ernsthafter Bürger einfach stehen gelassen.

Während sie sprachen, kam mir die ursprüngliche Bedeutung des Wortes Zeugenaussage in den Sinn. Die Ausführungen zu diesem kleinen wortgeschichtlichen Detail waren die fesselndsten Minuten meines gesamten Jurastudiums gewesen. Die Bezeichnung *bezeugen* geht auf die männliche Anatomie zurück, nämlich auf die Zeugungsorgane. Früher, in der guten alten Zeit, bevor man die Worte: «Hebe deine rechte Hand und schwöre mit meinen Worten» einführte, nahm der Lehnsherr, wenn er einem Vasallen eine wichtige Frage zu stellen hatte, dessen Geschlechtsteile in die Hand und stellte seine Frage. Dabei sah er dem Zeugen direkt ins Auge.

Wenn der Lehnsherr nun im Gesichtsausdruck des Mannes etwas bemerkte, was ihm missfiel oder Zweifel an der Antwort aufkommen ließ, schloss sich der Griff seiner Hand fester, und er wiederholte die Frage. Dieses Vorgehen wird heute als ein recht effektiver Vorläufer der Wahrheitsdroge eingeschätzt.[5] Da Frauen eindeutig nicht über die notwendige Grundausstattung verfügten, wurden sie als ungeeignet für die Zeugenaussage erachtet. Aus damaliger Sicht war das berechtigt. Das war ein Grund dafür, weshalb Frauen bis vor kurzer Zeit vor Gericht keine Zeugenaussagen machen durften und keinerlei gesetzliche Rechte hatten. Ich sage das nicht zum Spaß. Die Menschheit hat einige tausend Jahre dazu gebraucht, um die Angelegenheit mit der rechten Schwurhand zu ersinnen.

Schließlich hatten alle Zeugen ausgesagt. Ich gab mir die allergrößte Mühe, sicherzustellen, dass jeder Gelegenheit gehabt hatte, seiner Meinung Ausdruck zu verleihen und voll anerkannt zu werden. Dann griff ich nach dem Hammer des Vorsitzenden, um die Anhörung durch feierliches Klopfen zu beschließen, und zelebrierte so ein aus dem Stegreif ersonnenes, geheimnisvolles Ritual. Dieser Teil schien beim Publikum Anklang zu finden. Ich hatte gedacht, dass einige von ihnen danach noch zu einem kurzen Gespräch nach vorne kommen und wir dann vielleicht miteinander zum Mittagessen gehen würden, aber ich hatte die Wirkung des Drumherums unterschätzt. Sie behandelten mich mit ehrfürchtiger Zurückhaltung und warfen mir, während sie ihre Sachen einpackten, verstohlene Blicke zu. Dann verließen sie den Saal ohne ein weiteres Wort.

Ich schob meinen Stuhl auf seinen angestammten Platz an der Wand zurück und blieb allein in dem leeren Anhörungssaal sitzen. Ich dachte darüber nach, dass wir einem anderen Menschen manchmal *nur dadurch* dienen können, dass wir ihm unsere Aufmerksamkeit schenken. Und es kam mir in den Sinn, dass dies sogar *das Beste* überhaupt sein mag, was wir für einen anderen Menschen tun können. Vielleicht ist die Fähigkeit, einem anderen Menschen Aufmerksamkeit zu schenken, nicht einfach ein Akt der Höflichkeit, sondern grundlegender Ausdruck unserer Menschlichkeit.

Wenn man es nur recht bedenkt, ist Aufmerksamkeit das Einzige, was wir einander wirklich schenken sollen. Ist das nicht der Inbegriff der Liebe? Selbstlos Aufmerksamkeit zu schenken?

Vielleicht barg der Empfangstisch eine Verwandtschaft mit dem Anhörungssaal, die tiefer ging, als mir lieb war. Vielleicht war es wichtig, einfach ein Mensch zu sein, der an diesem Platz saß und den Leuten zuhörte, ganz gleich, um wen es sich handelte und was ihm auf dem Herzen lag – solange er nur spürte, dass man ihm zuhörte.

Während ich so auf der Couch lag, beschloss ich, dass ich noch eine Weile Zuhörer bleiben könnte. Ich hatte die Botschaft am Ende des Films durchaus verstanden: Mr. Smith war nicht in Washington geblieben. Er war nach Hause zurückgekehrt, dorthin, wo er hingehörte.

Miss Hiawatha war die Erste, die sich am nächsten Morgen wieder einstellte. Ihre Magenschmerzen hatten nicht nachgelassen. Sie raubten ihr die Nachtruhe und somit wurden ihre Freunde, Nachbarn und Frank ebenfalls der Nachtruhe beraubt. Irgendetwas musste geschehen. Daddy bemühte sich, verzweifelte Nachbarn zu beruhigen, indem er ihnen erklärte, dass man aufmerken müsse, wenn jemand in Miss Hiawathas Alter fortgesetzt über Schmerzen klagt. Nach seinen Erfahrungen lag tatsächlich etwas vor, wenn sich jemand hartnäckig über Schmerzen beschwerte, selbst wenn er sonst nicht mehr ganz klar bei Verstand sein mochte. Mit Müttern, die sagten, dass etwas mit ihrem Baby nicht stimme, verhielt es sich seiner Ansicht nach ebenso. In beiden Fällen vertraute er auf die Richtigkeit der Aussagen und suchte so lange, bis er etwas gefunden hatte.

Er wies mich daher an, für Miss Hiawatha einen Termin beim Radiologen zu machen. Bei der Untersuchung wurden Gallensteine gefunden, weshalb wir als Nächstes einen Termin bei einem Chirurgen vereinbarten. Der Chirurg sagte, dass er die Gallenblasenentfernung nutzen würde, um eine Abdominalhernie und ein Blasenproblem zu beheben. Diese kostengünstige Kombination erschien allen sinnvoll.

Aber die Operation wurde verschoben. Zunächst weil sie ihrem Chauffeur den falschen Tag für den Transport ins Krankenhaus angegeben hatte. Dann musste der Chirurg fort. Wochenlang wurde der Termin immer wieder verschoben – und die ganze Zeit litt sie unter ihren Schmerzen.

Jedes Mal, wenn ich anrief und ihr einen neuen Termin mitteilte, bat sie mich, für sie zu beten. «Machen Sie sich keine Sorgen, Miss Hiawatha», sagte ich aufmunternd. «Es handelt sich um eine einfache Operation, und Sie werden Ihre Schmerzen dann los sein. Sie werden froh sein, wenn es gemacht ist.»

Sie stimmte mir zu und erinnerte mich dann wiederum daran, für sie zu beten. «Das werde ich tun», sagte ich jedes Mal, aber meistens vergaß ich, es zu tun.

Dann rief Frank eines Morgens an und sagte: «Carolyn, Miss Hiawatha ist tot.»

Ein «Oh nein!» brach aus mir heraus.

«Sie ist letzte Nacht gestorben. Keiner weiß warum. Sie war im Krankenhaus und erholte sich gut von ihrer Operation. Aber dann ist sie einfach plötzlich gestorben.»

«Oh nein. Das kann ich nicht glauben. Das kann ich einfach nicht glauben.»

«Sie wusste aber, dass sie sterben würde», sagte er. «Jedes Mal, wenn sie mit mir sprach, sagte sie: ‹Und, Frankie, vergiss ja nicht, für mich zu beten.› Aber ich hab es nicht gemacht.»

«Mir hat sie auch immer gesagt, dass ich für sie beten sollte. Aber ich hab es vielleicht höchstens zweimal gemacht. Gott im Himmel, Frank, ich habe den Termin für ihre Operation vereinbart!»

«Du hast sie nicht umgebracht», sagte Frank.

Bedrückt schwiegen wir beide, und dann sagte er: «Wusstest du, dass sie mich jeden Tag angerufen hat? Aber, meine Güte, das konnte auch mitten in der Nacht oder sonst wann sein. Weißt du, letzte Woche hat sie mich um vier Uhr morgens angerufen und gesagt: ‹Frankie, ich brauche etwas Brot und Milch und Sprite.› Ich sagte: ‹Zum Kuckuck, Miss Hiawatha, es ist vier Uhr früh!› Aber dann hatte ich ein schlechtes Gewissen und sagte ihr, dass ich es ihr schicken würde, wenn ich zur Arbeit ginge, und das habe ich auch gemacht.

Sie hat mir auch immer alles Mögliche zu ihrer Beerdigung erzählt. Sie sagte: ‹Und dann, Frankie, sorge dafür, dass ich ganz in Rosa gekleidet bin. Versprich mir, dass du zu meiner Beerdigung gehst und mich im Sarg anschaust und sicherstellst, dass ich ganz in Rosa gekleidet bin. Wenn sie sich nicht dran halten, dann sorgst du dafür, dass sie die Kleidung wechseln und mir meine neuen rosa Sachen anziehen.› Ich *musste* ihr versprechen, dass die Kleidung ausgetauscht würde, wenn sie nicht gut aussähe. Und natürlich musste ich ihr versprechen, dass man sie unter keinen Umständen zu Barnfields bringen dürfe, weil sie deren Art, das Haar und Gesicht herzurichten, nicht mochte, und dann war da noch ein ganzer Haufen von Geschichten über eine Frau, die immer in den Sarg hineinfällt, einen Leichenwagen, der nicht losfahren kann, und einen Prediger, der ins Grab stürzt.»

«Sie *wusste*, dass sie bald sterben würde», sagte ich.

«Ich werde wohl mein Versprechen einlösen», sagte Frank. «Die Familie wird einen Anfall kriegen, aber ich tu ganz bestimmt, was ich ihr versprochen habe. Wusstest du, dass ich alle Lebensmittel für sie eingekauft habe? Sie hat mich immer angerufen und ihre Bestellung aufgegeben, und ich habe dann einen Schüler, der im

Bi-Rite-Billigmarkt arbeitet, gebeten, es ihr auf dem Nachhauseweg zu bringen. Wenn sie am Monatsende ihren Scheck von der Sozialhilfe bekommen hat, hat sie mir alles bezahlt.»

Frank war ein Heiliger.

«Ich werde sie vermissen», sagte ich. «Sie war meine Lieblingspatientin.»

«Ich werde sie auch vermissen», sagte Frank.

Frank sorgte dafür, dass Miss Hiawatha in die Addison-Leichenhalle kam und nicht in die von Barnfields, und dann ging er einige Stunden vor der Beerdigung dorthin und überprüfte ihre Ausstattung. Er vergewisserte sich, dass sie ganz in Rosa gekleidet war: mit rosa Ringen, Armreif, Halskette und Ohrringen. Selbst die Ausfütterung des Sargs und die Blumen waren rosa. Als ich Frank bei der Beerdigung traf, waren wir uns einig, dass sie hübsch aussah und es ihr selbst gewiss gut gefallen hätte.

Wie sie befürchtet hatte, verlas ein Familienmitglied ein selbst verfasstes Gedicht über sie, aber es war dankenswerterweise kurz und gar nicht mal so schlecht. Und Frank und ich beobachteten aus dem Hintergrund, wie die gesamte Großfamilie in scheinbar lässiger Manier vor dem Sarg herumlief, das Ganze aber mit militärischer Präzision eigens so arrangiert war, damit die Cousine Freda nicht zu nah an den Sarg herankam und beim Hineinfallen Miss Hiawathas Frisur durcheinanderbringen konnte. Freda fiel schließlich tatsächlich in Ohnmacht, wurde dabei aber sogleich von einem jungen Mann, der in der Fußballmannschaft White Oak Starverteidiger im defensiven Mittelfeld war, abgefangen und auf die erste Kirchenbank umdirigiert.

«Was ist los, Obie? Haben Sie sich verletzt?», fragte ich den drahtigen Farmer von meinem Platz hinter dem Empfangstisch aus, als er seltsam steifbeinig zur Eingangstür hereinkam. Was mochte er nur angestellt haben? Sollte Kermits Unfallträchtigkeit vielleicht ansteckend geworden sein? Besorgt fragte ich mich, ob Kermit etwa tot sei, wenn es um Obie schon so schlimm bestellt war.

«Doc soll nur einen Blick drauf werfen», sagte Obie. «Die im Krankenhaus haben mir gesagt, dass ich zu meinem Hausarzt gehen sollte, wenn der Verband gewechselt werden muss.»

«Was ist denn passiert?», fragte ich und schämte mich sogleich, denn ich wollte nicht, dass er vor dem versammelten Warteraum eine persönliche Angelegenheit darlegen müsse. Es kann sich durchaus um heikle Ursachen handeln, wenn ein Mann humpelt. Aber nun war es zu spät. Acht Augenpaare hatten sich erwartungsvoll auf Obie gerichtet, und es wurde eine Erklärung erwartet.

«Och, ich hab mich bei der Arbeit auf meiner Schweineparzelle verletzt», murmelte er.

«Sind die Schweine auf Sie losgegangen?», fragte ich – und wieder hatte die Neugier den Sieg über die Höflichkeit davongetragen. Aber wie jedes Bauernkind wusste ich, dass sich Schweine in Fleischfresser verwandeln, wenn sich die Gelegenheit dazu bietet.

«Nööö. Die Schweine waren's nich», sagte er. Als er sich umschaute und die gebannten Blicke der Zuhörer sah, beschloss er, mit der ganzen Geschichte herauszurücken.

«Ich hatte 'ne Ladung Schweinedraht in meinem Pick-up und wollte ein paar kaputte Stellen im Zaun ausbessern. Es fing grade an zu regnen, und da hab ich ein paar Minuten gewartet, bis der Schauer vorbei war. Als die Sonne rauskam, bin ich zu der Schweineparzelle gefahrn. Der Boden war noch ein bisschen nass, aber nich schlimm. Wie ich grade den Schweinedraht ausrollen will, kommt da ein leichter Windstoß aus dem Nichts daher und bläst die hundertjährige Pappel, neben der ich steh, einfach um. Sowas hab ich noch nich gesehn. Es war kein bisschen windig, und dann kommt dieser Windstoß daher und haut einen gesunden, ausgewachsenen Baum einfach um.»

«Ist er auf Sie draufgefallen?», fragte ich.

«Nein. Er is auf ein Stromkabel gefallen und dann weiter auf den Schweinedraht, den ich immer noch in der Hand gehabt habe. Das hat mich umgehaun. Dabei haben die Muskeln dann den Draht so fest gepackt, dass ich auf meine Knie umgefallen bin. Es hat mich fast umgebracht.» Seine Hände ballten sich bei dieser Erinnerung unwillkürlich zur Faust.

«Ich war gegen den Draht gelehnt und grade so weit, dass ich mich auf ihm abstützen wollte, um wieder hochzukommen, da ging das von vorne los! Ich hab mit aller Macht versucht, den Draht loszulassen, und bin nich freigekommen. Der Strom hat mich gepackt und so fest es nur ging umklammert. Ich hatte Angst, noch einen Stromschlag zu kriegen, aber ich war vollkommen ausgeliefert. Und natürlich war da schon wieder einer unterwegs. Und dieses Mal – das is die reine Wahrheit – hab ich auf meine Arme und Hände geguckt, wie der Strom durch mich durchlief, und ich schwör euch, dass ich gradewegs durch sie durchgucken konnte! Ich konnt die Knochen klar wie auf 'ner Röntgenaufnahme sehn! Ich war zu Tode erschrocken.

Was danach passiert is, weiß ich nich, aber als ich wieder bei mir war, lag ich hinten auf dem Pick-up. Ich hab gedacht, dass ich tot wär und zum Friedhof geschleppt würde, aber der Pick-up stand einfach da, also hab ich mir überlegt, dass ich nich tot sein konnte. Ich muss irgendwie selbst da reingeklettert sein. Ich hab's geschafft, mich in die Fahrerkabine zu setzen und nach Hause zu fahren. Meine Frau hat mich dann gleich ins Krankenhaus gebracht.

Die Elektrizitätsgesellschaft hat mir gesagt, dass eine Spannung von 72.000 Volt auf dem Kabel war und dass der Strom den Baum runtergefahren und erst auf den Schweinedraht und dann auf mich rübergesprungen is. Sie haben mir den Glaswasserkrug gezeigt, den ich mitgebracht und unten am Baumstamm abgesetzt hatte.

Ich hab meinen Augen kaum getraut. Der war zu einem

Klumpen zusammengeschmolzen. Sie haben gefragt, ob sie ihn mitnehmen und den Leuten zeigen dürften. Ich hab ihnen den Klumpen gelassen, aber vielleicht hätt ich ihn selber behalten solln, damit die Leute mir die Geschichte glauben.»

Das war nicht nötig.

Er war zur Nachbehandlung der Brandwunden auf seinem Rücken und an den Beinen zu uns gekommen. Das Muster des Schweinedrahts hatte sich in seinen ganzen Unterleib eingebrannt.

Daddy sagte Obie, dass er Glück hatte, mit dem Leben davongekommen zu sein.

«Das weiß ich, Doc. Der liebe Gott lässt keinen Blitz zweimal am selben Ort einschlagen. Aber ich kann bezeugen, dass diese Teufel vom Tennessee Valley-Elektrizitätswerk nich so gnädig sind. Sie haben in jeden Transformator drei Schutzschalter eingebaut, sodass sie einen dreimal erwischen, bevor sie einen in Ruh lassen.»

Auch wir schüttelten angesichts solcher Ungerechtigkeit den Kopf. «Verdammte Regierung», fügte er noch hinzu.

zwanzigstes kapitel

Du siehst elend aus», sagte ich zu Alma. Es war halb acht an einem Donnerstagmorgen im Juni, und ich war gerade zur Arbeit gekommen.

«Ich fühl mich auch elend», antwortete sie. Als wir miteinander hineingingen, sagte sie: «Mrs. Honeycutt ist gestern heimgegangen.»

«Ach du meine Güte. Das tut mir leid. Aber vielleicht war es eine Erlösung für sie, nachdem sie so lange krank und dabei ihrer verrückten Familie ausgeliefert war.»

«Ein solches Durcheinander hast du noch nicht erlebt. Mr. Honeycutt ist so weggetreten, dass ich meine Zweifel habe, ob er begreift, dass sie tot ist, oder ob es ihm überhaupt etwas ausmacht. Und was diese Tochter angeht. Wir haben uns schließlich gekloppt. Als ich dort ankam, lag Mrs. Honeycutt tot im Bett. Niemand hatte sich um sie gekümmert. Sie lag unversorgt in ihrem Dreck da. Na ja, ich sagte der Tochter, dass ihre Mutter gestorben sei, und dann fing sie an, mich zu beschimpfen und wollte mich aus dem Haus jagen. Ich hab ihr gesagt, dass ich Mrs. Honeycutt nicht einfach so liegen lassen würde. Ich bin sicher, dass die Tochter diese letzte Gelegenheit nutzen wollte, um das Haus nach Drogen zu durchsuchen, bevor ich Zeit hatte, die Sachen mitzunehmen. Sie ist ausgeflippt, und ich musste ihr eine runterhauen und sie aus dem

Schlafzimmer aussperren. Sie schlug auf die Tür ein und brüllte und führte sich wie ein Idiot auf, während ich ihre Mutter gewaschen und die Bettwäsche gewechselt hab. Ich hab auch ihre Haare hergerichtet. Sie hatte sehr hübsches Haar. Dann hab ich gewartet, bis das Bestattungsunternehmen gekommen ist und den Leichnam abgeholt hat.»

«Oh, Alma», sagte ich, beeindruckt von ihrer Standhaftigkeit und mutigen Entschlossenheit.

«Es war das Bestattungsunternehmen Barnfield aus Luttrell. Und es muss der alte Barnfield persönlich gewesen sein, der gekommen war, um den Leichnam abzuholen», sagte sie. «Der Mann ist mindestens achtzig und sein Helfer, der ist sogar noch älter. Meine Güte, was für eine Besetzung.» Sie saß da und schüttelte ungläubig den Kopf.

«Die hättest du mal sehen sollen, die reinsten Vogelscheuchen waren das, ganz hager, und ihre alten Anzüge hingen an ihnen runter. Sie schlurften ins Haus hinein und zogen eine Bahre hinter sich her, und im Wohnzimmer mussten sie erst mal anhalten und sich ausruhen. Sie haben sich einfach auf die Lehnstühle fallenlassen, um wieder zu Atem zu kommen. Wie ich die beiden Gestalten da so sah, hab ich gewusst, dass das nicht gutgehen würde. Sie blieben *ewig* lange sitzen. Und der alte Barnfield wär ohne fremde Hilfe gar nicht wieder hochgekommen. Ich musste ihn von seinem Hintern aus dem Stuhl hochziehen.»

Bei dieser Vorstellung schlug ich die Hände vors Gesicht.

«Ich hab mich gefragt, wie die beiden alten Männer überhaupt den Leichnam anheben und in den Leichenwagen laden sollten. Zum Glück hat Mrs. Honeycutt nicht mehr als sechzig Pfund gewogen. Ich hab ihnen zugeguckt, wie sie darum gerungen haben, sie auf die Bahre zu kriegen. Dann mussten sie sich wieder ’ne halbe Stunde im Wohnzimmer ausruhen, bevor sie die Bahre zur Tür hinausrollen konnten.

Als ich den alten Barnfield dann zum zweiten Mal aus seinem Stuhl hochgezogen hatte, ist er zu der Bahre rübergegangen und hat sich hinten aufgestützt, als hätte er's mit einem Gehwagen zu tun. Aber er hatte den Leichnam nicht mit den Gurten festgemacht, und außerdem hatte er vergessen, die hinteren Stützbeine festzustellen, und dann sind sie eingeknickt. Das Kopfende schlug auf dem Boden auf und Mrs. Honeycutt ist mitten im Wohnzimmer auf den Fußboden gerutscht.»

«Wie schrecklich», sagte ich. Die Vorstellung war entsetzlich und absurd zugleich.

«Die Tochter stand da und hat geschrien und geflucht, und Mr. Honeycutt saß die ganze Zeit auf dem Sofa und hat Fernsehen geguckt. Ich hab den beiden alten Männern geholfen, den Leichnam wieder auf die Bahre zu legen. Diesmal hab ich die Gurte selbst festgeschnallt, und dann haben wir das Ganze zu dritt angehoben. Ich hab dafür gesorgt, dass die Stützbeine eingerastet waren, und ihnen geholfen, die Bahre rauszurollen und Mrs. Honeycutt in den ältesten Leichenwagen, den du je gesehen hast, zu verladen. Ich hab keine Ahnung, ob sie den Weg zur Leichenhalle gefunden haben oder nicht. Was für ein Zirkus.»

«Du kriegst es aber auch mit den verrücktesten Sachen zu tun.» Ungläubig schüttelte ich den Kopf. «Manchmal weiß ich nicht, wie du so was überhaupt aushalten kannst, und ansonsten weiß ich einfach nicht, wie du dabei ernst bleiben kannst.»

«Oh, das war furchtbar. Es war schrecklich komisch, aber ich hab nicht gewagt zu lachen. Schließlich war sie ja ihre Mutter. Und sie war eine gute Frau.»

Daddys Patienten waren mit ihm alt geworden, und inzwischen kamen viele ältere Menschen zur Behandlung. Natürlich häufen sich die Sterbefälle bei Siebzig- und Achtzigjährigen eher als bei jüngeren Menschen, aber die kürzlich angestiegene Zahl der

Todesrate beunruhigte mich nun doch. Es sah langsam ganz so aus, als ob alle heroischen Anstrengungen, Daddys Praxis am Laufen zu halten, bald durch die Umstände zunichte gemacht würden. Ein schrecklicher Verdacht spukte mir im Kopf herum, wahrscheinlich weil ich an der Universität ziemlich viel Mathematik belegt hatte. Auf einer McDonald's-Serviette machte ich eine kurze Überschlagsrechnung, indem ich die derzeitige Todesrate unter Daddys Patienten abschätzte und dann extrapolierte. Die höhere Mathematik kam zu dem Ergebnis, dass seine Patienten allesamt bis zur nächsten Woche verstorben sein würden. Natürlich handelte es sich dabei nur um eine grobe Kalkulation, aber ich kam mir doch wie die Empfangsdame im texanischen Fort Alamo vor, wo bei der Erstürmung alle Anwesenden von der mexikanischen Armee umgebracht worden waren.

Ich war immer noch mit meiner Zahlenkritzelei beschäftigt, als ein großer Mann an den Empfangstisch trat. «Ich habe meinen Jungen mitgebracht. Er ist ein bisschen schwach und mickrig, und ich möchte, dass der Doc ihn sich mal anschaut.»

«Gut», sagte ich. Gerade in dem Moment trat Daddy an seine Seite des Empfangstischs, um ein Rezept für jemanden im hinteren Untersuchungszimmer auszustellen.

«Hey, Doc!», rief der Mann aus.

Daddy zuckte zusammen.

«Erinnern Sie sich an mich? – Barlow France.»

«Ja, gewiss», sagte Daddy vorsichtig.

«Nur keine Sorge. Heute bin ich nicht meinetwegen hier. Ich hab meinen Jungen mitgebracht.»

«Oh», sagte Daddy sichtlich erleichtert. «Was macht Ihr Bein? Was ist mit dem Gips geschehen, den ich Ihnen angelegt habe? Sie sind gar nicht wiedergekommen.»

«Ich hab ihn im Fluss aufgeweicht und abgespült. Nichts für ungut, aber das Ding war einfach lästig. Mit so was am Bein kann man einfach nicht arbeiten. Dem Bein geht's prima jetzt», sagte er und schlug sich auf den Schenkel.

Barlow schaute mich an. «Man kann nicht immer Glück haben! Aber Doc hat mich mal gut zusammengeflickt, als ich meine Hämorriden bearbeitet hatte. Ich dachte, dass ich sie selbst behandeln könnte. Ich hatte eine neue Klinge für mein Teppichmesser gekauft, und ich hatte eine gute Lampe, und ich hab meiner Frau gesagt, dass sie den Spiegel für mich halten sollte, aber ich hab das nicht richtig hingekriegt. Also hat sich Doc drum gekümmert.»

Er hatte versucht, sich selbst an den Hämorriden zu operieren? Mir wurde übel.

«Als ich mir mit der Kettensäge in den Oberschenkel geschnitten hatte», fuhr er fort, «hab ich beschlossen, zur Notaufnahme zu gehn. Es hat ziemlich stark geblutet, und ich hab mir gedacht, dass sie mich bei Wal-Mart rausschmeißen würden, bis ich Nadel und Faden dafür zusammengesucht hätte. Aber wissen Sie, was die Verrückten im Krankenhaus gemacht haben? Die sind mit einem Lineal dahergekommen und haben die dämliche Schnittwunde ausgemessen. ‹Was machen Sie denn da?›, hab ich gesagt. ‹Wird der Preis nach Zentimetern berechnet?› Und die haben ‹Ja› gesagt. Können Sie sich das vorstellen?»

Ich wagte nicht, ihm zu erklären, dass die Versicherungsgesellschaften auf diesem Verfahren bestehen.

«Also bin ich bei der nächsten Verletzung – als ich mir mit dem Klauenende vom Brecheisen was am Kopf aufgeschnitten hatte – einfach gradewegs zu Wal-Mart gegangen und hab mir eine Polsternadel besorgt, die sind nämlich so gebogen wie die, die ich bei Ihnen gesehn habe. Ich hab einen grell bunten Stickfaden genommen, damit ich die Stiche finden konnte, wenn es so weit war, dass er gezogen werden musste. Dann hab ich meiner Frau gesagt, dass sie den Spiegel so halten sollte, dass ich den Kopf von oben sehen konnte.»

Mrs. France fing an, mir richtig leid zu tun.

«Meine Kopfhaut war zäh wie Leder. Ich war überrascht, wie schwer die Nadel durchging. Mit der bloßen Hand hab ich das nicht geschafft. Ich musste meine Flachrundzange dafür nehmen.»

«Haut ist zäher, als man denkt», sagte Daddy. «Schwerer zu nähen, als man es erwarten würde. Wie haben Sie es betäubt?»

«Gar nicht. Und außerdem hab ich zu schnell gemacht und vergessen, die Wunde erst mal auszuwaschen, und dann hat sie sich entzündet, und es hat ewig lange gedauert, bis sie verheilt ist. Es ist eine Narbe geblieben. Woll'n Sie die Narbe mal sehn?» Er fuhr mit der Hand über den Kopf und drückte die Haare auseinander.

Daddy trat ein paar Schritte zurück. «Nein, nein, ist schon gut. Sie brauchen sie mir nicht zu zeigen.» Er wandte sich um und wollte sich davonmachen.

«Warten Sie mal, Doc. Ich wollte fragen ... Würden Sie mir was von dem guten Faden verkaufen – fürs nächste Mal? Dieser Stickfaden kommt nicht so gut wieder raus wie das gute Zeug. Der verhakt sich, und dann muss man so fest dran ziehn. Und dann zerteilt er sich in lauter kleine Fädchen. Damit verpfuscht man einfach alles.»

Daddy starrte Barlow an. «Warten Sie mal», sagte er.

Er ging nach hinten und kam mit einem kleinen Stapel steriler Päckchen zurück. «Hier ist alles, was Sie brauchen. Nadeln, Fäden und ein Nadelhalter.» Dann erklärte er, wie die einzelnen Dinge zu handhaben waren – wie unter Kollegen.

Barlow war ganz aufgeregt. «Was kriegen Sie dafür?»

«Ach, nichts. Es ist ein Geschenk. Aber tun Sie mir bitte einen Gefallen.»

«Was?»

«Beim nächsten Mal waschen Sie Ihre Hände erst einmal gründlich, und dann waschen Sie die Wunde ebenfalls, bevor Sie anfangen zu nähen. In Ordnung?»

Barlow nickte. Zum Glück gestattete er es den anderen Familienmitgliedern, für die medizinische Versorgung einen Arzt aufzusuchen. Daddy gab seinem Sohn eine Spritze und ein Rezept und schickte sie dann nach Hause.

Als wären das Honeycutt-Debakel und Barlow & Sohn nicht Strafe genug für einen Vormittag gewesen, kam genau vor der Mittagspause ein ehemaliger US-Football-Champion mit dem Spitznamen Bullet Head merkwürdig steifbeinig herein, wie der Zinnmann aus dem Zauberer von Oz. Er sank auf den Empfangstisch nieder. «Paul, meine Gicht ist wieder aufgeflackert», sagte er zu Daddy. «Mein Fuß tut so empfindlich weh – wenn ich auf eine Münze treten würde, könnt ich sagen, ob's die Kopf- oder Zahlseite ist. Und außerdem krieg ich wohl eine Grippe.»

«Grippe?», sagte Daddy, ohne im Geringsten die Miene zu verziehen. «Die hast du wohl bei dem Cajun-Wochenende in Newport aufgegabelt. Wie ist das denn gelaufen?»

Das Cajun-Wochenende war eine jährlich stattfindende Veranstaltung der Tuckahoe-Kaninchenjäger-Vereinigung, die vor den Toren der Stadt abgehalten wurde, weil die Festfreude immer ausuferte und zu hohe Wellen schlug.

«Oh, schade, dass du nicht dabei warst. Meine Güte, dieser Cajun-Junge kann vielleicht kochen. Du hast wirklich was verpasst.»

«Was hat er denn gemacht?», fragte ich.

Bullet interessierte sich mindestens ebenso sehr für Essen wie ich. «Na, da gab es so kleine Happen, gute kleine Happen, so *richtig* gute kleine Happen», sagte er und schaute mich Bestätigung heischend an.

Ich hatte keine Ahnung, wovon er redete, aber ich nickte trotzdem.

«Dann gibt's da polnische Wurst und 'ne Flasche mit scharfer

Soße dazu, und natürlich Mais und Zwiebeln und Paprika und ein paar zerteilte Maiskolben, rote Pontiac-Kartoffeln und ein *Riesen*bündel Zwiebeln. Die Zwiebeln werden kreuzweise eingeschnitten, dann kann man sich kleine Stückchen herausfischen und essen. Und Knoblauch. *Viel* Knoblauch.»

Der bloße Gedanke an das Aufeinandertreffen derartiger Mengen Fett und Alkohol, den man brauchte, um das alles herunterzuspülen, ließ schon Übelkeit in mir aufsteigen.

«Das ganze Gemüse wird in ein Paar Strumpfhosen gestopft. Man schneidet die Beine ab und legt die Erdäpfel in das eine Bein und den Mais und die Zwiebeln in das andre und bindet sie dann zu. Wenn alles gar gekocht ist, nimmt man ein Messer und schneidet sie auf. Aber davor muss man das Ganze erst noch auf kleiner Flamme in 'nen großen Topf am Boden geben, und dann tut man die Shrimps dazu. Wenn es gar ist, kippt man den ganzen Topf auf den Tisch aus, schneidet die Strumpfhosen auf und gibt noch scharfe Soße und Salz und Pfeffer dazu.»

Bei mir genügte teilnahmsvolles Zuhören für eine kurz auflodernde Gichtattacke. Und sie hatten zwei geschlagene Tage damit zugebracht, sich derart vollzustopfen und das Ganze jeweils mit viel Alkohol begossen.

«Dobber und Hog Head haben alles gegessen. Und die hinter Brush Grinder in der Schlange standen, haben nichts mehr von den feinen Happen abgekriegt, weil er alle genommen hat.

Wir haben auch 'ne Menge frisch gefangenen Fisch bekommen. Ihr hättet mal sehn solln, wie's dem Old Man ergangen ist. Er und Dobber hatten sich überlegt, dass sie mit ein bisschen Dynamit Fische fangen wollten, damit wir dem Cajun-Jungen am Samstagabend 'was Fisch zum Grillen geben konnten. Sie haben gewartet, bis es dunkel war, weil manche Leute ja immer gleich so komisch sind. Na, auf jeden Fall standen wir alle am Fluss und haben ihnen zugeguckt, und ich möchte wetten, dass Old Man 'ne ganze Stange

DuPont-Stangenköder angezündet und reingeworfen hat. ‹Heut Abend wird's viel Fisch geben›, hab ich so bei mir gedacht. Aber als er auf der Flussmitte angekommen war und mit dem Dynamit rumfummelte, hatte er den Motor abgewürgt. Nachdem er diese Stange dann reingeworfen hatte, fiel ihm plötzlich ein, dass er den Motor ein bisschen flott anlassen und sich aus dem Staub machen sollte, aber er kriegte ihn einfach nich in Gang! Er hat wie verrückt an dieser kleinen Leine gezogen. So was Komisches hab ich wirklich noch nich gesehn.

Dieser orangerote Feuerball fing an, im Wasser zu kochen, und ist dann gewaltig angeschwollen und, weiß der Kuckuck wie, unter das Boot geraten. Er hat das Boot mitsamt Dobber und Old Man in hohem Bogen ans Ufer katapultiert. Da habt ihr wirklich was verpasst. Hast du nicht irgendwas gegen Sodbrennen?»

Keine Stunde später kam Old Man selbst vorbei und klagte über «Grippe» und «Brustschmerzen». Er war fahl grau-grün und wollte etwas gegen Magenschmerzen haben. Den Zwischenfall mit dem Dynamit ließ er unerwähnt – und wir auch.

Am Abend kam Michael in die Praxis geschlendert, schaute mich an, lächelte schief und sagte langsam: «Carolyn, Carolyn, Carolyn.»

Ich sagte: «Hey Michael? Wie geht's?»

Daddy trat hinter mir an den Tisch und sagte: «Hallo, Michael.»

Michael schaute Daddy an und sagte: «Paul, Paul, Paul.»

Dann stand er einfach ein wenig wackelig mitten im leeren Wartezimmer.

Er stand unter starkem Drogeneinfluss.

«Irgendein neues Schmerzmittel ausprobiert?», erkundigte sich Daddy harmlos.

«Nein», sagte Michael und schüttelte langsam und übertrieben verneinend den Kopf.

Ich musste ein Lächeln unterdrücken. «Hast du deine Medikamente dabei, Michael?», sagte ich.

Er schwankte herüber und leerte seine Taschen auf den Empfangstisch aus. Alles, was er in den Jacken- und Hosentaschen hatte, holte er hervor: Stifte, Wechselgeld, zusammengeknüllte Quittungen, die Brieftasche und ein bernsteinfarbenes Plastiktablettenfläschchen. Ich reichte es Daddy weiter, der die Etikettenaufschrift las und «Ah» sagte.

Er schaute mich an und sagte: «Percocet. Vom Kardiologen.»

Michael litt offenbar in dieser letzten Phase seiner Krankheit unter Schmerzen. Sein Herzspezialist hatte ihm ein Schmerzmedikament verschrieben, aber die normale Dosierung hatte ihn total überwältigt, weil der Organismus so geschwächt war.

Er war von einer einzigen Tablette Percocet berauscht. Und er war mit dem Auto unterwegs.

Ich rief Michaels Sohn, Little Mike, auf dem Schrottplatz an und erklärte ihm, dass sein Vater ungewöhnlich und unerwartet heftig auf die Einnahme seines Schmerzmedikaments reagiert hatte. «Er ist völlig berauscht», flüsterte ich, und dann fragte ich Little Mike, ob er und ein Freund zur Praxis kommen und seinen Vater und den Lastwagen abholen könnten.

Während wir auf seinen Sohn warteten, unterhielt ich mich mit Michael. Ich erfuhr, dass er beschlossen hatte, in der Praxis vorbeizuschauen, weil er an einer Kreuzung hier in der Nähe «aufgewacht» war, als hinter ihm jemand hupte. Die Kreuzung war zufälligerweise der Schnittpunkt zweier Highways.

Im weiteren Verlauf unserer Unterhaltung stellte sich heraus, dass er auf der ganzen Fahrt von vielen Leuten angehupt worden war. Zunächst hatte er geglaubt, dass es einfach freundlich gemeint sei, aber nachdem er dann aufgewacht war, hatte er sich doch gefragt, ob vielleicht mit ihm was nicht in Ordnung wäre, weshalb er hier vorbeigekommen war, um sich untersuchen zu lassen.

«Michael», sagte ich, «ich glaube, du solltest lieber nicht Auto fahren, wenn du diese Mengen von Schmerzmitteln einnimmst.»

Michael setzte eine offensichtlich nicht ernst gemeinte beschämte Miene auf. Sein gespieltes Schuldbekenntnis dauerte ungefähr zehn Sekunden lang, dann versuchte er, nüchtern auszusehen. «Der Herr liebt einen Mann, der ein gebrochenes Herz hat», sagte er.

«So?», sagte ich. Ich fragte mich, was er für Frauen mit gebrochenem Herzen empfinde.

«Ja. Psalm 51. König David sagt, der Herr liebt einen Mann mit einem geängstigten und zerschlagenen Herzen.»

Zu tief berührt, um frei und offen über sein krankes Herz zu sprechen, nickte ich ihm nur stumm zu .

«Also muss er mich doch wirklich lieben», sagte er, die Arme weit ausgebreitet. «Weil meins bei der Geburt schon fast so weit war.»

einundzwanzigstes kapitel

Stell dir vor, Carolyn», sagte Jacob. «Sie werden heute Abend in den *CBS-Abendnachrichten* über die Untersuchung berichten. Sie werden den Boss interviewen. Den ganzen Tag lang waren sie mit Kameras hier. Und es wird einen Artikel im *Time*-Magazin geben. Der Senator ist ganz außer sich. Endlich haben wir's geschafft. Jetzt sind wir gemachte Leute!»

«Herzlichen Glückwunsch! Mein Gott, die Abendnachrichten. Und du hast es *ganz allein* zustande gebracht.»

Ich hatte das Gefühl, schuldig zu sein und nicht mehr dazuzugehören. Ich hatte Jacob verlassen und alles verpasst.

«Jetzt werden die anderen Senatoren versuchen, dich mit allen möglichen zweifelhaften Versprechungen und Aussichten auf mehr Geld und Reisen und französisches Essen abzuwerben», sagte ich.

«Weiß ich. Das wird großartig. Aber ohne dich gehe ich nirgendwohin, also musst du wieder herkommen. Jetzt gleich.»

«Jacob, ich muss dir etwas sagen.»

«Oh, nicht doch.»

«Ich muss es tun.»

«Verflucht, Carolyn.»

«Du weißt ja noch nicht einmal, was es ist!»

«Carolyn, tu's nicht.»

Das war schlimm. Es war bereits August. Es gab keine Möglichkeit, hier eine Lösung zu finden, ohne den Menschen, die ich über alles in der Welt liebte, tiefen Schmerz zuzufügen. Ich hatte eine virtuelle Arbeitsstelle in Washington. Jacob traf mich immer noch dort, und in meiner Vorstellung war ich auch immer noch dort, und doch war es nicht so. Ich war in Tennessee. Ich saß fest. Ich musste eine Entscheidung treffen, und wie auch immer sie ausfiel – ich würde dabei Menschen verletzen.

«Carolyn, ich werde so tun, als ob dies nie geschehen wäre. Ich werde es, solange wir leben, nie wieder erwähnen, und solange du weg bist, werde ich weiter an unserer gemeinsamen Karriere arbeiten, ganz genauso, wie ich es in den vergangenen Monaten getan habe, aber ich will, dass du nach Hause kommst. Dein Leben ist hier. Ich will dich zurückhaben. Ich bitte dich, komm zurück. Bald.»

Am nächsten Morgen wachte ich früh auf. Es war vor sechs Uhr und noch dunkel, und mein Wecker würde erst eine Stunde später klingeln, aber ich stand trotzdem auf, schlurfte im Schlafanzug umher und machte mich für die Arbeit fertig. Ich hörte das Telefon klingeln, aber Daddy musste oben abgenommen haben, denn es hatte nur einmal geklingelt. Durch die offenen Fenster hörte ich die Sirene eines Krankenwagens und bald darauf das einstimmende Geheul von einem halben Dutzend Hunden in seinem Gefolge.

Gerade als ich mich auf den Weg zur Arbeit machte, klingelte das Telefon wieder, und ich lief ins Haus zurück, um dranzugehen. Janie Lucas war am Apparat und fragte, ob Daddy schon auf dem Weg sei. Sie hatte ihn gerade eben angerufen und um Hilfe gebeten, nachdem sie Fletcher zusammengebrochen am Frühstückstisch vorgefunden hatte. Es könnte sein, dass er tot ist, meinte sie.

Das passte nicht zusammen. Fletcher war viel jünger als Daddy. Er war nicht einmal krank, er war nie krank. Er konnte nicht *tot* sein. «*Könnte sein,* dass er tot ist» – was sollte das eigentlich heißen?

Warum war sie sich nicht sicher? Ich war vollkommen durcheinander. Es fiel mir schwer, meine Gedanken zu lenken und mich auf das zu konzentrieren, was sie sagte.

Jetzt wurde mir klar, dass Daddy nach jenem ersten Anruf seine Tasche geschnappt und sich sofort auf den Weg gemacht haben musste. «Er wird gleich da sein», sagte ich.

Ich legte den Hörer auf und ging wieder hinaus. «Old Blue», der Chevy-Pick-up, Jahrgang '71, den ich vor siebenundzwanzig Jahren zu meinem sechzehnten Geburtstag bekommen hatte, stand so, dass ich weder mit dem Mercedes noch mit dem Post-Jeep hinausfahren konnte. Beide wären schneller gewesen, aber ich war nicht sicher, ob sie überhaupt fuhren. Old Blue schaffte höchstens fünfundvierzig auf dem Highway, aber der Großteil der Strecke führte über enge gewundene Straßen, also würde ich nicht länger für den Weg brauchen.

Der Pick-up knatterte und ratterte voran. Erst als ich schon fast da war, merkte ich, dass die Fenster auf beiden Seiten offen waren und ich in meiner dünnen Arbeitskleidung in der kühl hereinwehenden Luft zitterte. Ich war nicht bei Sinnen. Ich betete nicht, denn das hätte sozusagen bedeutet, dass ich den Gedanken an Fletchers Tod nicht ganz ausschloss. Es musste sich einfach um ein furchtbares Missverständnis handeln. Ein Fehlurteil aus Panik.

Als ich bei seinem Haus ankam, ging die Sonne gerade auf. Fletchers neuer schwarzer Pick-up stand bei den Autos seiner Frau und Tochter in der Auffahrt. Dahinter standen ein riesiger Notarztwagen und eine mobile OP-Einheit mit eingeschaltetem Blaulicht. Daddys Geländewagen stand quer im Hof, fast schon auf dem Bürgersteig. Ich bog auf den Kirchenparkplatz auf der anderen Straßenseite, gegenüber von Fletchers Haus. Ich wollte aussteigen, hielt aber plötzlich inne. Was hatte ich hier eigentlich zu suchen? Ich war kein Voyeur. Außerdem hatte ich einen schwachen Magen, eine überspannte, zu Panik neigende Konstitution, keinen medizinischen Sachverstand und seit jeher eine überwältigende, morbide Angst davor, in der Nähe eines Toten zu sein. Aber hier ging es um Fletcher.

Ich glitt von der hohen Fahrerbank hinunter, überquerte die schmale Straße und ging durch den Vorhof. Durch die Glastür konnte ich Hope sehen, Fletchers Tochter, sein einziges Kind. Fragend hob ich beide Hände mit nach oben geöffneten Handflächen. Ihre Antwort war eine heftig nach unten schlagende Hand.

Oh, Fletcher.

Ich biss die Zähne fest zusammen und ging durch die Tür zu ihr hinein. «Was – ?», sagte ich.

«Er hatte gesagt, dass er die Zeitung holen wollte, und ich bin gegangen, um mich für die Arbeit fertigzumachen. Als ich in die Küche zurückkam, saß er einfach auf seinem Stuhl da. Seine Augen waren offen, aber schon starr. Glaube ich. Ich habe trotzdem mit Mund-zu-Mund-Beatmung angefangen. War das richtig?»

Ich konnte nichts sagen. Ich hörte die Notärzte im Nebenraum, gleich um die Zimmerecke herum, aber ich blieb dort stehen, wo ich nichts sehen konnte.

«Was hätte ich tun sollen?», fragte Hope. «War es nicht schon zu spät dafür? Ich weiß nicht, wie lange er schon so dort gesessen hatte.»

Mein Gott. Mund-zu-Mund-Beatmung bei dem eigenen toten Vater. Wie konnte jemand das nur tun? Daddy hatte einmal über dreißig Minuten lang einen Verstorbenen beatmet, bis ein Krankenwagen kam. Als ich erfuhr, dass der Mann nie mehr aufgewacht war, fragte ich Daddy, wie er es nur ausgehalten habe, so lange eine Leiche zu beatmen. Er sagte, dass er sich jeglichen Gedanken darüber versagt habe.

Schließlich gelang es mir, mein Gedankenchaos so weit unter Kontrolle zu bringen, dass ich mit zitternder Stimme antworten konnte: «Du hast es gut gemacht. Du hast das Richtige getan. Du musstest das tun. Trotz allem. Daddy sagt immer, dass man Mund-zu-Mund-Beatmung geben muss und einfach weitermachen soll, für alle Fälle. Du hast es gut gemacht.»

«Sein Gesicht war schon kalt!», sagte Hope. «Ich konnte es fühlen.» Sie war völlig schockiert, aber sie weinte nicht.

Im Hof regte sich etwas, und als ich mich umdrehte, sah ich Hopes Freund David auf die Haustür zukommen. Als ich sein starres, erschüttertes Gesicht durch die Scheibe sah, wurde mir klar, wie mein eigenes Gesicht ausgesehen haben musste. Mit aufgewühlt fragendem Blick schaute er mich direkt an. Ich gab ihm mit unbestimmt zuckenden Mundwinkeln zu verstehen, dass ich nichts Genaues wüsste, und wies mit dem Finger in Richtung Hope. Er ging zu ihr und schloss sie in seine Arme.

Ich ging einige Schritte in Richtung Küche, gerade so weit, dass ich Daddy sehen konnte. Er war der Einzige, der aufrecht in dem ganzen Durcheinander dastand. Er stand ruhig da und schaute den Männern bei ihrem Tun zu. Ich hielt mich im Hintergrund, horchte und hoffte auf eine ermutigende Nachricht. Daddys Gesicht gab nichts preis. Ich starrte ihn an, aber er wusste offensichtlich gar nicht, dass ich da war.

Ich konnte hören, dass ein Gummisack im Einsatz war. Das bedeutete, dass eine Röhre eingeführt worden war und Fletcher mit dem Blasebalg beatmet wurde. Gut. Ein Blasebalg war effektiver als Mund-zu-Mund-Beatmung. Still und stumm stand ich da und wartete angespannt auf irgendein Geräusch oder eine Bewegung, die ich zu deuten vermochte, und dann vernahm ich einen unheimlichen seufzerartigen Laut, der vom Küchenboden zu kommen schien. Es klang wie ein natürlich, nicht mechanisch hervorgebrachter Laut, aber es klang nicht wirklich wie ein Menschenwesen, zumindest nicht nach lebendigem Bewusstsein. Es klang wie ein lang gezogenes, schmerzliches Keuchen oder das, was man «Todesröcheln» nennt. Es war ein erbärmliches, pfeifendes Seufzen.

Diese leere Hülse auf dem Fußboden, die ich mich nicht überwinden konnte anzuschauen, war ein Mensch, der vor zwei Tagen erst, als er nach einer anstrengenden Reparaturarbeit in der Hitze einer Giftmüll-Verbrennungsanlage in Oak Ridge nach Hause gekommen war, auf seinem Anrufbeantworter eine Nachricht von Daddy vorgefunden hatte. Daddys Pick-up war bei der Düngemittelfabrik in Talbot liegen geblieben. Fletcher hatte in seiner Garage einen Ersatzölfilter gesucht und war eine Stunde lang gefahren, um ihn einzubauen, damit Daddy nach Hause fahren konnte.

Und nun atmete er mithilfe eines Fremden, der einen hässlichen schwarzen Gummisack zusammendrückte, während ich einfach nur herumstand.

Die beiden Krankenwagenbegleiter standen gemeinsam auf, hoben eine Metallbahre hoch und ließen das Fahrgestell einrasten. Ich drehte mich um und ging den Flur hinab, um nicht im Weg zu stehen. Dann sah ich Janie. Sie war zu benommen, um etwas wie Trauer zu verspüren. Dafür würde es wohl später mehr als genug Zeit geben. Daddy ging hinter ihr.

«Du musst den Krankenwagenleuten sagen, wo sie ihn hinbringen sollen», sagte er leise.

Verwirrt schaute sie zu ihm hoch und sagte: «Ich weiß nicht. Was meinst du? Zu Addisons?»

Addisons war ein Bestattungsunternehmen. «In welches *Krankenhaus* soll er gebracht werden?», sagte Daddy.

«Oh. White Oak, vermutlich.»

Ich drehte mich um und warf über die Schulter gewandt einen ersten Blick auf Fletcher. Er lag mit drei wie Sitzgurte aussehenden Riemen fixiert auf der Bahre. Eine Röhre steckte in seinem Mund, und ein Begleiter ging mit einem schwarzen Gummisack, den er über sein Gesicht hielt und rhythmisch zusammendrückte, daneben her. Ein Elektrogerät von der Größe eines Toasters war neben seinem Handgelenk befestigt. Seine Gesichtsfarbe war gut, und er sah entspannt und wohl aus – nicht so, wie ich mir einen Toten vorstellte. Also nahm ich an, dass er noch lebte. Seine Hände lagen anmutig gekreuzt auf den Beinen. Nichts schlenkerte oder hing leblos herab. Er war sauber und ordentlich mit einer neu aussehenden Bluejeans und schwarzen Laufschuhen bekleidet. Er trug kein Hemd, aber ein Piepser war an seinem Bund befestigt. Dann war er zur Tür hinaus.

Ich drehte mich um und betrachtete die Küche. Der Küchentisch und die Stühle waren genau die gleichen, die bei uns zu Hause standen. Doch hier sah alles ganz anders aus. Auf dem Boden lagen überall weiße Papier- und Plastikfetzen von den Verpackungen der Spritzen und sonstwas verstreut.

Daddy erklärte Janie, dass Fletchers Herzschlag durch einen Schrittmacher aufrecht erhalten wurde. Er fügte ein paar unverständliche technische Kommentare hinzu, aber ich verstand nicht, wovon er sprach. Ein eindeutiges Wort wie «tot» oder «lebendig» fiel nicht. Ich wollte geduldig abwarten, bis mir jemand die ganze Geschichte in klaren Worten erzählen würde. Es eilte mir nicht damit. Endlich schaute Daddy mich an. «Fahr nun zur Praxis und schließ dort auf», sagte er. «Ich komme nach.»

Ich verließ das Haus und ging über den Hof zurück, schritt über den Betongehweg, der in Holzformen gegossen worden war, die ich geholfen hatte zu bauen, stieg über die rotblättrigen Begonien, die ich Janie geschenkt hatte, lief an den grellbunten Notfallwagen mit ihren Blaulichtern vorbei und setzte mich in Old Blue. Ich wartete, bis der Krankenwagen die Sirene eingeschaltet hatte, auf die Straße heraus und in Richtung Krankenhaus losgefahren war. Der Mannschaftsrettungswagen folgte gleich hinterher. Als beide Fahrzeuge außer Sicht waren, setzte ich mich in Bewegung. Daddy stand im Vorhof und sprach mit der Polizei.

Ich fuhr wie befohlen zur Praxis, setzte mich dort hin und schaute einfach zum Fenster hinaus auf den Parkplatz. Als Alma eintraf, brachte ich stammelnd einen halben Satz zu dem Geschehen heraus, und dann setzte sich Alma auf ihrem Hocker zu mir und wir warteten. Gegen acht Uhr kam Cynthia Claxton mit dumpfem Kopfweh. Ich sagte ihr, was vorgefallen war, und warnte sie vor, dass es noch dauern könnte, bis der Doktor einträfe. Ich bot ihr an, sie zu Hause oder am Arbeitsplatz anzurufen, wenn er käme, aber sie sagte, dass sie Verständnis habe und es ihr nichts ausmachen würde zu warten. Sie war schon seit über dreißig Jahren Patientin hier.

Wenige Minuten später kam Daddy, dicht gefolgt von einem weiteren Patienten. Dies würde ein sehr merkwürdiger Tag werden. Er rief Cynthia zu sich nach hinten und dann hörte ich, wie er sie bat, «Aaahhh» zu sagen. Und wir warteten weiter.

Nachdem Daddy die beiden Patienten behandelt hatte, erklärte er Alma und mir, dass Fletcher so gut wie keine Chance habe, da er schon zehn bis zwanzig Minuten tot gewesen sei, bevor man ihn fand.

Schließlich kam ein Anruf von der Notaufnahme des Krankenhauses, und sie wollten mit dem Doktor über einen seiner Patienten sprechen. Mit gebrochener Stimme fragte ich: «Fletcher?» Die Krankenschwester in der Notaufnahme schwieg, ich konnte hören, wie sie Papiere durchblätterte, und dann sagte sie sanft: «Ja, William Fletcher Lucas.»

Mit zitternder Hand hielt ich Daddy den Hörer hin, aber er ging nach hinten, um den Anruf in seinem Büro entgegenzunehmen. Nach kaum einer Minute kam er heraus und sagte erstaunlich ruhig: «Sie konnten ihn nicht wiederbeleben.»

Ich wandte mich ab, ging in einen Winkel meines Empfangskabäuschens und weinte dort.

Ein neuer Patient wurde aufgenommen und dann zwei weitere. Ich schaute durch das Panoramafenster hinaus und wunderte mich, dass der Himmel immer noch wundervoll blau war. Auf dem Highway fuhren die Autos genau wie sonst auch. Das Leben ging weiter, als ob nichts geschehen wäre. Wie konnte das sein? Beim Frühstück hatte Fletcher noch gelebt, und nun war er tot. Er war erst achtundfünfzig Jahre alt gewesen.

Eine Pharmareferentin kam herein, um eine neue Tablette anzupreisen, und ich sagte ihr, dass der beste Freund des Doktors gerade verstorben sei. Sie blieb am Empfangstisch stehen, deshalb fügte ich hinzu, dass der Arzt gerade von dem Haus seines Freundes hierher gekommen sei und ihn nicht hatte retten können. Ich fragte, ob sie nicht ein anderes Mal kommen könnte. Aber sie lächelte ihr künstliches Lächeln ungerührt fort und breitete ihre Proben und Broschüren auf dem Empfangstisch aus, als hätte ich gar nichts gesagt. Ich war entsetzt, aber innerlich zu aufgewühlt, um zu überlegen, was ich tun könnte. Und so schaute ich ihr einfach angewidert und gebannt zu.

Mein Vater kam aus einem Untersuchungsraum und ging zum vorderen Empfangstisch.

«Hallo, Sie! Wie geht's, wie steht's?», rief die Frau munter.

«Nicht gerade gut», murmelte er und bog in Richtung Labor ab. Er hielt ihr den Rücken zugewandt und tat so, als wäre er mit einem Krankenblatteintrag beschäftigt.

«Ich möchte Ihnen gerne von unserem großartigen neuen Spasmolytikum berichten!» Sie redete weiter, und ihre laute, leutselige Stimme ließ uns erstarren. Wir bemühten uns beide verzweifelt, ruhig zu bleiben, während sie unser Schweigen vorgeblich als Interesse auslegte. Etwas Grausameres hatte ich noch nie erlebt. Und weshalb? Wegen einer Pille, die verhindert, dass man in die Hose pinkelt?

Dies verdeutlichte nur einmal mehr die Tatsache, dass Tabletten Fletcher nicht geholfen hätten. Die Rettungsmannschaft und der Krankenwagen hatten nicht geholfen, nicht die Notfalltechniker mit ihren ganzen wundervollen Geräten und auch nicht Daddy mit seiner vierzigjährigen Erfahrung und dem besten Willen auf der ganzen Welt. Mit all diesen vereinten Kräften hatte er seinem besten Freund nicht helfen können. Es war ihm nicht einmal gelungen, die ganze Aufregung und das Durcheinander zu verhindern und dafür zu sorgen, dass sein Freund in Ruhe und Frieden sein Zuhause verlassen konnte.

Endlich ging die Pharmareferentin.

Etwa eine Stunde später klingelte das Telefon. Der Name «Lucas, Fletcher» auf der Anruferkennung erschreckte mich. Ich starrte auf den Namen und mein verworrenes Hirn wollte mich glauben machen, dass Fletcher aus dem Jenseits anriefe, um *Auf Wiedersehen* zu sagen oder etwas Wichtiges mitzuteilen. Ich zögerte so lange wie möglich, nahm dann den Hörer vorsichtig ab und sagte halb flüsternd: «Praxis Dr. Jourdan?»

«Warum ist er gestorben?» Es war Janie. Sie war zusammen mit Hope aus dem Krankenhaus nach Hause gekommen.

Janie weinte noch immer nicht. Sie schien zutiefst verwirrt. Sie wiederholte die Frage, ganz so, wie ein Kind es tut. «Warum ist er gestorben?»

Ich konnte nichts sagen. Ich kämpfte gegen ein Schluchzen an und hielt die Sprechmuschel von meinem Gesicht weg, sodass sie es nicht hören konnte. Ich hatte schon wieder Tränen in den Augen. Höchste Zeit für einen Befreiungsschlag. «Der Arzt von der Notfallstation hat angerufen und mit Daddy geredet. Willst du mit ihm sprechen?»

«Das ist, glaube ich, nicht nötig. Meinst du, ich hätte ihn retten können, wenn ich dagewesen wäre, als er …?»

«Nein», sagte ich fest und entschieden. «Das hätte keiner gekonnt.» Ich wusste, dass sie jemanden brauchte, der ihr dies sagte.

Später stellte ich Daddy die gleiche Frage, und er schüttelte den Kopf. Er stand am Empfangstisch, und wir starrten gemeinsam zum Fenster hinaus. Als ich in sein Gesicht schaute, wusste ich, wie es einem ergeht, wenn man gerade seinen besten Freund verloren hat.

Daddy, Alma und ich arbeiteten uns wiederum durch einen unvorstellbaren Tag. Immer wieder rief ich mir in Erinnerung, was Fletcher gesagt hatte: «Sei einfach da.»

Weder Alma noch ich brachten es fertig, dem üblichen Ritual folgend Fletchers Krankenblatt herauszunehmen und «Verstorben» quer über seinen Namen zu schreiben. Einige Stunden später sah ich, wie Daddy dies erledigte. Er trug auch noch schnell einige Notizen auf der Innenseite ein. Ohne es zu öffnen, legte ich das Krankenblatt in die «Verstorben»-Ablage. Ich hätte es nicht ertragen können, zu lesen, was er aufgeschrieben hatte.

Als wir nach der Arbeit zu Hause waren, erzählte Daddy mir, dass er die Arbeit der Notfalltechniker unterbinden wollte, aber er hatte nicht gewusst, wie er das im Beisein von Janie und Hope tun könnte. Er sagte, dass die Techniker die größten Schwierigkeiten hatten, Fletcher zu intubieren, und er hatte ihnen dabei zuschauen müssen, wie sie die harte Plastikröhre immer wieder in die Halsröhre gezwängt hatten, ohne dass er ihnen seine Hilfe dabei angeboten hätte. Er wusste, dass es ihnen nicht gelingen würde, Fletcher zurückzuholen, wenn sie Herz und Atmung wieder in Gang brächten, dass aber die Möglichkeit bestand, das Leben auf vegetativer Ebene zurückzuholen. Er wusste, dass Fletcher dies nicht gewollt hätte. So hatte er unter Qualen über die Leiche seines besten Freundes gewacht, doch er konnte nur versuchen, den anderen im Weg zu sein, damit alles langsamer vonstattenging – mehr nicht.

Das nächste Mal sah ich Fletcher, als ich im Bestattungsinstitut vor etwas hintrat, das wie eine schlecht gefertigte Wachsimitation in einem Sarg wirkte. Immerfort musste ich denken, dass seine Erscheinung, so, wie sie ihn hergerichtet hatten, nicht passte und kein bisschen wie Fletcher aussah. Während ich neben dem Sarg stand und auf ihn hinabschaute, hörte ich, wie eine Frau in unvorstellbar schneidendem Ton sagte: «Er ist *jung* gestorben, weil er seine Kraft *verschwendet* hat.» Worauf die Stimme eines Mannes träge und gedehnt «Er hat sich *zu Tode gearbeitet*» antwortete.

Fletcher trug einen Anzug und einen Schlips. Ich hatte ihn vorher noch nie in einem Anzug gesehen. Er stand ihm gut. Und er trug ein wunderschönes weißes schürzenähnliches Seidengewand. Es erinnerte an eine besonders schöne Ausführung der Schürze, wie Zimmerer sie tragen und in der eine Handvoll Nägel und ein Bleistift untergebracht sind. Ein kleiner Zweig einer immergrünen Pflanze, die ich nicht kannte, lag auf diesem Gewand. Ich vermutete, dass beide Teil des Bestattungsrituals der Freimaurer waren. Fletcher war Maurer von Beruf und Freimaurer gewesen.

Daddy und ich saßen in einer der hinteren Kirchenbänke. Von Leuten, die zu uns kamen, um ein paar Worte mit uns zu sprechen, erfuhren wir, dass Tod durch plötzlichen Herzstillstand in Fletchers Familie lag. Ein Elternteil, ein Bruder und mindestens ein Cousin waren alle auf die gleiche Weise gestorben: zu jung und ohne ein Zeichen der Vorwarnung. Wahrscheinlich ging es auf einen erblichen Fehler im Reizbildungszentrum oder Reizleitungssystem zurück. Das tröstete Daddy ein wenig. Er hätte nichts tun können, um das zu verhindern. Aber es überraschte uns doch, dass Fletcher dies nie erwähnt hatte. Vielleicht war das eine Erklärung für seine Art und Weise zu leben. Er hatte mit einem gesteigerten Bewusstsein seiner Sterblichkeit gelebt. Wohl wissend, dass sein Herz früh und plötzlich versagen könnte, hatte er die ihm gewährte Lebenszeit mit voller Kraft genutzt und bis zum Letzten ausgeschöpft.

Als wir nach Hause fuhren, fragte ich mich, ob Fletcher nun alle Antworten auf die Fragen zu allen großen Geheimnissen des Lebens wüsste. Ich war sicher, dass er zurückkommen würde, um Daddy und mir die interessanten Sachen zu erzählen, wenn er es könnte. Ich hätte nichts dagegen, wenn er für einen Besuch zurückkäme. Ich glaubte nicht, dass mich sein Geist allzu sehr erschrecken würde.

Am Montagmorgen wurde er auf dem Caledonia-Friedhof, wo seine Familie seit zweihundert Jahren beerdigt wurde, bestattet. Unter einem dunkelgrünen Baldachin, auf dem der Name des Bestattungsunternehmens prangte, lagen viele Blumen und in mehreren Lagen übereinandergeschichtete leuchtend grüne Plastikrasenteppiche.

An jenem Abend fuhr ich eine Stunde vor Sonnenuntergang noch einmal auf den Friedhof zurück, in der vagen Absicht, herauszufinden, ob man so etwas wie Fletchers Anwesenheit dort spüren könnte. Als ich anhielt, konnte ich Janie, Hope und Fletchers Schwägerin Sarah in Freizeitkleidung unter dem Baldachin stehen sehen. Sie waren damit beschäftigt, die verschiedenen Blumendekorationen abzuräumen und neu zusammenzustellen. Sie erzählten, dass man ihnen empfohlen hätte, das, was sie behalten wollten, unverzüglich mitzunehmen, weil das Grab in der ersten Nacht nach der Beerdigung gewiss von menschlichen Aasgeiern heimgesucht und geplündert würde. Wie makaber, dachte ich, zweifelte aber nicht daran, dass es tatsächlich so war. Sie fragten mich, ob ich eine Blume als Andenken mitnehmen wollte.

«Nein danke», sagte ich. Ich sagte nicht, was ich dachte – dass eine Blume nicht das war, was ich in meiner Vorstellung mit Fletcher verband, oder dass ich keiner weiteren Dinge bedurfte, weil unsere ganze Farm ein Andenken an ihn war. Der Wetterhahn, die Zäune, die landwirtschaftlichen Maschinen, die Rasenmäher, die Nebengebäude. Es gab nichts bei uns, womit Fletcher nicht irgendwann in irgendeiner Weise etwas zu tun gehabt hätte.

Sie schienen enttäuscht zu sein. «Nun», sagte ich, «ich möchte nichts haben, woran ihr hängt, aber wenn es sonst keiner möchte, hätte ich gerne dieses grüne Taschenmesser, es ist genau das gleiche wie das, was er Daddy geschenkt hat.» Ich wusste, dass Fletcher es immer bei sich getragen hatte, denn er hatte es oft benutzt, um mir bei irgendetwas zu helfen.

«Das war in seiner Tasche, als er starb», sagte Hope. «Wir haben es in einem großen Umschlag vom Krankenhaus zurückbekommen, zusammen mit den anderen Sachen, die er dabeihatte.» Sie schaute mich müde an und sagte: «Sie haben uns sogar die Kleidung gegeben, die sie ihm vom Leib geschnitten hatten. Warum nur geben sie einem eine Bluejeans Hose und Unterwäsche zurück, die sie jemandem vom Leib geschnitten haben?»

Ich schüttelte den Kopf.

Der Boden über dem Grab war vollkommen eben, die Grassoden waren so gut eingefügt, dass ich kaum sagen konnte, wo das Loch gegraben worden war. Fletchers hübscher Zwergcollie Bandy lag mit verblüffender Präzision genau auf der Mitte des Grabes. Sandra, mit der ich als Kind befreundet gewesen war, war die örtliche Totengräberin. Sie hatte die Grasnarbe sorgfältig entfernt, Fletchers Grab ausgehoben, es wieder aufgefüllt, die Erde festgestampft und die Grasnarbe wieder aufgelegt. Dann hatte sie den übrig gebliebenen Aushub weggebracht. Sie hatte gute Arbeit geleistet.

Der Friedhof lag auf der unteren Hälfte eines großen Feldes inmitten hügeliger Anbaufläche. Das obere Ende des Feldes stieg steil gegen einen Bergkamm an. In diese Richtung würde der Friedhof in Zukunft erweitert werden. Das obere Ende war gerade erst mit einem Kreiselmäher gemäht worden, und das hohe Gras lag noch in konzentrischen Kreisen da, gerade so, wie es niedergemäht worden war. Die Sonne ging unter und tauchte alles in einen gelben Schein, der sich in meinen Gedanken nun schon mit Abschieden von Fletcher verband. Ein vollkommener Halbmond leuchtete am lichtblauen Himmel.

Wir sprachen darüber, wie Fletcher, Ebert Davidson und Daddy vor einigen Jahren die Bäume auf der oberen Hälfte des Feldes gefällt und zu Ofenscheiten zerteilt hatten. Daddy war der Einzige von den dreien, der noch lebte. Sarah zeigte hoch in Richtung Berggrat und erzählte davon, wie ihr Mann sie einmal dazu gebracht hatte, mit ihm zum oberen Ende der Lichtung hinaufzugehen und sich dort mit ihm hinzusetzen, während er den Blick von diesem Stück, das er kaufen wollte, prüfte.

Mir fiel nichts ein, was ich hätte sagen können, außer dass Janie mir hoffentlich alle Schriftstücke bringen würde, die sie nicht verstand, damit ich ihr dabei helfen könnte. Ich ging quer über den Friedhof zu meinem Auto zurück und hatte schon ganz und gar vergessen, warum ich eigentlich hergekommen war, als ich ganz deutlich eine Männerstimme meinen Namen sagen hörte. Lächelnd drehte ich mich um. Aber es war weit und breit kein Mann zu sehen. Die drei Frauen waren die Einzigen auf dem ganzen weiten Feld. Und keine von ihnen schaute in meine Richtung herüber.

zweiundzwanzigstes kapitel

Ich stand in der Scheune und stieß den Fuß zornig in das lose auf dem Boden liegende Heu. Mein Arbeitseinsatz als Sprechstundenhilfe hatte nur ein paar *Tage* dauern sollen. Doch dann hatte er mich festgehalten und sich zu *Wochen* und schließlich zu *Monaten* ausgedehnt. Und was nun?

Mein Zeitplan zur Lebenserwartung der Menschen hier bewahrheitete sich nicht. Ich wusste, dass es immer Sterbefälle unter den Patienten gab. Aber es sollte doch in einer irgendwie erträglichen Reihenfolge geschehen und bei den hoffnungslos Kranken und Ältesten beginnen. Und genau dies traf nicht zu. Miss Hiawatha war nicht sterbenskrank gewesen. Und Fletcher hatte nicht einmal auf der Beobachtungsliste gestanden. Wie sollte ich mein Leben in einer derart unvorhersehbaren Welt einrichten? Die wichtigsten Menschen wurden uns mir nichts dir nichts entrissen, und ich konnte gar nichts daran ändern.

Was geschah mit meinem Leben? Wo spielte es sich ab, wenn ich es nicht an einem Ort wirklich lebte?

Ich durfte nicht länger versuchen, an beiden Welten festzuhalten. Ich stieg in Old Blue ein und fuhr mit dem ratternden, knatternden Wrack schneller, als gut war, rückwärts über den Vorhof, die abgefahrenen Reifen sollten in dem nassen Gras nicht durchdrehen. Ich stieß rückwärts direkt in die Scheune hinein.

Dann begann ich, Aktenschränke auf die Ladefläche des Pick-up zu hieven.

Zuerst kamen die Akten der letzten abgeschlossenen Reihe von Kongressanhörungen dran: siebzehn Plastikcontainer gleichen Formats, auf denen noch die Bundesexpress-Verschiffungsangaben klebten. Da sie für die Reise von Washington nach Tennessee mit einer dicken Schicht Klebeband versehen worden waren, verschaffte ihr Aufprall auf der Ladefläche wenig Befriedigung. Dann warf ich einige der Rubbermaid-Kisten mit Aufzeichnungen aus meinem Senatsbüro darauf. Ihre Deckel platzten auf und Papiere quollen hervor. Ein Schwarm Goldblattadler auf Senatslogos erhob sich in die Luft, dabei hielten sie ihre Pfeile fest entschlossen umklammert. Einer landete neben mir und glitzerte im Licht.

Als die Ladefläche voll war, fuhr ich über den Hof, durch die Senke und bis ganz oben auf einen gegenüber dem Haus liegenden Grat hinauf, wo ich bei einer roten Lehmgrube, die von einem Bulldozer ausgehoben worden war und die wir zum Verbrennen benutzten, anhielt. Ich ließ die Ladeklappe herunter und stieg auf die Ladefläche. Ich schob das ganze Durcheinander in die Brandgrube hinunter, überall flatterte Papier herum. Schreibpapier, Briefe, Protokolle. Ich stieg wieder in den Pick-up ein und holte die nächste Ladung.

Nun kam der Inhalt von zwei Aktenschränken mit den laufenden Untersuchungen dran. Zunächst lose, immer ein Armvoll, dann ganze Schubladen voll, eine nach der andern. Sie waren schwer, aber ich war so außer mir wie noch nie in meinem Leben.

Nachdem ich den gesamten Inhalt meines Büros in die Grube geleert hatte, stand ich da und betrachtete das Durcheinander. Verdammt. Ich hatte keine Streichhölzer. Ich fuhr zum Haus, um welche zu holen, und kam dann zurück und entzündete das Chaos, aber das Papier ließ sich nicht entfachen, weil die Seiten zu dicht gepackt aufeinanderlagen.

Ich fuhr quer über die Straße zum Traktorschuppen. Dort war genau ein 7½ l-Benzinkanister mit der Aufschrift «entflammbar». Gut. Flammen waren genau das, was gebraucht wurde. Moment mal. Weißer Abschaum wurde immer in mit Benzin entzündeten Flammen geopfert. Ich beschloss, Diesel zu nehmen. Teufel noch mal, jedes Kind wusste doch, dass man damit auf Nummer sicher ging. Davon gab es knapp vierzig Liter in zwei kniehohen roten Plastikbehältern, von denen jeder an die vierzig Pfund wog, also musste ich meine Muskeln anspannen und mich wie ein Hammerwerfer drehen, um die Kanister auf die Ladefläche zu werfen. Ich schob sie nach hinten in Richtung Fahrerkabine und machte mich wieder in Richtung Brandgrube auf.

Ich goss die ganzen zehn Gallonen über meinen Karrieremüll, entzündete ein Streichholz, warf es auf eine Diesellache und trat zurück. Das befriedigende Hochschießen einer Gasflamme blieb mir verwehrt, da die Flammen an der auf dem Papier stehenden Dieselpfütze entlangzüngelten. Es war ein gemächliches Voranschreiten. Aber die Rauchwolke war großartig, dicht und schwarz. Sie stieg ungefähr acht, neun Meter gerade hoch und wurde dann vom Wind seitwärts in die Senke hinabgetragen. Bald hing eine erstickende, stinkende Wolke schmutzig schwarzen Rauchs über dem ganzen Tal. Das war mir gerade recht so.

Nun wohnte ich also nicht mehr in meiner Eigentumswohnung im Künstlerviertel der Innenstadt von Washington D. C., sondern im Untergeschoss von Daddys Haus. Ich war von fast hunderttausend Dollar im Jahr bei Null angekommen. Zunächst hatte ich meine Pläne für die nächsten Wochen sausen lassen, dann die Pläne für den Rest meines Lebens. Mein ganzes Leben hatte ich sausen lassen.

Während ich dastand und das Feuer beobachtete, sank die Sonne am Horizont. Mit dem Rauch zog eine unheimliche Reglosigkeit und Stille ins Tal. Es war eine seltsam bedeckte Stille, gerade so wie bei Schneefall. Und tatsächlich ging ein feiner Aschenregen nieder. Ha, *schwarzer* Schnee.

Das Feuer schwelte zwei Tage lang, und eine Rauchwolke hing über der Straße, die sich durch White Oak Hollow zieht, während die Flammen sich langsam durch fünfzehn Jahre meines Lebens fraßen.

Es war an der Zeit, Jacob über den Stand der Dinge in Kenntnis zu setzen. Mit zittriger Hand wählte ich seine Nummer.

«Jacob, hier ist Carolyn.»

«Wo bist du? Ich dachte, du wärst inzwischen hier eingetroffen. Was gibt es nun schon wieder für Schwierigkeiten?»

«Die derzeitige Schwierigkeit ist die, dass ich nicht zurückkomme. Ich kann es einfach nicht. Es tut mir leid.»

«Oh, Carolyn. Bitte nicht. Ich kann warten. Aber das darfst du nicht tun. Es macht keinen Sinn.»

«Ich weiß, dass es nach Washingtons Maßstäben keinen Sinn macht, aber ich glaube, dass es hier sinnvoll sein könnte», sagte ich. «Jacob, das Leben mit dir ist wundervoll. Es ist wie ein Film, ein aufwendiger Politthriller, in dem wir großartig gekleidet an wunderschönen Drehorten umhergehen. Aber hier gibt es etwas, wofür ich gebraucht werde. In Wahrheit ist es so, dass ich als Senatsberaterin einfach ein Mensch mehr bin, dessen Aufgabe darin besteht, jemanden, der schon berühmt ist, noch weiter hochzujubeln. Wie sinnvoll ist das eigentlich? Und wir wissen beide, dass er meine Abwesenheit schnell verschmerzen wird. Hier ist es genau umgekehrt.»

Jacob seufzte.

Als ich am nächsten Tag im Hof stand und mich dem weiten Blick auf Bäume, Hügel und Berge hingab, hörte ich ein Auto die Auffahrt hochkommen. Es war Matthew in seinem weißen

BMW. Das Verdeck war geschlossen, und er schien keine Tiere dabeizuhaben. Er stieg aus, stand da und schaute mich an. «Ich dachte, dass es dir vielleicht Spaß machen würde, ein Stück rauszufahren», sagte er.

Ich nickte.

Er öffnete die Beifahrertür und hielt sie für mich, während ich einstieg. Er ging auf die Fahrerseite zurück, stieg ein und wir fuhren ohne ein Wort los. In für ihn gemäßigtem Tempo fuhr er die gewundenen Straßen entlang. Ab und zu hielt er oben auf einem Hügel an, und wir schauten über die endlosen Felder, manchmal schlug er einen schmalen Weg ein, der sich im Laufe von Jahrtausenden an einem Steilhang entlang herausgebildet hatte, und wir schauten auf den grünen Fluss hinab.

Er fuhr einige Stunden lang und kam schließlich in die Nähe des Hofs seiner Familie. Wir bogen von der Hauptstraße auf den schmalen Feldweg ab, der, wie ich inzwischen wusste, durch den Wald und durch einen Bach zu seiner Hütte führte. Aber statt zu seinem Haus zu fahren, hielt er das Auto in der Mitte des seichten Bachbetts an und schaltete den Motor aus. Während der ganzen Fahrt hatten wir kaum gesprochen, und auch jetzt sagte keiner ein Wort. Dann brach ich in Tränen aus.

Er fasste meine linke Hand mit festem Griff. «Es ist gut, Carolyn», sagte er. «Es wird alles gut werden.»

«Wie?», sagte ich.

«Das weiß ich nicht», sagte er. «Ich weiß nicht wie. Aber irgendwie kommt es am Ende doch immer richtig aus. Du wirst schon sehen.»

«Wie lange braucht es, um richtig auszukommen?», fragte ich.

«Das weiß ich nicht», sagte er. «Das weiß ich nicht.»

Eine ganze Zeit schon hatte Daddy am Ende eines Arbeitstages völlig erschöpft gewirkt. Aber nun, nachdem Fletcher gestorben war, fragten wir uns alle, ob er überhaupt würde weitermachen können. Die Praxis war ein düsterer Ort, aber niemand wusste, wie man ihm helfen könnte.

Dann hatte Harley eine Idee. Ihm war klar, dass Daddy einen großen Erfolg brauchte, um seine Depression zu überwinden, und so beschloss er, für Doc mit der Trinkerei aufzuhören. Avon kam, um die Nachricht zu überbringen.

Seit vielen Jahren hatte Harley immer, wenn Daddy ihn bekniet hatte, eine Entziehungskur zu machen, dies mit den Worten abgelehnt: «Ich glaub' genauso wenig an eure Seelenklempnerei wie an Heilge und G'spenster.» Doch nun sei er bereit dazu, sagte Avon.

Harley stellte jedoch eine Bedingung. Er sagte, dass Sergeant ihn hinbringen müsste. Harley und Momma hatten eine besondere Beziehung, seit sie ihm einmal, als er betrunken war, ein geladenes Gewehr abgerungen hatte. Seither nannte er sie Sergeant, und es war bei diesem Namen geblieben. Ich glaube, er wusste, dass es nur mit der Momma eigenen Entschiedenheit gelingen würde, ihn trocken zu kriegen.

Daddy rief Momma an, und zusammen beschlossen sie, Harley beim Wort zu nehmen. «Richte Harley aus, dass er angemeldet ist», sagte er zu Avon. «Wir kommen morgen früh vorbei, um ihn abzuholen. Gleich als Erstes.»

Harley kam nun also aufs Trockendock, ob er wollte oder nicht. Momma und Daddy baten mich, mitzufahren und auf der Rückbank neben Harley zu sitzen, sodass er zwischen Avon und mir eingeklemmt sei, für den Fall, dass er unterwegs einen Fluchtversuch unternehmen sollte.

In der Nacht fing es an zu stürmen, und der heftige Regen verursachte einen Murenabgang auf der I-40 bei Waterville. Das stellte uns vor ein nicht unbeträchtliches Problem, denn das von Daddy ausgesuchte Sanatorium lag jenseits der Berge in North Carolina.

Aber der Murenabgang bestärkte Daddy und Momma nur in ihrer Entschlossenheit. Zwischen Daddy, Momma und Avon herrschte unausgesprochen ein verzweifeltes Einvernehmen darüber, dass Harley, mochten Hölle oder Hochwasser davor sein – oder in diesem Fall eine Wand aus Felsbrocken und Lehm quer über der Interstate Autobahn – zur Behandlung gebracht würde.

Früh am nächsten Morgen zwängten wir uns alle in Daddys Geländewagen. Momma, Daddy, Avon und ich umringten den stockbesoffenen Harley und bugsierten ihn mit vereinten Kräften ins Auto. Offensichtlich hatte er die Zeit seit seinem heroischen Beschluss zu einem durchgehenden Abschiedsgelage genutzt. Die Fahrt war qualvoll. An einer Stelle war die Straße gesperrt, die Straßenwacht hatte sie als nicht passierbar eingestuft. Aber Daddy fuhr einige Meilen weit über einen einspurigen Schotterweg und mitten durch eine Pfirsichplantage, um die Straßensperre zu umgehen.

Als wir beim Sanatorium ankamen, bat Daddy mich, hineinzugehen und Bescheid zu sagen, dass wir da seien. Da unternahm Harley einen alkoholbeflügelten tollkühnen Befreiungsversuch und schoss, bevor ihn irgendjemand daran hindern konnte, kopfüber aus dem Auto auf den asphaltierten Parkplatz, wobei er sich eine Platzwunde am Kopf zuzog.

Daddy stieg aus und ging um das Auto herum auf die Mitfahrerseite. Er stand dort, schaute auf den blutend daliegenden Harley hinab und sagte: «Schieß nur weiter voraus, Harley. Schlag dir deinen Kopf nur auf dem ganzen Parkplatz hier auf, du wirst trotzdem dort hineingehen.»

Ankünfte dieser Art schienen an der Tagesordnung zu sein, denn sogleich kam ein Krankenpflegehelfer mit ungerührter Miene heraus. Er und Daddy rangen darum, Harley in eine halb aufrechte Position zu bringen, indem sie jeweils einen seiner Arme packten und über ihre Schultern legten. Dann schleiften sie ihn in das Sanatorium, und vermutlich schnallten sie ihn drinnen dann irgendwo an einer Wand fest.

Somit hatten Daddy, Sergeant und Harley ihre jeweilige Aufgabe erfüllt. Und Harleys Instinkt hatte ihn nicht getrogen. Als er Wochen später nüchtern hereinkam, fand Daddy zum ersten Mal seit Fletchers Tod wieder Gefallen an seiner Arbeit.

«Hey, Doc!», rief jemand. «Warten Sie!»

Ohne Sichtdeckung waren wir auf halbem Weg zwischen der abgeschlossenen Praxis und unseren Autos abgefangen worden. Es war ein langer Tag gewesen, und wir wollten alle nach Hause. Ich drehte mich um und entdeckte Wormey, der auf der Beifahrerseite eines neuen, von Jason gefahrenen Pick-up heraushing.

«Ich muss euch was erzählen», rief er aus. «Ihr werdet es nicht glauben.»

«Worum geht's denn, Wormey?», fragte Daddy.

«Hab mir den Hals aufgeschnitten, darum geht's. Guckt mal», sagte er und klopfte auf den dicken weißen Verband, der um seinen Hals herum lag.

«Wie ist das passiert?»

«Autounfall. Ein verdammter Besoffener ist genau vor uns rausgefahren. Ihr kennt doch das Saddle Horn unten an der 11 E?»

Daddy nickte.

«Irgendein Idiot ist dort genau vor unserer Nase rausgefahren. Null Chance für Jason, das gebremst zu kriegen. Also haben wir ihn breitseits genommen. Hat mich durch die Windschutzscheibe geschleudert.»

«Waren Sie nicht angeschnallt?», fragte ich.

«Verdammt, nein. Schnall mich nie an. Die Dinger sorgen nur dafür, dass man aus dem Auto rausgeschnitten werden muss.»

«Klar, es geht schneller, wenn man selber durch die Windschutzscheibe rausfliegt», sagte ich.

«Na ja», sagte Wormey und schaute mich argwöhnisch blinzelnd an. «Die verdammte Windschutzscheibe hat mir 'nen unglaublichen Schnitt verpasst. Das Blut lief über den ganzen Highway. Jason hat mir das Leben gerettet.»

«Wie?», sagte Daddy.

Warum?, fragte ich mich verwundert, doch gleich darauf schlug mir das Gewissen angesichts dieses Gedankens.

«Er hat sein Hemd zusammengeknüllt und auf die Schnittwunde gedrückt, aber das hat nicht so gut funktioniert. Und dann hat er mir also einen Truthahnkoller drumgemacht.»

«Einen was?», fragte ich.

«Einen Truthahnkoller. Er hat meinen Gürtel genommen und ihn über dem Hemd um meinen Hals gelegt und fest zugezogen. Dann bin ich bewusstlos geworden.»

Er hatte einen Gürtel richtig fest um Wormeys Hals zusammengezogen?

«Die haben gesagt, dass ich meine Drosselvene aufgeschnitten hatte. Die haben gesagt, dass ich eigentlich tot sein müsste. Aber das bin ich nicht», strahlte er.

«Endlich ist es doch passiert», murmelte Daddy. «Vierzig Jahre habe ich darauf gewartet, und endlich hat es jemand geschafft.»

«Hat was geschafft?», fragte Wormley.

«Jemandem ein Tourniquet am Hals anzulegen», sagte er. «Ich habe gewusst, dass es nur eine Frage der Zeit war.»

«Sein Gesicht und die Lippen sind auf dem Weg ins Krankenhaus ziemlich blau angelaufen», grinste Jason, «lila, eigentlich.»

«Sie sind ein wahrer Held», sagte ich zu Jason, und es war mir ernst. «Ich glaube nicht, dass ich das gekonnt hätte, was Sie da gemacht haben. Ich wäre nicht in der Lage gewesen, so schnell und klar zu denken, wo so viel auf dem Spiel stand.»

«Ach was, da stand doch nicht viel auf dem Spiel», sagte er zwinkernd, «nur Wormey.»

Herbst

dreiundzwanzigstes kapitel

Es war ein kühler Oktobermorgen und ich stand mit Matthew mitten in einem grünen Feld, das sich viele Meilen am Ufer des French Broad River entlangzog und über Hunderte, ja Tausende Morgen erstreckte. Die Wälder begannen sich bunt zu färben und der rauchblaue Dunst über den Bergen säumte den Horizont. Hier und dort standen alte weiße Bauernhäuser am Ufer des Flusses versprengt, die von schlichter Schönheit waren mit ihren Blechdächern, den um das Haus herumgezogenen Terrassen und den nahegelegenen Holzscheunen.

Wir gingen hinüber zu einer Menschenmenge, die sich auf Eddies Terrasse versammelt hatte, um zum ersten Mal eine Fuchsjagd nach englischer Tradition zu erleben, mit Trompeten und roten Röcken und prachtvollem, bombastischem Brimborium aller Art. Das Ereignis wurde von einer anglophilen Reitervereinigung ausgerichtet, deren Mitglieder aus kultivierteren Gefilden nach West-Knoxville gezogen waren. Die für die Appalachen typische Lebensart ist das genaue Gegenteil von der Washingtons. In Ost-Tennessee neigen die Leute in der Regel überhaupt nicht dazu, Spektakel zu inszenieren, aber wenn ein Fremder, insbesondere ein Nordstaatler, einen Versuch in diese Richtung unternimmt, wollen sie doch zuschauen und hoffen dabei insgeheim, dass es danebengeht.

Offensichtlich hätten die Fuchsjäger den Kontakt mit den Einheimischen gerne ganz vermieden, aber da sie weiträumiger Flächen pittoresker Landschaft bedurften, um mit ihren Pferden umherzutänzeln, hatten sie Verträge mit einigen einheimischen Grundbesitzern abschließen müssen. Und dann konnten sie zu ihrem Entsetzen eben jene Grundbesitzer nicht davon abhalten, ein paar Freunde einzuladen, um die Fuchsjagd mit anzusehen.

Matthew war von dem einheimischen Gesindel als Zuschauer zu den Festlichkeiten eingeladen worden. Einem Freund aus seiner Kinderzeit gehörte die 600-Morgen-Farm, von der die Jagdgesellschaft aufbrach. Also standen wir dort und schauten zu, wie verstreut umherstreifende Erben mit Vermögen von nationalem Rang sich stocksteif auf ihr Pferd hinaufverstiegen. Erben, die erhaben sein wollten. Die teuerste Auslese von Pferden, Sattel- und Zaumzeug, Reiterkleidung, Autos und Pferdeanhängern, die ich je gesehen hatte, traf hier mit einer Auswahl der schlechtesten Reiter der Welt zusammen. Es war ein Wettstreit der Absurditäten.

Aber da war noch etwas anderes, das seltsam war und das ich nicht so schnell durchschaute. Ich ließ meinen Blick einige Male über die Zuschauermenge schweifen, bis mir schließlich aufging, dass sich unter den derb und ungehobelt aussehenden Zuschauern ebenfalls viele Millionäre befanden. Die Reichen auf ihren Pferden hatten keine Ahnung, dass die ungeladenen Partygäste ebenfalls reich waren. Wie auch? Der Gegensatz zwischen den Reichen hoch zu Ross und den Reichen auf Zuschauerebene hätte kaum krasser sein können. Die Auswärtigen trugen dämlich aussehende Stretchhosen. Die Einheimischen hatten zerrissene Flanellhemden und alte Bluejeans an oder abgewetzte Denim-Overalls und fleckige Baseballkappen. Die meisten von ihnen kauten oder schnupften Tabak und spuckten wahllos in der Gegend herum. Es handelte sich um Männer, die sich selbst und ihre Familie damit verblüfft hatten, dass sie mit einer unspektakulären Arbeit als Fleischhauer oder Holzhacker (Hartholzeinschlag) reich geworden waren oder weil sie eine Farm besaßen, die als geeigneter Platz für ein Einkaufszentrum begehrt wurde.

Einer der Reichsten lebte immer noch in einem alten, schmalen Wohnwagen. Die meisten anderen wohnten in ebenso bescheidenen geschindelten Bauernhäusern wie jenen, in denen sie aufgewachsen waren. Es gehörte einfach nicht zur Kultur dieses südlichen Hochlandes, das Geld, über das man eher zufällig gestolpert war, protzig zur Schau zu stellen. Die meisten hatten einen zerzausten Bart, und die anderen sahen aus, als hätten sie sich eine Woche lang nicht rasiert. Nun ja, es war Samstag, und so schoben sie es wahrscheinlich bis zum Sonntagmorgen auf, wenn sie sich für den Kirchgang rasieren mussten.

Ein Mann mit einer atemberaubenden roten Jacke, weißen Reithosen und hohen, schwarz glänzenden Stiefeln ritt auf einem Schimmel, dessen Schweif und Mähne mit Bändern durchflochten waren, vorbei. Er schleifte einen Duftköder an der Stelle entlang, wo die Meute der Foxhounds herumlief.

«Schau dir das an», sagte jemand. «Sie haben noch nicht einmal einen Fuchs. So ein Aufruhr, und dann haben sie noch nicht einmal einen verdammten Fuchs.»

«Ich geh heim», sagte ein anderer.

«Vielleicht sollte ich auch besser gehen», sagte ich zu Matthew. «Es ist recht dumm, auf einer Veranstaltung zu sein, bei der meine Frisur nicht mit der der Pferde mithalten kann.»

«Mach dir keine Gedanken», sagte Matthew. «Sie können das nicht so hochherrschaftlich durchziehen, wie sie tun. Andy hat mir erzählt, dass es letztes Jahr einen großen Streit gegeben hat, weil so viele von den Mitgliedern nicht gut genug reiten können, um sich in einem englischen Sattel zu halten. Es ist kaum jemand dabei, der über irgendeine Art von Hindernis springen kann. Die Kinder von den hier ansässigen Familien sind ganz hervorragende Reiter, und sie wollten die Erlaubnis haben, mitzureiten. Der Jagdclub konnte das den Kindern nicht rundheraus abschlagen, denn dann würden sie jetzt selbst nicht hier reiten. Also mussten sie eine Abmachung aushandeln. Die Abmachung lautet: Die mit den noblen englischen Ausstattungen und Sätteln reiten zuerst los. Sie sind in zwei Gruppen eingeteilt, die mit den roten Jacken, die angeblich gut reiten können, und die mit den schwarzen Jacken, die noch lernen. Die mit den schwarzen Jacken dürfen nicht an denen mit den roten Jacken vorbeireiten, sonst werden sie rausgeschmissen. Dann müssen die mit der Western-Ausrüstung eine halbe Stunde warten, bevor sie losreiten dürfen. Und zum Schluss kommen dann die einheimischen Kinder dran.»

Wir traten von Eddies Terrasse hinunter auf seinen Rasen, gingen an einigen heruntergekommenen Kuhställen und Tabakscheunen vorbei und dann weiter in Richtung eines Pavillons, den der Jagdclub aufgebaut hatte. Er stand eindrucksvoll inmitten eines abgeernteten 50-Morgen-Kürbisfelds und erinnerte irgendwie an eines der Renaissance-Prunkzelte bei den Turnieren der Engländer und Franzosen auf dem Feld des Güldenen Tuches.

Ein dichter Morgennebelstreifen lag noch über dem Fluss und hüllte das Feld ein. Er wogte um Pferde und Reiter herum und ließ sie wie Traumgestalten erscheinen. Auf dem Feld vor dem Pavillon waren ein halbes Dutzend Freudenfeuer entzündet worden. An ihnen konnte man sich aufwärmen, wenn man den Mut aufbrachte, sich dicht genug heranzustellen. Ein Mann mit einer weißen Robe und einem langen, um seinen Hals gewundenen Purpurtuch, das wie eine Krawatte aussah, die er vergessen hatte zu binden, stand mit einem aufgeschlagenen Buch mitten zwischen der unruhigen Hundemeute und den tänzelnden Pferden.

«Das nennen sie ‹Die Hundesegnung›», flüsterte Matthew.

Einer der Hunde hob das Bein und begoss die Rückseite von der Robe des Mannes. Die Menge brach in schallendes Gelächter aus.

«Guck mal, Otter hat das Kleid von dem Kerl abgespritzt», sagte einer.

«Wofür trägt er überhaupt so ein dämliches Kleid?», sagte ein anderer.

«Er ist ein Priester, du Idiot», antwortete ein Dritter.

«Ein *Bischof*», korrigierte eine andere Stimme.

«Ein Katholik? Hier draußen?», sagte der Mann erstaunt. Selbst mich überlief unwillkürlich ein Schauer. In meiner Familie waren über Generationen hin Geschichten überliefert worden von Katholiken, die meine hugenottischen Vorfahren auf Scheiterhaufen wie diesen hier auf dem Feld verbrannt hatten.

«Nein, zum Teufel, das sind doch nicht Katholiken, sondern Episkopale.»

Irgendjemand sagte laut «scht», und die Zeremonie begann. Gerade als der Bischof aufhörte zu sprechen, hob sich der Nebel. Kellner gingen zwischen den aufsitzenden Reitern umher und reichten kleine Gläser mit Schnaps zu ihnen hoch. Einige Reiter nahmen mehr als eins. Die meisten trugen eine zusätzliche Schnapsration in Silberflaschen mit Monogramm, die hinten auf ihre handgearbeiteten Sättel gesteckt waren.

Ein rotberockter Reiter, der sich selbst als «Jagdmeister» titulierte, rief der Menge von seinem Platz auf einem hochgewachsenen schwarzen Ross aus etwas zu. Mit einer kurzen Reitpeitsche beschrieb er ein Rund, um eine Kreisbahn anzudeuten, auf der die Clubmitglieder nun reiten würden. Einen anderen Rotrock stellte er als den «Hundemeister» vor, der sich darauf verstand, seine Bullenpeitsche äußerst akkurat knallen zu lassen, um das Rudel Foxhounds zu dirigieren. Als ich die Peitsche anguckte, konnte ich nicht umhin zu hoffen, dass er die Zähne eines der Hunde noch vor dem Abend zu spüren bekäme.

Ein Mann blies auf einem gewundenen Horn, und die erste Reitergruppe schoss los, wobei sich die Rotröcke aus dem Gewühl an die Spitze vordrängten. Kurz darauf waren sie beim ersten Hindernis angekommen – einer niedrigen Holzkonstruktion, die in die Umzäunung eingebaut war. Die Absprungstelle erwies sich als Engpass, also mussten einige Reiter Warteschleifen ziehen, während andere Mut für den Anlauf sammelten. Manche Reiter waren so unfähig, dass sie tatsächlich schon beim Anritt im leichten Galopp über das ebene Gelände vom Pferd gefallen waren. Fast alle Rotröcke und einige der Schwarzröcke schafften das erste Hindernis. Aber einige Pferde wollten nicht springen. Das waren vermutlich die klugen. Andere jedoch sprangen ihren Reitern, die sich nicht oben halten konnten, davon. Ein paar fielen diesseits, andere jenseits des Hindernisses hinunter. Also lagen Abgeworfene über das ganze Feld verstreut, und die reiterlosen Pferde rannten entzückt mit aufblitzenden Silberflaschen davon.

Einem der Schwarzröcke war die Warterei zu langweilig geworden, und er nahm Anlauf auf das Hindernis (und schaffte den Sprung), bevor ein Rotrock drüben angekommen war. Der Rotrock hatte zuvor schon ein paarmal Anlauf genommen, aber sein Pferd hatte den Sprung verweigert. Der Regelverstoß provozierte einen Brüllwettstreit, den wir eine halbe Meile weiter noch mit anhören konnten. Somit gab es innerhalb der ersten zehn Minuten bereits eine ganze Reihe von Verletzten, und jeder Anspruch auf Schicklichkeit war dahin.

Nach ungefähr fünfundvierzig Minuten ertönte das Startsignal für die zweite Gruppe. Diese Gruppe bestand aus Leuten, deren Ausstattung und Pferde keinerlei Regularien unterworfen waren: Western-Sättel und Cowboyhüte auf Tennessee Walking Horses oder Maultieren.

«Oh, toll», sagte ich und zeigte auf ein Maultier, das Matthew überragte. Bis zu den Ohrenspitzen hinauf maß es über zwei Meter. «Schau dir mal das braun-weiße Maultier dort an! So ein fantastisches Tier hab ich noch nie gesehen.»

«Das glaub ich gern und es ist wohlverdient. Dieses Maultier hat 26.000 Dollar gekostet», sagte Matthew. «Es ist ein geflecktes Mammut Racking Mule.»[6] Die Mutter war ein weißes Percheron-Zugpferd. Deshalb ist es so groß. Und man bekommt nur ganz selten eins, das einen so sanften, ebenmäßigen Passgang hat wie ein Walking Horse. Es springt auch.»

«Ein Maultier, das über Zäune springt?», fragte ich.

«Ja. Aber bei Maultieren gibt's ein anderes Verfahren. Man muss erst absteigen und lässt sie allein springen. Dann steigt man wieder auf.»

Maultiere sind eindeutig schlauer als Pferde.

Es war klar, dass es in dieser zweiten Gruppe einige Biertrinker gab. Einer von ihnen hatte ein Sechserpack hinten an seinem Sattel befestigt, um sich über die Branntweinflaschen der anderen lustig zu machen. Als sie losritten, wurde ein ebenfalls keinerlei Regeln unterworfener Haufen Hunde losgelassen: rothaarige Redbones, blauschwarz gefleckte Blueticks und einige Feists. Wir schauten zu, wie sie auf einer leicht abweichenden Route gemächlich querfeldein auf ein Gatter zutrabten. Das erste Gatter wurde geöffnet, und man ritt unter Johlen hindurch, auf dass ein jeder sähe, was in ihren Augen ein vernünftiges Vorgehen sei.

Unter den Zuschauern wurde einiges an schwarzgebranntem Schnaps konsumiert. Je länger die Krüge von Hand zu Hand wanderten, umso vernehmbar streitlustiger wurde die Unterhaltung um uns herum. Das Geräusch von nahezu ungedämpften Motoren, die angelassen und hochgejagt wurden, drang langsam an mein Ohr, und dann sah ich, dass sich hinter den zugelassenen Gruppen eine weitere, völlig aus dem Rahmen fallende Gruppe Vogelfreier versammelte: Rednecks in Geländefahrzeugen. Ihren Aufbruch kündigten sie mit im Gras schlingernden Hinterreifen an; was wie eine verloren gegangene Truppe von Stonewall Jacksons[7] Gefolgsleuten aussah, machte sich nun in einer Traube von Geländewagen sowie einem zerbeulten Suzuki Samurai, einem mittels gewaltiger Reifen hochgesetzten Jeep und einem kleinen Nissan-Pick-up auf. Sie röhrten an uns vorbei und schnitten mit durchdrehenden groben Reifen tiefe Furchen in den weichen Untergrund.

Oho. Das würde dem Jagdklub ganz und gar nicht gefallen.

Die nach Kampfgelegenheiten Ausschau haltende *Mad-Max*-Mannschaft fuhr schnurstracks auf einen der gefallenen Reiter zu. In einem Kreis um die leblos daliegende Gestalt herum hielten sie an, und vier stiegen aus. Sie hievten den Mann hoch und warfen ihn hinten auf den Nissan. Dann fuhren sie weiter. Im Zickzack fuhren sie den gesamten Parcours ab, hoben gefallene Reiter auf und kreisten herrenlose Pferde ein.

Als wir am frühen Nachmittag zum Auto zurückgingen, waren nur noch zwei Reiter auf dem Feld, die, beide zu Fuß, mit ihren feinen Stiefeln wie vom Teufel gejagt hinter ihren Pferden herwetzten.

Matthew und ich standen zwischen den parkenden Hängern und schauten zu, wie die Leute ihre Pferde einluden. Immer wieder wurde jemand am Ärmel aus der Gefahrenzone eines der heranstürmenden Pferde gezogen, dessen Reiter sich, um sein Leben bangend, verzweifelt festklammerte. Als schließlich alle Pferde verladen waren, wurden die Reiter entschieden sorgloser von den Ladeflächen der Pick-ups auf die Rücksitze verschiedener deutscher Limousinen und Land Rover verfrachtet.

Während ich den besudelten Wohlstand betrachtete, wurde mir plötzlich bewusst, welchen Anblick Jacob und ich einst geboten hatten, als wir nach einem Nominierungsball auf der Suche nach einem Taxi für den Heimweg aufgelöst, aber mit Tuxedo und Ballkleid angetan, durch ein Armenviertel sprinteten.

«Solch eine Veranstaltung gibt's auf der ganzen Welt nicht wieder», sagte ich. *Außer vielleicht in D. C.*, dachte ich.

«Ganz gewiss nicht – darauf geh ich jede Wette ein», sagte

Matthew, während er die Gegenrichtung zu den voraussichtlich zur Teerstraße aufbrechenden Autos einschlug und durch das Flussbett davonraste. «Ich kenne eine Abkürzung», sagte er.

Wir fuhren auf einem buckligen Pfad am Fluss entlang. Plötzlich hielt Matthew an. «Guck mal da», sagte er. Auf einem Felsvorsprung, keine sechzig Meter entfernt, war ein Rotfuchs. Majestätisch stand er dort mit seinen schwarzen Strümpfen und seiner schwarzen Nase, den gewaltigen buschigen Schwanz gerade ausgestreckt, und beobachtete in aller Ruhe das untere Feld am Fluss.

vierundzwanzigstes kapitel

Henry Loveday hatte immer einen besonderen Platz in meiner Erinnerung eingenommen, denn er war der treffsicherste Zielwerfer, den ich je gesehen hatte. Als wir auf der Highschool waren, zeigte er manchmal auf eine ganz bestimmte Nuss in einem Hickory-Baum und holte sie mit einem einzigen Kiesel, den er wie eine Kugel hochschoss, herunter. Das hatte mich riesig beeindruckt. Ich bin schon immer ein Fan von Ultrakompetenz gewesen. Henry war inzwischen Perfusionsspezialist, er bediente die Herz-Lungen-Maschine im White Oak-Krankenhaus. Nachdem er erfahren hatte, dass ich zu Hause war und wir nun beide im medizinischen Bereich tätig waren, legte er Wert darauf, mich von Zeit zu Zeit aufzusuchen. Eines Tages kam er mit dem Angebot, mich zu seinem Arbeitsplatz mitzunehmen, um eine Operation am offenen Herzen anzusehen. Anscheinend fand er immer noch Gefallen daran, sich vor mir großzutun.

«Henry», sagte ich, «du wirst bei deiner Arbeit kaum jemanden brauchen können, der in Ohnmacht fällt.»

«Nun ja, das verstehe ich schon, aber falls du dir's anders überlegen solltest, brauchst du mich nur anzurufen», sagte er.

«Danke. Aber warte lieber nicht darauf.»

Als Arzttochter hatte ich reichlich Erfahrung mit Ohnmachten gesammelt und wusste auch, dass eine Ohnmacht durchaus keine schlimme Erfahrung sein muss. Tatsächlich hatte ich sogar einige der tiefsten Einsichten in die Geheimnisse des Lebens aus der Bodenperspektive gewonnen. Vor den Augen von Freunden und der eigenen Familie bei passender Gelegenheit in Ohnmacht fallen zu dürfen, ist etwas ganz anderes als der Versuch, sich vor einem Haufen Fremder beim Anblick von etwas so Grauenvollem wie einer Operation am offenen Herzen in der Senkrechte zu halten. Eine solche Heldentat wollte ich nicht ohne Not auf mich nehmen.

Als ich Daddy von Henrys Angebot erzählte, meinte er, dass ich es mir noch einmal überlegen sollte. «Eine Gelegenheit, so etwas anzusehen, wirst du nie wieder bekommen», sagte er.

Das hatte er damals auch bei dem kleinen Mädchen mit dem Herzen auf der falschen Seite gesagt. Vielleicht sollte das ein Zeichen sein. Ich hatte in der letzten Zeit ziemlich viel über Herzen nachgedacht. Ich bekam sie einfach nicht aus meinem Kopf heraus: Mommas, Fletchers, Michaels, mein eigenes Herz. Vielleicht war ich es ihnen schuldig, ein leibhaftiges Herz anzuschauen. Auf jeden Fall war es an der Zeit, dass ich meine Zimperlichkeit überwand. Das wäre ein Riesenschritt: das genaue Gegenteil von allem, was sich in Daddys Praxis abspielte. Es wäre eine *große* Sache. Ich rief Henry an.

In der Nacht vor meiner geplanten Zuschauerteilnahme bei der Operation schlief ich nur drei Stunden, da mir Daddys und Mommas gesammelte Verhaltensvorschriften für den Fall einer Ohnmacht im Kopf herumkreisten:

«Wenn du merkst, dass du ohnmächtig wirst, dann leg dich einfach gleich auf den Boden, sodass nichts zu Schaden kommt.» – «Vergiss nicht, dass du nach hinten fallen musst, wenn du umfällst.» – «Sieh zu, dass du nichts anfasst, wenn du umfällst, und greif vor allem nicht nach dem Instrumententablett. Da liegen Messer drauf.» – «Was immer du tust, fall ja nicht auf den Patienten.»

Als ich am nächsten Morgen über den Parkplatz trabte, fühlte ich mich wie ein Marinesoldat oder ein Samurai und war darauf gefasst, dem Tod ins Gesicht zu sehen. Natürlich wäre es nicht *mein eigener* Tod, dem ich ins Angesicht sehen würde, aber eine Prüfung war es doch: eine Reise ins Herz der Dinge.

Nie hätte ich mir vorgestellt, dass die erste Bewährungsprobe schlicht und einfach darin bestehen würde, Henry in dem ausgedehnten Krankenhauskomplex überhaupt zu finden. So viele Türen hatte ich in meinem ganzen Leben noch nicht gesehen. Allein auf dem Weg von meinem Auto zum Operationssaal machte ich Begegnung mit der gläsernen Eingangstür zum Krankenhaus, die sich mit einem Holzgriff aufstoßen ließ, mit Aufzugtüren aus Metall, Holztüren mit normalen Türgriffen, Glastüren, die beim Nähertreten einer Person auf mysteriöse Weise seitlich in der Wand verschwanden, Doppeltüren, die sich öffneten, wenn jemand einige Schritte weiter mit irgendetwas gegen die Wand schlug, Türen mit seltsamen Paddelblättern aus gebürstetem Edelstahl, die sich auf Druck der Hände, Ellbogen, Körperlängsseite (oder der Stirn) hin öffnen konnten. Als ich Henry endlich gefunden hatte, kam ich mir wie Maxwell Smart vor.[8]

Irgendwo auf meinem Weg durch dieses Labyrinth hatte man mir einen Satz Operationsbekleidung zugeworfen, die ich über meine Sachen zog. Ich streifte Papierstiefelchen über meine Tennisschuhe, umhüllte mein Haar mit einer undurchsichtigen Duschhaube und fummelte mit einer Papiermaske herum, die einen Metallbügel hatte, den man je nach Größe der eigenen Nase zurechtbiegen konnte. Henry zeigte mir, wie die Maske über dem Kopf und dann im Nacken zugebunden wurde, und ich folgte seinem Beispiel.

Im Operationssaal wies Henry auf einen zerbeulten Edelstahlhocker, der neben einem besonderen, blau gepolsterten Exemplar stand, das wohl seines war. Ich setzte mich, und links von mir ging eine Tür auf und eine blondhaarige Frau von ungefähr vierzig Jahren wurde auf einer Rollbahre hereingeschoben. Einige Masken tragende Leute erschienen, und Henry eilte herbei und half ihnen, die Frau von der Rollbahre auf den Operationstisch zu legen. Ein Mann, den ich für den Anästhesisten hielt, trat zu der Frau, berührte sanft eine Seite ihres Gesichts und sprach mit leiser Stimme. Sie antwortete mit einem undeutlichen Murmeln, aber nachdem er an seinen Geräten herumhantiert hatte, wurde sie still.

Zischend ging eine Tür in der hinteren Wand auf und zwei weitere maskierte Gestalten traten herein. Sie zogen die über die Frau gebreitete Decke zurück, entfernten den Krankenhausumhang und fingen an, ihren Körper auf dem Operationstisch zurechtzuschieben. Jeder nahm ein Bein, beugte das Kniegelenk, drehte Knie und Zehen auswärts, legte das Bein wieder nieder und fixierte die Füße der Frau mit einem Klebeband auf dem Operationstisch. Ihr Anblick erinnerte unselig an einen zu sezierenden Frosch.

Einer hängte ein Verlängerungsteil an der linken Seite des Operationstisches ein, der Arm der Frau wurde daraufgelegt und am Handgelenk fixiert. An der Innenseite des Unterarms und an den Innenseiten beider Beine konnte ich eine Reihe mit schwarzem Marker gezeichneter Linien sehen.

Fragend sah ich Henry an. «Sie bekommt fünf Bypässe gelegt, und ein abgestorbener Wandbereich wird aus ihrem Herzen herausgeschnitten. Die Transplantate werden den Armen und Beinen entnommen.» Schaudernd starrte ich ihn an. «Das ist die beste Methode», sagte er. «Manchmal funktionieren die den Toten entnommenen Transplantate nicht so gut.»

Ich wandte mich wieder zu der Frau und sah, wie zwei OP-Pfleger ihre Brust, den linken Arm und beide Beine mit gelbbraunem Braunol abrieben. Die dunkle Flüssigkeit rann in kleinen Bächen an ihrem Körper hinab und an den Seiten hinunter. Sie tupften den ganzen Körper mit sterilen Handtüchern ab und deckten ihn dann, Glied für Glied, mit einer Art gelber Frischhaltefolie zu. Nach Abschluss dieser Phase hatten wir eine gänzlich nackte Frau vor uns, die in Froschhaltung fixiert, mit Magic-Marker-Zeichen versehen, braun angemalt und in gelbes Plastik gehüllt war. Meine Bemühungen, einen entspannten Eindruck zu machen, wurden von meinem eigenen in panischer Angst schlagenden Herzen unterhöhlt.

Zwei weitere Maskierte betraten den Raum und begannen, die Instrumentenschalen vorzubereiten. Sie legten blaue Baumwollhandtücher zu diversen etwa 60 Zentimeter hohen Stapeln aufeinander. Dann öffneten sie die Glasschränke und begannen, Instrumente aus den sterilen Verpackungen herauszuholen. Alsbald häufte sich eine gewaltige Menge Müll auf.

Sie breiteten eine Auswahl an Messern, Sägen, Scheren, Nadeln und Thermokautern auf einigen großen Schalen aus. Es gab einige Dutzend Klemmen und mir unbekannte Dinge sowie einen besonders abschreckend aussehenden Satz langer Drähte mit Stahlhaken an einem Ende. Ich stellte mich neben meinen Hocker, um die Sachen genauer anschauen zu können, und dachte, dass dies ein bisschen an Michaels Ausrüstung für die Autolackierung erinnerte, als mein Blick jedoch auf das Haifischgebiss fiel, das wohl der Brustbein-Spreizer war, musste ich mich hinsetzen und für eine Weile abwenden.

An einer großen, ganz normalen Wanduhr blieben meine Augen hängen. Ein aus Plastik gefertigtes Amtsschild mit der Aufschrift U H R war genau darunter angebracht. Da lächelte ich.

Der Anästhesist und sein Assistent schoben etwas, das an einen Schuhlöffel erinnerte, in den Rachen der Frau und führten dann eine Plastikröhre ein. Sie entfernten den Schuhlöffel und schoben eine zweite Röhre hinunter. Ich schaute Henry an. Er sagte: «Ultraschall-Dopplergerät. Das erste war ein Trachealtubus zur Beatmung. Er ist in die Lunge eingeführt worden. Es ist schwierig, eine Röhre dort einzuführen, deshalb muss man eine Führungshilfe benutzen. Diese hier ist leichter anzubringen. Sie wird in die Speiseröhre eingeführt, um den Echokardiographen zu betreiben.»

Der Anästhesist rieb die geschlossenen Augenlider der Frau sanft mit Öl ein und überklebte sie. Dann rieb er den Bereich um die Augen herum mit Öl ein. Sein Assistent deckte den Augenbereich mit einer Schutzbrille ab und fixierte sie mit Klebeband. Ich schaute Henry mit hochgezogenen Augenbrauen an. «Ihr Lidschlag wird jetzt lange aussetzen, und man will verhindern, dass ihre Augen austrocknen», erklärte er.

Der Gedanke an die Salbung der Toten und das Auflegen von Münzen auf die Augen drängte sich bei diesem Anblick auf.

Nach ungefähr fünfundvierzig Minuten war nichts mehr von der Frau zu sehen. Sie war mit mehreren Schichten aus Plastik, Baumwolle, Papier und Klebestreifen bedeckt. Nur schmale Spalte zwischen den blauen Baumwolltüchern auf der Brust, dem linken Arm und beiden Beinen wiesen darauf hin, dass darunter etwas verborgen war.

Dann kam der Chirurg herein. Er war genauso bekleidet wie alle anderen auch, nur dass er ausgefallene Leder-Clogs und eine besonders robuste Duschhaube trug. Der Chirurg stellte den hydraulischen Operationstisch auf eine bequeme Arbeitshöhe ein. Als er eine Stirnlampe anlegte, die so aussah, als käme sie geradewegs aus einem Science-Fiction-Film, begriff ich, warum seine Duschhaube anders war. Eine kleine, intensiv hell leuchtende Lampe lag in der Mitte seiner Stirn, genau über einem Paar Brillengläser mit Lupen für beide Augen. Er stellte die drei hell strahlenden OP-Leuchten so ein, dass gleißend helles Licht genau auf den Brustkorb der Frau fiel.

«Das ist der Grund, weshalb der Raum heruntergekühlt werden muss», sagte Henry. «Diese Lampen entwickeln eine starke Hitze, und sie müssen stundenlang darunter stehen.» Ich nickte nur, dankbar für die Kühle in dem Raum, die meine Übelkeit dämpfte.

Es sah so aus, als sollte die Operation nun beginnen, also atmete ich tief ein und starrte auf den Boden. In das darauf eintretende Schweigen hinein, während ich mich bemühte, den vorgenommenen Hautschnitt nicht bewusst wahrzunehmen, hörte ich die Stimme des Chirurgen: «Mist. Sie hat mir gesagt, dass sie aufgehört hat zu rauchen. Verdammt, schaut euch das mal an.»

Einen Moment lang fragte ich mich verwirrt, ob vielleicht während des Einschnitts Rauch aus dem Brustkorb gequollen sei, aber ich wagte es nicht, hochzuschauen. Dann wurde mir klar, dass er an der Verengung der Blutgefäße und dem geringen Blutaustritt während des Einschneidens ablesen konnte, dass die Patientin kürzlich geraucht haben musste.

«Ja, stimmt, sie hat das Rauchen aufgegeben», sagte eine der Schwestern. «Heute Morgen habe ich sie mit einer Zigarette erwischt, und sie hat gesagt: ‹Das ist meine letzte.›»

Darauf blieb es eine Weile still, dann nahm ich Brandgeruch wahr, schaute unwillkürlich hoch und sah einen Rauchschleier über der Brust der Frau, der von der Thermokauter-Verödung herrührte, die man zur Stillung der Blutung nach dem Einschnitt vorgenommen hatte. Dann hörte ich das Geräusch, das ich gefürchtet hatte: ein Summen, das von einer Knochensäge kommen musste. «Mein Gott, sie *sägen* an ihr herum», sagte ich leise zu Henry und griff, ohne hochzuschauen, nach seinem Arm. Die wenigen Sekunden, die der Chirurg benötigte, das Sternum durchzusägen, hielt ich Henrys Arm fest umklammert.

Ich weiß nicht, wie lange sie brauchten, um Arm und Beine aufzuschneiden und die Blutgefäße zu entnehmen, die nördlich oder westlich ihres ursprünglichen Ortes am Herzen der Frau wieder angenäht würden, um sich in Herzkranzgefäße umzuwandeln. Es mag etwa eine Stunde gedauert haben. Ich schaute wieder hoch und sah, wie die für die Bypässe entnommenen Arm- und Beinvenen hochgehalten, inspiziert und mit der Schere beschnitten wurden, um sauber geschnittene Enden zu erhalten. Die Einschnitte in Arm und Beinen lagen noch offen. *Einatmen – eins, zwei, drei, vier. Luft anhalten – eins zwei, drei, vier. Ausatmen – eins, zwei, drei, vier. Luft anhalten – eins, zwei, drei, vier.*

Die vereinzelten Wortwechsel geschahen so leise, dass ich nur hier und da ein Wort aufschnappen konnte. Aber Henry schien alles zu verstehen, denn als Reaktion auf etwas, das ich gar nicht gehört hatte, rief er in regelmäßigen Abständen eine Zahl auf oder verstellte etwas an den Geräten.

Schließlich war es so weit, dass das Herz der Frau über die Herz-Lungen-Maschine vom Blutkreislauf abgekoppelt wurde. Es folgte ein Moment angespannter Tätigkeit, und dann begannen die Pumpen an Henrys Maschine zu arbeiten, wobei sich die durchsichtigen Plastikröhren mit einer merkwürdig leuchtenden orangeroten Flüssigkeit füllten. Der Farbton war ein solch beunruhigendes Orangerot, dass ich mir nicht vorstellen konnte, was es eigentlich war. Auf jeden Fall konnte ich mich nicht erinnern, jemals Blut von dieser Farbe gesehen zu haben. Aber nachdem sich der Ton nicht änderte, wurde mir klar, dass dies die Farbe des im Körper zirkulierenden Blutes sein musste – wenn es von der Luft abgeschlossen ist und nicht wie bei einer offenen Wunde gerinnt oder trocknet. Ich hätte gerne gewusst, ob das Blut, das im Dunkel des Körperinneren strömt, von eben dieser Farbe ist.

Auf eine weitere Wartezeit folgten heftig gemurmelte Unterredungen, denen ich nicht folgen konnte. Henry griff nach oben und betätigte das Plastiksperrventil an einem durchsichtigen Plastikbeutel, der genau vor ihm hing, und plötzlich überfiel mich panische Angst. Ich schaute erregt in dem Raum umher, auf der Suche nach einer Erklärung für das furchterregende Gefühl in mir, und richtete mein Augenmerk auf die verschiedenen Monitore, um so etwas wie eine Erklärung zu finden. Dann sah ich, dass der Herzmonitor eine abgeflachte EKG-Linie anzeigte. Oh mein Gott.

Mit Tränen in den Augen starrte ich wieder auf Henry und sagte: «Was hast du gerade gemacht?»

«Ich habe einen Herzstillstand herbeigeführt.»

Oh Gott. Er hatte sie *getötet.* Ich fühlte, wie mir die Tränen über das Gesicht liefen. Ich verstand, dass Henry dies tun musste, um der Frau zu helfen; es würde sehr viel schwieriger sein, ihr Herz zu reparieren, wenn es schlug. Dennoch war dies ein gewaltiger Schock. Es war mir nie in den Sinn gekommen, dass dies das übliche Verfahren war und dass mein Freund derjenige war, dem diese Aufgabe oblag.

«Es ist *in Ordnung*, Carolyn», sagte Henry leise. «Du bekommst nur etwas zu sehen, was die meisten Menschen niemals zu sehen bekommen. Es ist ein medizinisches Sakrament.»

Ich konnte nichts sagen.

«Ich habe die Rolle des Hierophanten», flüsterte er.

«Des was?»

«Des Hierophanten. Des Priesters, der einem Initiationsritual vorsteht. Hast du noch nie etwas über mystische religiöse Praktiken gelesen, zum Beispiel in der Kabbala oder bei Rudolf Steiner?»

Ich schüttelte den Kopf.

«Nun, bei dem, was hier geschieht, handelt es sich darum, dass wir ganz normalen, fehlbaren Sterblichen einen Einblick in das Leben nach dem Tod geben, ihnen einen Eindruck von Gott vermitteln und sie dann in diese Welt zurückholen. In den meisten Fällen sind sie danach für den Rest ihres Lebens gewandelte Menschen.»

Sprachlos starrte ich ihn an.

«Es entspricht dem, was Johannes der Täufer bei der Taufe im Jordan mit Jesus gemacht hat. Die ursprüngliche Bedeutung ist im Laufe der Zeit verloren gegangen. Die Menschen wissen heute nicht mehr, dass Johannes Jesus nicht einfach nur untergetaucht hat. Er hat ihn so lange unter Wasser gehalten, bis er ihn fast ertränkt hatte. Er hat ihm ein Nahtod-Erlebnis zuteil werden lassen, damit er nach seiner Rückkehr eine Vision des Himmels in sich trüge. Der Bursche, der zurückkam, war nicht einfach nur der Mensch Jesus, sondern etwas Höheres, er war Christus.»

Ich muss ein wenig argwöhnisch ausgesehen haben, denn er fügte hinzu: «Ich hoffe, dass diese Dame auch verändert zurückkommt und aufhören wird, ihren Körper mit Zigaretten oder sonst was zu misshandeln.»

«Na, kein Wunder, dass sich meine Taufe nach gar nichts angefühlt hat», sagte ich. «Sie haben mich nur kurz eingetaucht.» Ich dachte weiter über das nach, was Henry mir erzählt hatte. «Weißt du, ich habe schon einmal gehört, dass so eine große Operation wie diese hier einen Menschen verändert, aber ich habe immer gedacht, dass es die Angst sei, was die Veränderung bewirkt. Der eigenen Sterblichkeit ins Auge zu sehen.»

«Nun, so ist es eben nicht. Es ist die Begegnung mit Gott, die das bewirkt. Der eigenen *Unsterblichkeit* ins Auge zu sehen.»

Oh!

Aber, dachte ich, aller äußeren Anzeichen des Erfolgs beraubt zu sein und seit fast einem Jahr als Sprechstundenhilfe arbeiten zu müssen, hatte mich doch auch verändert – und zwar mit erheblich geringerem Aufwand und zu geringeren Kosten. Offensichtlich konnte dies durch verschiedene Arten sakramentalen Untertauchens bewerkstelligt werden.

In regelmäßigen Abständen rief Henry Zahlen und benutzte dabei manchmal ein Wort, das wie «Pleej» klang. «Was ist ‹Pleej?›», fragte ich.

«Es ist das Herzgift,[9] mit dem ich ihr Herz zum Stillstand bringe. Ich teile dem Chirurgen mit, wann ich die letzte Dosis gegeben habe.»

«Oh», sagte ich. Nun wurde mir klar, warum er die Zeit angeben musste. Die Wirkung der Droge ließ nach einer Weile nach. Während ich zuschaute, begann das Herz der Frau zaghaft wieder zu schlagen, und der Chirurg forderte Henry auf, eine weitere Dosis Pleej zu verabreichen. Und das tat er.

Es war so furchtbar, dass man es nicht mit ansehen konnte.

Jedes Mal, wenn ich hochschaute, hielt Henry eine weitere riesige Spritze in der Hand, die mit irgendetwas gefüllt war, das er der Frau durch die Ports in der Braunüle gab. Er machte auch immer wieder verschiedene Blutuntersuchungen, unter anderem zur Blutgerinnungszeit. Er hatte bereits so viel Medizin und Zubehör für sie verbraucht, dass sein eigener etwa 150 Liter fassender Abfallbehälter überquoll. Er warf einen kleinen Teststreifen auf den Haufen, der auf den Fußboden hinunterrutschte. Ich hob ihn auf und stopfte ihn in eine Lücke zwischen den Müll.

Als ich meine Hand zurückzog, war Blut daran. Ich betrachtete es und rieb es zwischen den Fingern. Die Farbe glich eher gewöhnlichem Blutrot als dem in den Schläuchen zirkulierenden, aber es war dünner als alles, was ich bisher an Blut gesehen hatte. Es fühlte sich glatt an, so wie WD-40-Gleitspray, und es trocknete nicht. Während ich es betrachtete und mich fragte, ob dies von einer hohen Dosis Gerinnungshemmer herrührte, sah Henry die Blutflecken an meiner Hand und deckte sie sofort mit einem der sterilen blauen Tücher ab. «Du kannst nach nebenan gehen und es abwaschen», sagte er. Er nickte in Richtung der Tür, die in einen Raum mit Waschbecken führte.

Ich schüttelte den Kopf. Es schien mir das Geringste, was ich tun konnte, um eine Verbindung zu diesem Menschen herzustellen, den ich nackt, aufgeschnitten und in den Zustand des Todes versetzt gesehen hatte. Es war tatsächlich ein gutes Gefühl, durch die Berührung mit etwas, das Teil von ihr war, eine Art menschlichen Kontakt mit dieser Frau herzustellen.

Der operationstechnische Assistent gab dem Chirurgen ein sauberes Stück Gazekordel. Er hantierte damit herum und reichte es dem Techniker zurück. Der Techniker vermaß die nun blutige Kordel mit einem Lineal. Dann hob der assistierende Chirurg den Abschnitt eines Blutgefäßes hoch, betrachtete ihn, legte ihn neben die blutige Kordel und schnitt ihn zu.

«Sie schneiden das erste Implantat auf Maß», erklärte Henry. «Sie müssen sicherstellen, dass es genau die richtige Länge hat. Und achte einmal darauf, wie es markiert worden ist, als man es aus dem Körper herausgeschnitten hat. Es ist von entscheidender Bedeutung, klarzustellen, welches Ende welches ist, weil die Klappen im Innern des Blutgefäßes sich unter Gegendruck schließen – das heißt, wenn man es falsch herum einnäht, verschließt es sich und kann nicht arbeiten.»

Das Schneiden, Ausmessen und Nähen zog sich über einige Stunden hin, bis alle fünf Implantate eingefügt waren. Den vier Leuten am Tisch war die ganze Zeit über keinerlei Unruhe oder Beschwerlichkeit anzumerken. Eine Weile später schreckte ich hoch und stellte fest, dass ich geschlafen hatte. Ich schluckte, richtete mich gerade auf und versuchte herauszufinden, was gerade geschah.

Es lief nicht gut. Ich schaute auf den einzigen Gegenstand im Raum, den ich verstehen konnte: die Kurven auf dem Herzmonitor. Oh nein. Der Herzschlag der Frau war nur in der oberen Hälfte der Kurve. Und sie zeigte über 200 Schläge pro Minute an. So viel wusste ich: dass sie damit nicht leben konnte.

Der Chirurg betätigte die Steuerung des hydraulischen Tisches, und er rollte langsam nach rechts. Er stoppte ihn, schaute sich etwas an und rollte den Tisch dann langsam in die entgegengesetzte Richtung, bis ihm die linke Seite der Frau zugekehrt war. Ich schaute zu Henry hinüber. «Er sucht Lecks», sagte er.

Dann sagte jemand mit nervöser Stimme etwas darüber, dass

sich die linke Seite des Herzens zur Größe von Texas aufblähte. Henry musste die Herzfunktionen wieder herunterfahren, während der Chirurg eine Umstellung vornahm und überlegte, was die Ursache des Problems sein konnte. Das bedeutete, dass wiederum der Herzstillstand herbeigeführt werden musste. Aber nun war es eher eine Erleichterung zu sehen, wie die furchterregende Herzschlagkurve sich in eine abgeflachte Linie umwandelte.

Ich hörte den Chirurgen etwas murmeln. Ich verstand die Worte «Blut … positiv … B.»

Ich wusste, dass sie ihr vielleicht mehr Blut zuführen mussten, und dachte, wie praktisch es war, dass ich zuschaute, weil sie notfalls welches von mir bekommen konnte. Sie hatte die gleiche Blutgruppe wie ich, B positiv.

Dann hörte ich: «… vielleicht auch HIV.»

Oh. Ich horchte angestrengt, um ihre Unterhaltung zu verstehen. Ich hatte es falsch gedeutet. B positiv bezog sich nicht auf ihre Blutgruppe, die Blutuntersuchung vor dem Eingriff hatte Hepatitis B positiv angezeigt. Und es schien so, als bestände auch noch Verdacht auf HIV.

Ach, Mist! Ich hatte ihr Blut auf meiner ganzen rechten Hand verrieben. Was für ein Idiot ich doch war. Ich betrachtete meine Hand und suchte sie auf Schnitte und Kratzer und jeden kleinen Ritz in der Hautoberfläche ab. Nach ungefähr einer halben Stunde konnte ich meine Angst nicht mehr bezwingen und fragte Henry: «War das Ding, das ich da aufgehoben habe, scharfkantig?»

«Nein. Aber geh und wasch dir deine Hände.»

«Zu spät», sagte ich in der Annahme, dass kräftiges Bürsten nur die Schutzschicht zwischen ihrem und meinem Blut reduzieren würde.

Ich drehte mich wieder zu dem Chirurgen um. Er sah auch nicht glücklich aus. Er hatte die Frau den ganzen Tag lang operiert und war so weit, dass er fertig werden wollte. Er machte weiterhin Bemerkungen über ihre Lebensweise. Diesmal ging es um Kokainkonsum. Mir war klar, dass er sich emotionale Distanz zu verschaffen suchte, für den Fall, dass das Herz nicht wieder zum Schlagen gebracht werden konnte. Das war hart. Obwohl jeder sein Bestes gegeben hatte, war ein lebendiger Mensch in den Raum gebracht und zu einem toten Menschen gemacht worden. Wie kurz ihre Lebenserwartung an jenem Morgen auch gewesen sein mochte, wenn man sie in Ruhe gelassen hätte, hätte sie zumindest noch die Sechs-Uhr-Nachrichten erlebt. Nun war selbst das ungewiss.

Es wurde hin und her über Blut und eine Nachbestellung beraten. Die Masken dämpften die Worte, und es war schwer auszumachen, wer gerade sprach. Ich entnahm ihren Worten, dass Spenderblut weiterhin als verdächtig eingestuft war und der Chirurg der Frau nur im Notfall welches übertragen wollte. Es erstaunte mich, dass er Bedenken hatte, eine Drogensüchtige, die schon mit Hepatitis infiziert war, durch eine Transfusion erneut zu infizieren.

Es war alles so ganz und gar anders als bei Daddy. Täglich behandelte er ein paar Dutzend Leute, allein, mit einer Handvoll Wundpflaster. Hier waren ein Dutzend medizinische Fachkräfte mit einem einzigen Patienten beschäftigt und benutzten dabei Material und Geräte, von deren Existenz ich nichts gewusst hatte. Ich versuchte mir vorzustellen, was diese ganzen Bemühungen für die Frau selbst bedeuten mochten. War sie überhaupt noch hier? War sie tot oder lebte sie? Was bedeuteten diese Worte an einem Ort wie diesem?

«Was glaubst du, wo sie jetzt ist?», fragte ich Henry.

Henry sah mich von der Seite an. «Normalerweise rede ich mit *niemandem* über solche Sachen. Aber du bist bei dem, was ich dir vorhin gesagt habe, nicht schreiend hinausgelaufen, also sag ich dir's rundheraus. Ich *weiß*, wo sie jetzt ist, weil ich es spüren kann. Ich mache das hier schon seit sechsundzwanzig Jahren.

Sie ist jetzt nicht in ihrem Körper. Sie ist noch hier, aber sie hat sich ausgedehnt und füllt den ganzen Operationsraum aus. Als ihr die kleine Maske aufgesetzt wurde und sie zuerst ein sehr starkes Schlafmittel bekam, hat sie ihren Körper verlassen. Du kannst sehen, wie das geschieht, wenn du weißt, worauf du achten musst.»

Ich nickte, bildete mir ein, einen Hauch von der stillen Gegenwart, die den Raum ausfüllte, spüren zu können.

«Kommt es jemals vor, dass sie den Raum verlassen?», fragte ich.

«Manchmal», sagte Henry, «aber meistens gehen sie nur bis zum Warteraum. Sie vergewissern sich, wie ihre Lieben damit zurechtkommen. Dann kehren sie zurück. Normalerweise.»

»Normalerweise?», sagte ich.

«Bei den zwölftausend Operationen, bei denen ich dabei gewesen bin, sind nur sechs hinausgegangen und nicht mehr zurückgekommen.»

«Gestorben?»

«Ja.»

«Das ist erstaunlich.»

«Vielleicht.Vielleicht auch nicht. Ich achte bewusst darauf, dass ich mit ihnen in Verbindung bleibe, während sie ihren Körper verlassen haben, damit sie verstehen können, was gerade geschieht. Ich helfe jedes Mal dabei, sie auf den Operationstisch zu heben, und nehme sie dann, wenn alles vorbei ist, wieder herunter. Das gehört nicht zu meinen Aufgaben. Ich tu das, weil ich ihnen die Hand auflegen möchte. Zwei Mal. Ich bete mit ihnen, bevor ich anfange, und dann noch einmal, wenn ich fertig bin. Und solange ihr Blut in meiner Maschine ist, bin ich mir bewusst, dass es ihre Seele ist, die in diesen Schläuchen zirkuliert. Ich meditiere über ihr Blut. Ich glaube, es hilft ihnen, wenn jemand hier in diesem Raum ein Bewusstsein von dem hat, was sich wirklich abspielt.»

Henry war wirklich weit ins Jenseits vorgedrungen. Aber alles, was er sagte, kam mir irgendwie bekannt vor. Und auch wenn ich es mir nicht erklären konnte – es fühlte sich richtig an.

Keiner konnte sehen, woher das Leck kam, und solange die Stelle nicht gefunden war, konnte die Operation nicht beendet werden. Der Chirurg nutzte dies, um eine Toilettenpause anzusetzen. Dies nach sechs Stunden angespannter Konzentration. Der operationstechnische Assistent ging mit ihm hinaus.

Ich war so schockiert und erschöpft, dass ich mich ganz taub fühlte. Ich beschloss, davon auszugehen, dass die Frau, trotz allem, was Henry gesagt hatte, im Prinzip tot sei und wahrscheinlich kaum etwas dagegen hätte, wenn ich mir ihr Inneres anschaute. Zumindest konnte ich versuchen, aus dieser Anstrengung und Aufopferung etwas für mich zu lernen.

Ich stand von meinem Platz hinter Henrys Maschine auf und trat neben die große Instrumentenschale, die über den Füßen der Frau schwebte. Ich stand mindestens anderthalb Meter vom Herzen der Frau entfernt, und der Tisch, auf dem sie lag, war höher als meine Taille, also konnte ich zu meiner Erleichterung nicht allzu viel sehen. Was ich sehen konnte, war ein Gerät mit gewaltigen Klemmbacken, das die Ränder der Schnittstelle in ihrer Brust zurückgeschlagen hielt. Die Öffnung war so breit wie mein Kopf und ungefähr so lang wie mein Unterarm. Zum Glück verdeckten sterile Tücher und die gelbe Hautabdeckung jegliche Oberfläche, die für mich als Teil eines Menschen erkennbar gewesen wäre, und somit schien das Loch nicht in einem wirklichen Menschen zu sein. Irgendetwas an dem Loch selbst war merkwürdig. Es ließ mir keine Ruhe, aber ich konnte nicht herausfinden, was es genau war.

Ich starrte auf die klaffende Wunde, bis ich merkte, was da nicht stimmte: Da war gar kein Blut. Eine lebende Frau hatte ein riesengroßes, *nicht blutendes* Loch in ihrer Brust. Das war nicht auszuhalten. Dann wurde mir klar, dass die Blutlosigkeit eine Folge von Henrys Tun war. *Er* hatte das ganze Blut aus ihrem Herzen. Darin bestand seine Aufgabe. Er ließ es in seiner Maschine und in ihrem gesamten Körper zirkulieren, überall, nur nicht in ihrem Herzen. Henrys Maschine war wie die I-640-Umgehung, der Bypass von Knoxville. Deshalb wurden diese Eingriffe wohl mit dem Wort Bypass-Chirurgie benannt!

Ich stellte mich auf die Zehenspitzen und reckte den Hals, um ihr Herz zu sehen, doch ich konnte nur etwas erblicken, das an eine abgezogene Hühnerbrust erinnerte und inmitten eines Wirrwarrs von blassgelbem und rosa Zeug in ihrer Brust lag. Enttäuscht darüber, nichts gefunden zu haben, das wie ein Herz aussah, ging ich zu meinem Hocker zurück.

«Hast du ihr Herz gesehen?», fragte Henry.

«Ich weiß nicht genau», sagte ich. «Ich habe etwas gesehen, das aussah wie … es sah aus wie …»

«Ein Stück rohes Hühnerfleisch?»

«Ja. Eine abgezogene Hühnerbrust ohne Knochen. Was war das?»

«Das ist das Herz.»

Was für eine Enttäuschung.

«Wenn das das Herz ist, dann muss ich sagen, dass es nach nicht gerade viel aussieht.»

Henry lächelte. «Die wichtigsten Dinge im Leben sehen oft nach ‹nicht gerade viel› aus.»

Dabei konnte ich es nicht bewenden lassen. Ich *musste* es nun einfach genauer anschauen. Ich beschloss, auf den Hocker des Anästhesisten zu steigen und einen Blick über den Vorhang zu werfen, der zwischen dem Gesicht der Frau und dem Loch in ihrer Brust hing. Aus dieser Höhe würde ich alles sehen können.

Während ich mich vorsichtig seitwärts in einen Raum von der Größe einer Telefonzelle schob, der auf drei Seiten von über zwei Meter hohen Monitortürmen umgeben war, versuchte ich, die passendste Richtung für meinen eventuellen Ohnmachtsanfall ausfindig zu machen. Ich holte tief Luft und stieg auf den Hocker. Ich schaute zunächst geradeaus und beugte meinen Kopf dann langsam stufenweise hinab, bis ich den Einschnitt sehen konnte. Er schien sich bis an den Horizont zu erstrecken. Der Schnitt war so lang, dass ich meinte, die Krümmung der Erdkugel darin zu sehen. In einem plötzlich vor mir auftauchenden, sehr lebendigen, grauenhaften Bild sah ich meinen Kopf abbrechen und mit dem Gesicht in dem gespenstischen Loch landen.

Ich sagte: «O weh», und stieg von dem Hocker hinab. Vor meinen Augen tanzten kleine Pünktchen.

«Gucken ist schon erlaubt», sagte die Anästhesieschwester. Aber ich brachte es nicht fertig, drehte mich um und wollte zu meinem Hocker zurückgehen. Henry fing mich auf halbem Wege ab. Er nahm meinen Arm und dirigierte mich zurück, diesmal an das andere Ende des Tisches, dorthin, wo der Chirurg gestanden hatte. Er schob seine Hand stützend unter meinen Ellenbogen. «Was möchtest du nun gerne sehen?»

«Die Lunge», sagte ich. Ich wollte eine Lunge sehen, damit ich wusste, was bei Michael alles ausgetauscht werden würde.

Der assistierende Chirurg beugte sich über die Brust der Frau und stocherte behutsam darin herum. Er stieß an einige fleischige Teile und fasste dann vorsichtig mit Daumen und Zeigefinger ein blasses, läppchenförmiges, steif aussehendes Etwas.

«Schau her. Das ist die Lunge», sagte er und hob sie sehr behutsam ein wenig an.

Ich hatte erwartet, dass die Lunge schwammartig oder flauschig aussehen würde – wie hübsche rosawolkige luftgefüllte Taschen. Was der assistierende Chirurg da hielt, erinnerte an etwas in der Supermarktfleischtheke, das man besser liegen ließ. Ich beugte mich dichter darüber und sah kleine schwarze Flecken auf dem Gewebe. «Es sind schwarze Pünktchen darauf!», platzte es schockiert aus mir heraus.

«Sie lebt in der Stadt», sagte der assistierende Chirurg. «Dieser Schaden kommt zum Teil vom Rauchen, aber die großen Flecken sind durch Autoabgase in der Stadt entstanden.»

Ich beschloss, nach beendeter Operation schnellstens auf die Farm zurückzukehren.

Henry hatte wohl meinen Fluchtimpuls gespürt, denn er fasste meinen Ellbogen fester und sagte ruhig: «Was möchtest du sonst noch anschauen?»

«Henry», sagte ich, «ich habe heute so viel gesehen, dass es mir für den ganzen Rest meines Lebens reicht.»

Als der Chirurg zurückkam, um seine sorgfältige Untersuchung der Transplantate wieder aufzunehmen, saßen wir beide auf unseren Hockern. Er fand etwas, das gesägt werden musste, dann stand er da und schaute wiederum. Die Wirkung des Pleej schwächte sich ab, das Herz der Frau belebte sich stotternd und schlug sofort wieder in einem rasend schnellen, regellosen Rhythmus.

Der Chirurg sagte etwas über seine Schulter gewandt, und eine Krankenschwester ging hinaus und kam mit einem Rollenwagen zurück, auf dem etwas stand, das wie ein Fax-Gerät aussah. Henry trat hinter seiner Konsole hervor und ging zu dem kleinen Gerät hinüber. Er klappte das Oberteil in einer Weise, die ich nicht für möglich gehalten hätte, hoch, wie bei einem Laptop, und enthüllte ein exotisches tragbares elektronisches Gerät mit einer Tastatur und einem Monitor. Henry machte eilig Eingaben über die Tastatur. Es folgte eine aufgeregte Diskussion über verschiedene Punkte, unter anderem wie schnell der Herzschlag sein sollte und wo die Unterstützung durch den externen Herzschrittmacher angeschlossen werden sollte. Unterstützung? Hör doch auf damit. Was für eine Schönfärberei. Unterstützung, so wie ein Fallschirm eine Unterstützung ist, wenn man gerade aus dem Flugzeug herausgefallen ist. Ohne die Unterstützung war die Frau mausetot. Ich war schockiert. Ich wäre nie auf die Idee gekommen, dass man einen Toten aus dem Operationssaal hinausschiebt und auf der Intensivstation einstöpselt und die Operation als erfolgreich betrachten würde.

Henry tippte eilig weiter, prüfte die Kurven auf seinem kleinen hochgeklappten Monitor und ließ sie sich durch den großen Monitor des Anästhesisten bestätigen. Mein Gott, er programmierte den Schrittmacher für das Herz der Frau.

Nun endlich war alles zum Verschließen der Schnitte bereit. Während drei Leute Arm und Beine verschlossen, verschlossen der Chirurg und der assistierende Chirurg die Brust. Dem Chirurgen wurden die großen Drähte mit den unheimlichen Hakenenden gereicht. Ich stand auf, um zu sehen, wofür sie waren. Er hatte eine merkwürdige Zange und drehte die Drähte mit beträchtlichem Kraftaufwand. Ah, er verdrahtete das Brustbein. Nachdem alle Drähte unter äußerstem Krafteinsatz zusammengedreht waren, schnitt der assistierende Chirurg die herunterhängenden Enden mit einer Zwickzange aus Edelstahl ab.

Inzwischen war überall Bewegung im Raum. Das Verschließen der Schnitte war nahezu abgeschlossen. Plötzlich stolperte der Arzt im Praktikum, der zum ersten Mal seit acht Stunden sein Revier von etwa einem Quadratmeter verlassen wollte, über etwas am Boden. Die Kurven auf dem Herzmonitor des Anästhesisten zeigten eine abgeflachte Linie an, und einige Alarmglocken schrillten. Augenblicklich wandten sich elf Köpfe der Brust der Frau zu, um zu sehen, ob ihr Herz noch schlug.

Das tat es. Gott sei Dank. Gedämpftes Gelächter erklang. Das war ganz und gar gespenstisch. Lebendig, tot, lebendig, tot. Ich war peinlich berührt, als ich merkte, dass ich dabei kaum noch einen Unterschied zu empfinden vermochte. Der Hol- und Bringdienst kam mit einer Hightech-Rollbahre herein, und Henry half mit äußerster Sorgfalt dabei, die Frau mit den ganzen herunterhängenden Drähten und Schläuchen vom Operationstisch auf die Rollbahre zu legen. Henry schob seinen batteriebetriebenen Herzschrittmacher neben ihr her, während sie den Flur entlang zur Kardiologischen Überwachungsstation gefahren wurde. Ich folgte ihnen, besorgt, Henry aus den Augen zu verlieren und auf ewig im Krankenhaus herumirren zu müssen.

Während wir den Flur entlanggingen, sann ich über die Formulierung «Während der Operation auf dem Operationstisch verstorben» nach. Sie hatte nun eine ganz neue Bedeutung für mich bekommen. Wie konnte ein Mensch mit diesen ganzen Geräten «sterben»? Was bedeutete Tod eigentlich in einer solchen Situation? Das Herz dieser Frau würde nicht von selber schlagen, also schien es mir, dass die technische Definition für das Wort «tot» nun erfüllt sein müsste. Aber auf der Kardiologischen Intensivstation wurde sie an neue Steckdosen angeschlossen, und alle verhielten sich so, als lebte sie noch. Ich hoffte, dass sie damit recht hätten.

Die medizinische Tätigkeit hat etwas einzigartig Fesselndes an sich, weshalb man sie mit keinem anderen Beruf vergleichen kann. Obwohl ich schon verschiedene Tätigkeiten ausgeübt hatte, die allgemein als aufregend und wichtig empfunden werden, war das nichts im Vergleich hierzu. Als passiver, benommener Zuschauer bei dieser Herzoperation dabei gewesen zu sein, erschien irgendwie wertvoller, sinnvoller als alles, was ich als Anwältin jemals gemacht hatte. Und ich war keine schlechte Anwältin gewesen.

Zusammen mit Henry ging ich zum Operationssaal zurück. Er begann, sein Gerät auseinanderzunehmen, zerknüllte meterweise Plastikschläuche und warf sie in einen leeren Abfalleimer. Er ließ ein blaues Handtuch auf den Boden fallen und stieß es mit dem Fuß einige Male über einen erbsengroßen Blutfleck hin. Es war der einzige Blutfleck, den ich während des ganzen Tages in dem Raum gesehen hatte, und er war beim Aufräumen, nicht bei der Operation dorthin gelangt. Er machte einige Notizen auf einem Klemmbrett und wandte sich dann zu mir. «Können wir gehen?»

Ich nickte und folgte ihm aus dem Raum.

Henry sagte, dass wir schnell etwas miteinander in der Krankenhaus-Cafeteria essen könnten, er dann aber wieder zurück müsste und in einem angrenzenden Operationsraum noch eine andere Arbeit zu erledigen habe.

«Wann kannst du nach Hause gehen?», fragte ich.

«Wenn alle Herzen fertig behandelt sind.»

«Lassen sie dich den ganzen Tag hier arbeiten und dann noch die ganze Nacht dazu?»

«Manchmal.»

«Bekommst du dann den nächsten Tag frei, wenn du das tun musstest?»

«Niemals. Darum geht's die ganze Zeit, wenn man mit Kranken und Behandlung zu tun hat. Du gibst dein Bestes, solange es nur irgend geht, und dann kommst du, was auch geschehen mag, zurück und tust dasselbe wieder, Tag für Tag.»

Henry war also auch ein Mensch, der einfach da war. Und er war eine Art Berufs-Leistungssportler. Eine Stufe über der Ruhmeshalle der Zielwerfer.

«Henry», sagte ich, «du hast eine harte Arbeit. Eine wichtige Arbeit.»

«Du auch, Carolyn. Du auch.»

Ich ging hinaus und blinzelte in die unvermittelte Helligkeit des Sonnenlichts. Im Senat hatte ich gelernt, ungerührt und ohne mit der Wimper zu zucken an den überhell strahlenden Nachrichtenkameras, die die Flure säumten, vorbeizugehen. Bei meiner alten Arbeit tauchte ich landesweit im Hintergrund von einem halben Dutzend lokalen Nachrichtensendungen auf, wenn ich nur von einem Büro in ein anderes ging. Ich hatte gelernt, meinen Kopf hoch und die Augen weit offen zu halten, um nicht wie ein Gefangener auf der Flucht aus dem Gerichtsgebäude auszusehen. Nun erwarb ich eine neue Fähigkeit: nicht vor dem Licht der Operationslampen und dem von *ihnen* beleuchteten Anblick zurückzuschrecken. Ich wusste, dass ich noch eine ganze Weile ungefähr so nervös wie ein Ziesel beim Blick aus seinem Erdloch sein würde. Aber mit der Zeit würde ich es wohl hinkriegen.

Ich war schon seit einigen Tagen wieder an den Rezeptionstisch zurückgekehrt, als das Telefon klingelte.

«Carolyn, hier ist Little Mike. Ich rufe an, um euch eine traurige Nachricht zu bringen, aber ich bin sicher, dass ihr es wissen wollt. Daddy ist gestorben.»

Ich konnte nichts darauf sagen. Ich glaube, ich brachte eine Art Seufzer hervor.

«Von Mam und meinen Schwestern soll ich sagen, dass wir Doc nicht genug danken können. Er hat Daddy *jahrelang* am Leben gehalten, als keiner das mehr für möglich gehalten hatte. Sein Herzspezialist hat uns gesagt, dass er nur wegen Doc noch so lange gelebt hat, und er weiß nicht, wie Doc das geschafft hat. Das hat uns allen viel gegeben. Besonders in diesem letzten Jahr. Es hat uns wirklich sehr geholfen. Und wir wollen euch danken.»

Momma, Daddy und ich gingen zu Michaels Beerdigung. Als wir noch einige Blocks von dem Bestattungsunternehmen entfernt waren, sahen wir schon eine Menschenmenge. Die ganze Straße entlang warteten die Autos in einer Schlange darauf, auf den Parkplatz abbiegen zu können.

«Schaut mal», sagte ich, «da ist eine Schlange.»

Ein Menschenstrom zog sich von der Eingangstür des Bestattungsunternehmens die Straße entlang und bis um die Ecke herum. So etwas hatte ich noch nie gesehen. Weil meine Eltern schon bei sehr viel mehr Beerdigungen gewesen waren als ich, fragte ich: «Habt ihr so etwas schon einmal gesehen? Einen solchen Menschenstrom von der Bestattungshalle die ganze Straße entlang?»

«Noch nie», sagte Daddy.

Momma schüttelte den Kopf.

Wir parkten das Auto und stellten uns ungefähr eineinhalb Block von der Eingangstür entfernt in die Schlange. Sie bestand überwiegend aus Männern. Die Stimmung war respektvoll, aber nicht gedrückt. Hier und dort erklang immer wieder leises Gelächter, und jeder wusste, dass da an eine lustige Begebenheit mit Michael erinnert wurde. Ein Mann, der hinter mir in der Schlange stand, sagte: «Sind Sie die Tochter vom Doc?»

Ich sagte: «Ja.»

«Sie sind das Mädchen, dem Michael das Lackieren beigebracht hat, nicht wahr?»

«Ja.»

«Er hat mir von Ihnen erzählt. Er war ganz aufgeregt, dass er einem Mädchen beibringen sollte, wie man ein Auto lackiert.»

Ich nickte. «Es hat Spaß gemacht.»

Die Männer, die in Hörweite in der Schlange standen, schauten zu mir herüber und lächelten. Michael war mit vielen Menschenleben in Berührung gekommen. Eine ganz schöne Leistung für einen Menschen, der nur eine halbe Hand hatte.

Eineinhalb Stunden, nachdem die Beerdigung angefangen haben sollte, waren wir endlich bei dem Sarg und Michaels Familie angekommen. Ich schaute Michael an und war überrascht. Er sah gut aus. Nie zuvor war mir aufgefallen, dass er ein schönes Gesicht hatte. Und ich hatte sein Gesicht noch nie so still gesehen. Er hatte immer gesprochen und war ständig in Bewegung gewesen. *Du Lump*, dachte ich. Ich hatte mich immer so sehr darum bemüht, seine Hände nicht offen anzustarren, dass mir die Schönheit seines Gesichts ganz entgangen war. Das sollte mir eine Lehre sein. Wenn er noch gelebt und meine Verlegenheit bemerkt hätte, hätte er gewiss in seiner gutmütig-bärbeißigen Art gelacht.

fünfundzwanzigstes kapitel

Es war Mitte Oktober und die Herbstfärbung hatte ihren Höhepunkt erreicht. Der Blick vom Haus aus war unglaublich schön. Menschen kamen von überall hierher in die Berge der Appalachen, um diesen größten und vielgestaltigsten Hartholzwald der Welt in seinen leuchtenden Farben zu erleben.

Ich war beim Putzen der Praxis auf eine Schachtel mit altertümlichem medizinischem Gerät gestoßen. Darin befanden sich ein Dutzend Glasspritzen mit großen wiederverwendbaren Kanülen. Sie waren mit einem Wetzstein zum Schärfen der Kanülen zusammengebunden. Mich schauderte, als ich bei diesem Anblick überlegte, wie es sich in «der guten alten Zeit» angefühlt hatte, eine Spritze zu bekommen. Darum hatte es so wehgetan. Mit den heutigen winzigen Einweg-Diabetikerkanülen spürte man den Einstich kaum. Ich fand auch ein verstellbares Stirnband mit einem konvexen Reflektor. Ich zog es über und schaute mich im Badezimmerspiegel an.

«Was machst du da?», fragte Daddy. Zum ich-weiß-nicht-wievielten Mal hatte er mich dabei erwischt, wie ich mit seinen Sachen herumspielte, und inzwischen war ich über vierzig! Ich fragte ihn, wofür das Stirnband benutzt worden war.

«Es ist ein Stirnspiegel. Man hat ihn dazu benutzt, um mithilfe des reflektierten Lichts in den Hals eines Patienten hineingucken zu können. Er wurde zusammen mit einem kleineren Kehlkopf-Handspiegel, so ähnlich wie Zahnärzte ihn haben, eingesetzt. Man richtete den Strahl einer Operationslampe auf den Kopfspiegel und warf den Strahl vom Kopfspiegel auf den Kehlkopf-Spiegel, sodass man in den Rachenraum hineinschauen konnte.»

Ich versuchte, mittels Drehen und Beugen des Kopfes den Lichtstrahl auf meine Hand zu richten. «Das ist ziemlich schwierig zu benutzen», sagte ich. Unvorstellbar, wie es gelingen konnte, zwei davon richtig aufeinander abzustimmen. Es war so ähnlich wie bei einem raffinierten Poolbillard-Stoß, bei dem die Kugel von verschiedenen Banden zurückgestoßen wird.

«Sie waren schwierig zu handhaben. Mit den neuen Handlampen geht es viel leichter. Natürlich kann man heutzutage auch eine magnetische Resonanzspektroskopie machen und das gesamte Innere eines Menschen unglaublich detailliert anschauen.»

Ich nickte.

«Aber ich wollte das nie selber gemacht bekommen», sagte er.

«Warum nicht?»

«Es ist zu beunruhigend.»

«Warum?»

«Weil niemand normal ist. Niemand will wissen, was in seinem Gehirn oder Herzen oder den Nieren nicht ganz normal ist. Wenn man es nicht untersuchen lässt, wird es keiner herausfinden. Dann kann man heiter und unbeschwert wie ein Kind leben.»

«Die moderne Medizin scheint mir die kindliche Unbeschwertheit nach und nach abzuschaffen.»

«Ja», sagte er. «Und das ist jammerschade. Ich bin auf jeden Fall dafür, eine Diagnose zu erstellen, aber es gibt sehr viele völlig harmlose Anomalien, von denen wir besser nichts erfahren sollten.»

«Was ich nicht weiß, macht mich nicht heiß?»

Er nickte. Was mich betraf, war mir auf jeden Fall klar, dass ich von meinen Anomalien lieber nichts wissen wollte.

Daddy hatte die jährliche Viehimpfung für diesen Nachmittag angesetzt. Er hatte seinen neuen mobilen Behandlungsstand einsatzbereit, und die Rabbit-Hunter-Trinkbruderschaft hatte versprochen, vorbeizukommen und ihm dabei zu helfen, das Vieh zusammenzutreiben und durch die Vorrichtung zu schleusen. Daddy war den ganzen Tag unruhig, ob er es schaffen würde, sich rechtzeitig loszueisen. Komme, was da wolle, er musste auf jeden Fall um vier Uhr gehen.

Als es gerade vier schlug und Daddy seine Windjacke anzog, fuhr Joel LeQuires riesiger klappriger Diesel-Pick-up vor.

«Oh nein, heute nicht», sagte Daddy mit fester Stimme. «Heute darf ich nicht spät hier wegkommen.» Doch während er noch sprach, zog er schon die Windjacke aus. Er bemerkte Almas schmerzlichen Gesichtsausdruck und sagte: «Nun, es gibt keinen Grund, weshalb wir *alle* dran glauben müssen. Du kannst heimgehen. Carolyn und ich erledigen das schon.» Als Alma sich nicht rührte, sagte er noch einmal: «Geh nur.» Sie schoss los und drückte sich, ohne ein Wort zu verlieren, an Joel und Cheryl vorbei zur Tür hinaus.

Meine Güte, war ich vielleicht überrascht und stolz, dass Daddy mir zutraute, ihm allein zu assistieren. Außer in Notfällen hatte ich ihm noch nie selbst geholfen. Aber nun bekam ich eine Chance, bei einem ganz normalen Fall mitzuwirken. Natürlich hatte ich in dem vergangenen Jahr ziemlich viel mitbekommen. Auf das meiste hätte ich gut und gerne verzichten können, aber es gab mir doch den Anschein der Erfahrenheit.

Daddy beugte sich zu mir vor. «Das müssen wir so schnell wie möglich hinter uns bringen. Stell ihm keine Fragen. Sag gar nichts zu ihm.»

«Macht ihr gerade zu?», fragte Joel.

Ich nickte, ängstlich besorgt, nur ja kein Wort zu verlieren.

«Ist schon in Ordnung, Joel. Was brauchen Sie denn?», fragte Daddy.

«Ach, Doc, es handelt sich um eine Art Privatangelegenheit. Können wir es nicht vielleicht in einem Zimmer besprechen?»

Nach kurzem Zögern wandte Daddy sich um und winkte, ihm zu folgen. Sie gingen ins Zimmer Nr. 1 und schlossen die Tür hinter sich.

Cheryl stand mit dem Rücken zu mir und schaute aus dem Fenster. Sie sah einsam aus. Ich sagte: «Du bist doch Cheryl Piatt, nicht wahr?»

«Cheryl LeQuire nunmehr», sagte sie müde, immer noch mit dem Rücken zu mir.

«Vielleicht erinnerst du dich nicht mehr an mich. Ich bin Carolyn.»

Sie drehte sich um und schaute mich an. «Ich erinnere mich an dich.»

Nach gnädig kurzer Frist kam Daddy wieder heraus. «Carolyn, fahr zu Franks Apotheke und besorge mir zwei Fleet Klistiere. Die fertig abgepackten.»

Oh, igitt, dachte ich. Aber ich führte meinen Auftrag aus. Als ich zurückkam, klopfte ich an die Tür von Zimmer Nr. 1.

«Hier», sagte ich und streckte meine Hand in Richtung Türöffnung. Ich blieb so weit wie möglich draußen, von wo aus ich nicht viel sehen konnte. Die Tür öffnete sich einen Spalt weit, und Daddys behandschuhte Hände schossen hervor und schnappten sich die beiden kleinen Pappkartons. Dann schloss er die Tür mit einem Fußtritt.

Ich ging an meinem Empfangstisch hin und her und sortierte gelangweilt einige Papiere. Plötzlich flog die Tür von Zimmer Nr. 1 auf und Joel marschierte mit merkwürdig gespreiztem Gänseschritt eiligst über den Flur in Richtung Toilette.

Daddy kam aus dem Zimmer heraus und pellte sich die Handschuhe mit der Innenseite auswärts von der Hand. Mitten im Flur ließ er sie zu Boden fallen. Wenn das kein Kommentar war! Wir standen schweigend da, warteten mit Blick auf die Wanduhr und schauten zu, wie der Sekundenzeiger seine Runden zog. Nichts.

«Carolyn, geh und besorg mir noch ein paar von diesen Fleets», sagte Daddy mit grimmig entschlossenem Blick.

«Das waren die letzten zwei von den normalen. Jetzt haben sie nur noch Pfefferminze oder so etwas Abartiges da», sagte ich.

«Das ist mir ganz egal, und selbst wenn Nitroglyzerin drin ist, besorg mir einfach noch zwei», sagte er. Er schien langsam hysterisch zu werden.

Also zog ich los, um zwei weitere zu besorgen, und dachte lieber nicht darüber nach, was Frank da so an Hintergedanken haben könnte.

Als ich zurückkam, rief Daddy zur Toilette hinüber: «Joel, kommen Sie wieder raus. Ich hab noch etwas anderes, was wir probieren können.»

Joel watschelte folgsam über den Flur ins Zimmer Nr. 1 zurück, ohne dabei irgendjemanden anzuschauen. Daddy folgte ihm mit drohender Miene in das Zimmer und die Tür fiel ins Schloss. Es war halb fünf.

Ich drehte mich zu Cheryl herum und platzte heraus: «Weißt du, was mir wirklich daran stinkt, dich nach all den Jahren wiederzusehen?»

«Was?», sagte sie.

«Dass die Mädchen, die in der Highschool hübsch waren, *immer noch* hübsch sind. Das ist einfach nicht fair.»

«Nun», lächelte sie, «die klugen Mädchen sind immer noch *klug*.»

Sie betrachtete mich eine Weile und sagte dann: «Wir haben dich wohl kaum zum Zug kommen lassen, was?»

«Nein», sagte ich.

«Weißt du, Cheerleader zu sein hat Spaß gemacht, aber ich hätte nie gedacht, dass dies der Höhepunkt meines Lebens bleiben sollte», sagte Cheryl. «Joel und ich haben gleich nach der Schule geheiratet.»

«Ich wusste gar nicht, dass ihr schon so lange miteinander verheiratet seid», sagte ich.

«Oh, wir waren nicht miteinander verheiratet – zunächst einmal. Wir sind beide zum dritten Mal verheiratet. Und im Moment sieht es nicht gerade rosig aus. Wir haben beide Kinder aus früheren Ehen. Das ist hart.»

Sie stand da und starrte aus dem Fenster auf den Highway.

«Weißt du noch, wie wir als Kinder dieses Kartenspiel ‹Alte Jungfer› gespielt haben?», sagte ich.

Cheryl nickte.

«Irgendetwas an dem Spiel hat mich immer verwirrt. Es gefiel mir. Ich sah ein bisschen so aus wie die Alte Jungfer auf dem Bild. Wir waren beide lang und dünn und hatten vorstehende Zähne und eine Brille. Ich habe nie etwas darüber gesagt, aber ich habe nicht verstanden, warum es schlimm war, die Alte Jungfer zum Schluss zu haben. Ich konnte nicht verstehen, warum keiner so wie sie sein wollte. Das verstehe ich immer noch nicht.»

Cheryl schaute mich an und sagte: «Vielleicht war gar nichts Schlimmes an ihr. Rein gar nichts.»

Ein paar Minuten später wurde die Tür von Zimmer Nr. 1 aufgerissen und Joel ging wie ein aufgezogener Spielzeugsoldat durch den Flur zur Toilette. Er tat mir wirklich leid. Daddy zog sich das zweite Paar Handschuhe von den Händen und warf sie achtlos mit der beschmutzten Seite auf den Boden.

Eine halbe Minute lang ging er nervös im Kreis herum. «Ich kann wirklich nicht länger hier warten. Ich muss gehen. Ich habe dringende Sachen zu erledigen. Carolyn, du wirst dich um ihn kümmern müssen.»

Dann ging er einfach!

Was sollte ich nur tun? Nichts, wobei man Handschuhe brauchte oder ein Hinterteil bearbeiten müsste, das stand fest. Aber dies war der erste Fall, bei dem ich die Hauptverantwortung übertragen bekommen hatte. Nicht nur die Hauptverantwortung, sondern die volle Verantwortung. Ich stand als medizinische Fachkraft *allein* einem Patienten gegenüber. Es war eine große Verantwortung. Die Gesundheit eines Menschen lag in meiner Hand. Ich konnte ihn nicht einfach allein lassen – oder?

Nein. Ich musste dableiben und abschließen, obwohl es vielleicht keine schlechte Idee gewesen wäre, Joel einen Schlüssel in die Hand zu drücken. Ich könnte in ein paar Minuten in dem Eisenwarengeschäft eine Kopie machen lassen und sie vor die Toilettentür legen. Aber lieber nicht. Ich bugsierte die vier Handschuhe mittels Fußtritten in Richtung eines Containers für biologisch gefährlichen Abfall. Auf keinen Fall würde ich sie anrühren. Nachdem ich mich ungefähr zwanzig Minuten lang nett mit Cheryl unterhalten hatte, rief ich durch die Toilettentür: «Joel, Daddy ist gegangen. Willst du versuchen, nach Hause zu fahren?»

«Das kann ich nicht», sagte er durch die Toilettentür.

«Hast du Krämpfe?», fragte ich.

«Nein. Es tut sich nichts. Ich habe einfach Angst, nach Hause zu fahren. Ich habe diesen Pick-up erst vor zwei Wochen geleast, und er hat Veloursitze.»

«Oh», sagte ich und zerbrach mir den Kopf, was man da tun könnte. Dann kam mir eine Idee. «Joel, wie wär's, wenn ich dir eine von diesen riesigen Gartenabfalltüten geben würde und du setzt dich da drauf? Sie sind wasserdicht.»

Er gab keine Antwort, aber nach einer Minute ging die Toilettentür auf und Joel kam heraus, stand da und starrte auf den Fußboden. Mir war klar, dass er sich gedemütigt fühlen musste.

«Joel», sagte ich, «ich weiß, dass dies ein bisschen seltsam oder peinlich für dich ist, aber du brauchst dir nichts dabei zu denken, ich bin hier in der Praxis großgeworden. Ich habe mein ganzes

Leben lang so etwas mitgekriegt. Das ist gar nichts Ungewöhnliches für mich. Also mach dir keine Gedanken darüber. Das ist ganz normales Alltagsgeschäft.»

Das schien ihn zu erleichtern. Er sagte noch immer nichts, aber ich ging einfach zu dem Vorratsschrank und zog einen großen schwarzen Abfallplastikbeutel heraus. «Soll ich ihn über den Sitz im Pick-up legen?», fragte ich. Er nickte.

«Nimm besser zwei, deck alles ab. Und tu einen auf den Boden», sagte er.

Cheryl und ich gingen mit drei Beuteln hinaus und präparierten den Pick-up. Dann kamen wir in die Praxis zurück, und ich sagte: «Es ist alles fertig.»

Er rührte sich noch immer nicht. Ich glaube, er hatte Angst, sich von der Toilette zu entfernen. Bei vier verabreichten Einläufen konnte ich das durchaus verstehen.

«Joel?», sagte ich.

«Kannst du nicht einen von diesen Beuteln um mich herumbinden, für den Fall, dass auf dem Weg zum Pick-up irgendwas passiert?», sagte er, immer noch auf den Boden starrend.

Konnte er nicht einfach um einen Beutel bitten und ihn selber drumbinden? Oder es von Cheryl machen lassen? Ich wartete einen Moment. Offensichtlich nicht. Ich ging zum Vorratsschrank und holte einen weiteren Beutel. Joel stand hilflos im Flur, während ich den Beutel wie eine riesige, glänzende schwarze Windel um seine Körpermitte band. Er sah lächerlich aus, aber das gab ihm die nötige Sicherheit, um in den Pick-up zu steigen. Ich stand in der Tür und winkte, als sie davonfuhren.

Na, ich hatte es geschafft. Ich war mit meinem ersten Fall klargekommen. Ich hatte mich der Situation gestellt, war tief in mich gegangen und hatte das Notwendige getan, um jemandem zu helfen, gegen meinen Willen und obwohl ich gar nicht wusste, wie das Problem zu lösen war. Ich war stolz auf mich. Ich war stolz, dass Daddy und Alma mir so weit vertraut und die Verantwortung übertragen hatten. Und ich war glücklich, dass ich es geschafft hatte, jemandem zu helfen. Es war nicht glamourös und würde heute Abend nicht im C-Span-Liveprogramm aus dem Kongress gezeigt werden, aber ich fühlte mich ganz groß.

Am nächsten Nachmittag war ich schockiert, als Alma mich daran erinnerte, dass ich vor genau einem Jahr als Sprechstundenhilfe für den Empfang angetreten war. Das war bereits ein Jahr her? Mein Gott.

Es war schon spät am Freitag, und Pup hatte Adron in die Praxis gebracht. Eine übellaunige Kuh (tatsächlich eine Kuh und nicht Kusine Slimp) hatte ihn heftig gegen die rohen Bretter einer Scheunenwand gestoßen. Sein linker Arm war aufgeschürft und sah so aus, als könnten Splitter drinstecken.

Daddy untersuchte die Wunde, säuberte sie und bestrich sie leuchtend orange. Adron nahm die Verletzung mit seiner typischen stoischen Gelassenheit hin und sagte kaum ein Wort, während Daddy arbeitete.

Als Daddy endlich aufhörte, die lange, saubere weiße Gazebinde noch mal und noch mal um seinen Arm zu wickeln, war es beinahe Feierabend. Er erklärte sowohl Adron als auch Pup, wie die Wunde zu versorgen sei, und dann standen wir alle an meinem Arbeitstisch und schauten in den wunderschönen Herbstnachmittag hinaus. Es war ein einzigartig schöner Tag.

Adron hatte natürlich kein Geld. Er hatte keine rechte Ahnung vom Umgang mit Geld, aber er fühlte sich nicht wohl dabei, dass er Daddy nichts für die Behandlung des Arms geben konnte. Unruhig und scheu verlegen, wie er war, stand er da und sagte dann: «Doc, mögen Sie Eichhörnchen?»

Daddy sagte Ja, unsicher, was Adron wohl mit seiner Frage meinte: Eichhörnchen zu jagen, zu essen, aufzuziehen, zu füttern?

«Ich hab viele Eichhörnchen bei mir zu Hause.»

«So?», sagte Daddy.

«Sie können sie irgendwann mal angucken kommen.»

«Schauen Sie den Eichhörnchen gerne beim Spielen zu, Adron?»

«Mhm. Ich hab so viele, und sie laufen überall rum. Sie sind lustig anzusehen.»

«Wann ist die beste Zeit, sie anzuschauen?»

«Sie können jetzt kommen, wenn Sie wollen.»

«Das ist ein sehr nettes Angebot. Das könnte ich tatsächlich tun. Wo wohnen Sie?»

«Oh nein», unterbrach ich ihn, «fang nicht schon wieder so an. Wie wäre es denn, wenn wir jetzt einfach hinter Pup herfahren würden?»

Daddy schaute mich an. «Möchtest du Adrons Eichhörnchen anschauen?»

Ich nickte.

Also packten wir die Instrumente zum Sterilisieren über das Wochenende in den Autoklaven, schalteten das Licht aus und schlossen die Tür ab. Adron hockte auf dem Rücksitz von Pups Auto auf seinen Knien und schaute zum Rückfenster hinaus, um sich zu vergewissern, dass wir nicht verloren gingen.

Während der Fahrt dachte ich darüber nach, wie schmerzlich langsam sich die Umwälzungen in meinem Leben durch das ganze vergangene Jahr hingezogen hatten. Nachdem dieser Prozess nun abgeschlossen war, hatte ich das Gefühl, am richtigen Platz angekommen zu sein.

An jenem Abend rief Jacob an. Er hatte ebenfalls daran gedacht, dass dies der Jahrestag meines neuen Lebens als Sprechstundenhilfe war. Er informierte mich darüber, was in Washington alles los war, und dann fragte ich: «Wie war dein Urlaub?»

«Nun ja, genau genommen war er gewiss großartig. Das muss er ja wohl gewesen sein. Die Asian Association ist mit einer Gruppe von uns einige Wochen lang zu unendlich vielen Inseln im Süd-Pazifik gefahren, zwecks ‹Förderung des Verständnisses zwischen den Regierungen›.»

«Hört sich wundervoll an», sagte ich.

«Nun ja. Als der Chefberater des Komitees für Energiefragen und ich am letzten Abend in Fiji auf der Terrasse zwischen unseren beiden 700-Dollar-die-Nacht-Privat-Reetdachhütten nebeneinander auf Liegestühlen ausgestreckt lagen und einen spektakulären Sonnenuntergang betrachteten, drehte er sich zu mir hin und sagte: ‹Nichts für ungut, Jacob, aber wäre es nicht großartig, wenn wir mit jemandem zusammen hier wären, der uns wirklich etwas bedeutet?› Das hat mein Gefühl bei der ganzen Reise genau getroffen.»

Ich lachte. «Ein perfekter Moment auf der Überholspur.»

«Hey, ich schicke dir ein Geschenk. Ich musste für den Boss einen Artikel für die Sonderberichtsseite schreiben, der in der Sonntagsausgabe der *New York Times* herauskommt. Ich habe, extra für dich, eine Anspielung auf ein Waldmurmeltier darin untergebracht. Ich hatte schon befürchtet, dass der Boss das herausstreichen würde, aber er schien es nicht unpassend zu finden.»

«Wirklich? Ein Waldmurmeltier. Für mich. Das war aber nicht nötig. Warum ein Waldmurmeltier?»

«Das weiß ich nicht genau. Ich wollte einfach eine Anspielung auf etwas einflechten, das dir gefallen würde. Ein Tier. Gefällt dir das? Freust du dich darüber?»

«Ich fühle mich geehrt. Aber du bist doch wirklich ein bisschen verrückt, oder etwa nicht? Da einfach ein Waldmurmeltier als geheimes Geschenk für deine Hinterwäldler-Freundin in einen Artikel für die *Sunday Times*-Sonderberichtsseite hineinzuschmuggeln.»

«Wieder mal einer aus meiner Serie bester Werke, und er läuft, wie immer, unter einem anderen Namen.

Ich habe auch ein Buch für dich gelesen», fügte er hinzu.

«Oh wirklich?»

«Ja. Der Titel lautet *Der Ruhewinkel.* Es beschreibt, wie jedes Ding in einer ihm eigenen Weise fällt, wenn man es loslässt. Seine eigene Weise zu landen hat.»

«Hm. Über so etwas Ähnliches habe ich auch nachgedacht, nur dass es sich bei meinem Bild um Käfer auf einer Windschutzscheibe handelte. Danach hat jeder von uns sein individuelles Spritzmuster. So wie Vogelkleckse. Wie sieht mein Ruhewinkel aus? Recht hübsch?»

«Er ist in der Tat sehr schön», antwortete er.

«Danke. Weißt du, Ruhewinkel, das ist ein wundervolles Bild. Ruhe hört sich so friedlich an. Aber ich hoffe, dass es nur *Dinge* sind, die einen Ruhewinkel haben. Ein Herz, eine Seele, ein Geist, was gibt es für sie? Ich glaube, sie müssen in die andere Richtung fallen. Auf Gott zu, auf den Himmel zu.»

«Wir ‹fallen, um aufzusteigen›. Du hast natürlich recht. *Fallen* ist nicht das richtige Wort für das, was du getan hast. Für dich passt vielleicht das Wort *klettern.* Aber das Klettern ist nur etwas für die ganz Starken. Ich weiß nicht, wie du es geschafft hast.»

«Du kannst dein Spritzmuster nur ändern, wenn du dein Gravitationszentrum verlagerst», sagte ich.

«Du willst *mir* etwas über Physik erzählen?»

«Das ist mir ernst. Ich glaube, ich habe mein Gravitationszentrum aus meinem Inneren nach irgendwo außen verlegt. Ich habe mich aus meiner bevorzugten Position als Mittelpunkt des Universums herausbewegt und beschlossen, mich für eine Weile am Rande aufzuhalten.»

«Du weißt aber doch, dass die Leute Galileo auf dem Scheiterhaufen verbrennen wollten, weil er so etwas Ähnliches gesagt hat.»

«Ich habe ein anderes Buch für dich», sagte ich. Dann zitierte ich die Eingangszeilen aus *David Copperfield*: «Ob ich mich als der Held meines eigenen Lebens erweisen werde oder ob diese Position von einem anderen eingenommen wird, darüber müssen diese Seiten befinden.»

«Ja, genau. Unser Leben ist eine Geschichte von Dickens, und im Zentrum steht immer die Frage, ob wir den Helden oder den Bösewicht spielen.»

«So ist es», sagte ich.

Am frühen Abend saß ich in der Scheune auf meinem Eimer und spielte mit Fletchers grünem Taschenmesser herum. Ich betrachtete alle Klingen, prüfte, ob sie scharf waren, und fragte mich, bei welchen Tätigkeiten er die verschiedenen Kerben und Kratzer hineingebracht hatte.

Ich erinnerte mich daran, wie er mir, genau hier an diesem Ort, von einem anderen Taschenmesser erzählt hatte: jenem, das Daddy in diese Gemeinde gelockt hatte. Es war eine seltsame Geschichte, die ich erst kürzlich richtig verstanden hatte. Erst als Henry sie mir erklärte. Ich hatte nie wirklich geglaubt, dass der Mann, der im Krankenhaus aufgewacht war, wirklich ein *anderer Mensch* war als der, der gestorben war.

Aber nun wurde mir klar, dass es wahr ist.

Mein ganzes Leben lang hatte ich die wahre Bedeutung dessen, was geschieht, nicht erfasst. Die Tatsache, dass ein Landarzt den Mut und die Fähigkeit hatte, das Leben eines Menschen durch eine Operation am offenen Herzen, die er mit einem geliehenen Taschenmesser in einem Silo ausführte, zu retten, war nicht der springende Punkt. Der springende Punkt war der, dass wir, indem wir in das Trauma eines anderen eingreifen, das Leben des anderen ganz und gar verändern können.

Der Mann, der den Stromschlag bekommen hatte, hatte nicht lesen können, aber der Mann, der im Krankenhaus aufgewacht war, konnte es. Der Mann, der gestorben war, war als ein anderer wiedergeboren worden. Keiner weiß, was dieser neue Mann sonst noch alles tun konnte, was ihm niemals möglich gewesen wäre, wenn sein Herz nicht zufällig aufgehört hätte zu schlagen und dann durch den selbstlosen Eingriff eines anderen Menschen wieder in Gang gesetzt worden wäre.

Ich hatte immer gedacht, dass es bei dieser Geschichte um den erstaunlichen chirurgischen Eingriff ginge. Aber das war es nicht. Es ging darum, die Gaben zu nutzen, die man hat, egal welche, und sie für die sinnvollste Aufgabe einzusetzen. Ich hatte gedacht, dass es bei dieser Geschichte um die Tatsache ging, dass ein *Taschenmesser* dafür eingesetzt worden war, die Brust eines Mannes zu öffnen. Aber es ging darum, das Werkzeug, das man gerade zur Hand hat, für das, was getan werden muss, einzusetzen. Ich hatte gedacht, dass es darum ging, Leben zu retten, um die Tatsache, *dass* der Mann gelebt hatte. Aber das war nicht der Punkt. Es ging darum, *wie* der Mensch lebt, *als was* er lebt. Ich hatte gedacht, es ginge darum, dabei gesehen zu werden, wenn man Gutes tut. Aber das war nicht der Punkt. Es ging darum, zu sehen, was ein anderer Mensch braucht, und danach zu handeln.

Es ging im Wesentlichen darum, unsere Aufmerksamkeit nicht auf uns selbst, sondern auf jene, die ihrer bedürfen, zu richten. Fletcher und Michael hatten das wirklich gut gekonnt.

Unser aller Leben ist so eingerichtet, dass wir jede erdenkliche Gelegenheit erhalten, das Richtige zu tun und zu guten Menschen heranzureifen. Gott kümmert es nicht, wie oder wo wir das tun, solange wir es nur tun. Er überlässt vieles unserer Wahl. Wir müssen uns annehmen, mit allem, was wir *sind* und *haben*, und das Bestmögliche damit machen. Es gibt keine zusätzlichen Pluspunkte für Augenfälligkeit oder Großartigkeit. Ich hatte immer die hohe Punktzahl im Blick gehabt, aber nun sah ich das anders.

Es war so, wie Henry gesagt hatte: Vieles von dem, was wirklich wichtig ist, sieht nach nicht viel aus. Und tatsächlich sind viele der wichtigsten Dinge überhaupt unsichtbar, und das zu Recht. Wäre es nicht so, würden wir sie aus einem falschen Beweggrund heraus tun.

Keiner hatte es vermocht, in Fletchers oder Michaels Brust hineinzufassen und ihr Herz wiederherzustellen. Ich glaube, dass es für sie nicht nötig war. Aber diese beiden Menschen hatten ihre Fähigkeit und Anteilnahme eingesetzt, um in mein Leben einzugreifen. Sie hatten mich im entscheidenden Moment gestützt und dafür gesorgt, dass ich nicht aus dem Gleichgewicht geraten war, und sie hatten mein Leben in bessere Bahnen gelenkt. Sie hatten mich gerettet.

Die Taschenmesser waren machtvolle Sinnbilder für Krisen und Veränderungen, für Wachstum und gut gelebtes Leben. Ich wollte keines einsetzen, um jemanden zu operieren oder irgendetwas Glanzvolles damit zu tun, aber dabei zu helfen, dass Daddys Praxis geöffnet blieb, schien eine Aufgabe, die es wert war zu tun, und vielleicht könnte man auch mit Zuhören etwas Gutes für andere tun. Ich trat in die Scheunentür und schaute zu den Smokies hinüber.

Harry, der Wolfmischling, stupste mit seiner großen zerzausten Schnauze gegen meine Hand, um auf sich aufmerksam zu machen. Ich kraulte seinen Kopf, während er sich schwer an mein Bein lehnte, und betrachtete den Sonnenuntergang. Als die letzten Strahlen verblichen, sagte ich: «Komm», und trat aus der Scheune in das noch vor mir stehende Leben. Während ich auf das Haus zuging, ließ ich Fletchers Messer in die Tasche meiner Jeans gleiten und dachte, dass ich es nun eine Weile bei mir tragen und herausfinden wollte, was ich damit zu Wege bringen würde.

Anmerkungen

1 *Redneck:* Bezeichnung für weiße, oft reaktionäre Arbeiter aus den Südstaaten.

2 *Elly May Clampett:* berühmtes Mädchen aus einer TV-Comedy-Serie über eine Hillbilly-Familie; sie war ungebildet, hatte aber besondere Gabe im Umgang mit Tieren. Die Familie wurde reich und zog nach Beverly Hills, behielt aber das Hillbilly-Verhalten bei.

3 *C-Span:* Dauer-Liveübertragungs-Programm aus dem Kongress.

4 Shakespeare, *Heinrich V.,* Akt IV, 2. Szene.

5 *Wahrheitsdroge:* Mixtur aus Sodium Pentathol und anderen Drogen, wird intravenös appliziert.

6 *Racking* ist eine bestimmte Gangart, die dem Passgang ähnelt oder Passgang ist – der Unterschied zwischen Walking und Racking liegt in der Abfolge des Fußfalls. Die Tiere sind bei Farmern hoch geschätzt, wenn sie das Farmgelände – groß! – «begehen». Bei Islandpferden heißt dies Tölt, die Pferde werden auch Tölt-Pferde genannt.

7 *Stonewall Jackson:* berühmter Kavallerie-Offizier im Amerikanischen Bürgerkrieg, der durch fremdländische Erscheinung und Taktik auffiel und wie ein gebildeter Edelmann in einer Art Piratenrolle agierte.

8 *Maxwell Smart:* tollpatschiger Held in einer TV-Comedy-Serie. Er spielt einen Spion, der zu Beginn jeweils seinen Auftrag im Hauptquartier abholt und dafür zunächst den Eintritt durch eine Serie verschiedenartigster Türen zu bewältigen hat.

9 *Herzgift:* Zusammensetzung aus Kalium, Kurare, Narkosemittel – wird auch bei gerichtlichen Exekutionen eingesetzt.